Die Frau in der Literatur

Vita Sackville-West

Adler und Taube

Eine Studie in Gegensätzen

Die Heilige Teresa von Avila
Die Heilige Therese von Lisieux

Mit einem Nachwort von
Ingrid von Rosenberg

Danke!

Ingrid

Ullstein

Ullstein Buchverlage GmbH,
Berlin
Taschenbuchnummer: 30406
Titel der Originalausgabe:
The Eagle And The Dove
Aus dem Englischen von
Adolf Halfeld

Ungekürzte Ausgabe
Februar 1997

Umschlaggestaltung:
Theodor Bayer-Eynck
unter Verwendung zweier Gemälde
von Jean Bapiste de Champaigne/
Juan de la Miseria

Printed in Germany 1996
Druck und Verarbeitung:
Ebner Ulm
ISBN 3 548 30406 0

Februar 1997
Gedruckt auf alterungsbeständigem
Papier mit chlorfrei
gebleichtem Zellstoff

Die Deutsche Bibliothek – CIP-Einheitsaufnahme

Sackville-West, Vita:
Adler und Taube : eine Studie in Gegensätzen ;
die Heilige Teresa von Avila, die Heilige Therese von Lisieux /
Vita Sackville-West. Mit einem Nachw. von Ingrid
von Rosenberg. [Aus dem Engl. von Adolf Halfeld]. –
Ungekürzte Ausg. – Berlin : Ullstein, 1997
(Ullstein-Buch ; Nr. 30406 : Die Frau in der Literatur)
Einheitssacht.: The eagle and the dove <dt.>
ISBN 3-548-30406-0
NE: GT

Für Teresa-Maria

»Es ist ein Gott –
die erhabenste aller
begreifbaren Wahrheiten.«

Kardinal Newman

DIE HEILIGE TERESA VON AVILA

1515–1582

»Wie von großer Höhe schaue ich auf die Welt hernieder, und wenig kümmert es mich, was die Leute von mir sagen oder wissen. Unser Herr hat mir jetzt das Leben in eine Art von Schlummer verwandelt, denn was immer ich erblicke, scheint mir fast, als wäre es im Traum geschaut; auch habe ich für Lust und Mühsal wenig Sinn.« Die Heilige Teresa.

I

Das Wissen um die Heiligen ist bei der nichtkatholischen Abzweigung der Kirche Christi, obwohl doch diese, etwas ungereimt, in ihrem überkommenen Bekenntnis den Glauben an die Gemeinschaft der Heiligen ausdrücklich gelobt, im allgemeinen nur wenig entwickelt. Ein halbes Dutzend oder so erfreuen sich einer undeutlichen Berühmtheit, doch auch diese verdanken ihre Volkstümlichkeit irgendeinem sichtbaren Erkennungszeichen; der Heilige Antonius von Padua, weil er den Ruf genießt, verlorengegangene Gegenstände wiederaufzufinden; der Heilige Franz von Assisi, weil er die Vögel fütterte; die Heilige Johanna, weil sie Stimmen vernahm, von den Engländern verbrannt wurde und Frankreich gerettet hat. Ebenso ehren wir das Gedächtnis einiger Heiliger, weil wir in unserer Inselexistenz an ihnen Anteil nehmen: des Heiligen Thomas à Beckett, weil er in der Kathedrale von Canterbury erschlagen wurde, des Heiligen Swithin wegen des Einflusses, der ihm auf unser Klima nachgesagt wird; des Heiligen Columba, weil er in Schottland an Land gegangen ist; des Heiligen Patrick, weil er dasselbe in Irland getan hat; des Heiligen Georg, weil er in Libyen einen Drachen erschlug. Andere wiederum haben sich unserer Einbildungskraft nur deshalb bemächtigt, weil die qualvollen Prüfungen, die ihnen auferlegt waren, im Bilde dargestellt worden sind: der Heilige Sebastian, weil er von Pfeilen durchbohrt wurde; die Heilige Katharina von Alexandrien, weil ihre Glieder auf einem Rad zerbrochen wurden, dessen Gedächtnis wir, ohne Kenntnis des Zusammenhanges, merkwürdig genug am fünften November begehen; die Heilige Ursula, weil sich in ihrer Begleitung elftausend Jungfrauen befanden. Von alledem kann nicht behauptet werden, daß es sich um sehr weitreichende oder tiefschürfende Gründe für eine Bekanntschaft handeln würde, die einer eingehenderen Prüfung wohl kaum gewachsen wäre. Wenn wir indessen, auf der Suche nach unseren Schlüsseln, den Heiligen Antonius anrufen oder, mit dem mißbilligenden Blick des Puritaners, hochfahrender Haltung, an den rührenden kleinen Schreinen und Bildwerken vorüberschreiten, die dem katholischen Landvolk so viel bedeuten, so mögen wir nun glauben, was wir wollen: Wir fühlen uns dennoch fasziniert durch die Beschäftigung mit diesem Leben innerhalb des Lebens – mit dieser einzigartigen, so unergründlichen wie inbrünstigen Gemeinschaft, die sich allemal, obwohl verstreut durch die Jahrhunderte, in ihrer letzten Sehnsucht und oft auch in den tatsächlichen Einzelheiten ihrer Erfahrungen ähnelt: kurz, mit dieser Widersprechung aller weltläufigen Werte. Vielen von uns an der Oberfläche unerklärbar, anderen sogar, weil zum Aberglauben verleitend, anstößig, mögen sich gleichwohl Augenblicke einstellen, in denen, wie bei jeglichem Versuch, begrifflich einen gänzlich rätselvollen Gegenstand (wie etwa die Relativität) zu erkennen, um dessen Bedeutung wir vom Hörensagen wissen, dessen näherer Betrachtung wir indessen aus dem Wege gegangen sind, weil sie unsere Fassungskraft und vollends den praktischen Nutzen für das Leben, das wir zu führen haben, überstiegen haben würde: Augenblicke mögen sich also einstellen, in denen ein Funke des Verstehens unsere Dunkelheit durchleuchtet, sofort vielleicht wieder verlöschend, aber hinreichend hell, um uns zu zeigen, daß eine Wahrheit vorhanden ist und daß höchstens wir selbst, nicht aber der Gegenstand, in armseliger Beleuchtung erscheinen, indem wir ihn als bedeutungslos überhaupt, oder bedeutungslos für uns, abtaten.

Mathematisches oder fachliches Wissen ist nicht erforderlich, um das Wesen der Heiligen zu begreifen. Freilich mögen wir uns manchmal, zumal bei vorgerückten Mystikern, in die Gefilde theologischer Haarspaltereien geführt finden, bei denen wir dann den Eindruck haben können, als dienten sie lediglich zu müßiger Komplizierung eines im Grunde so durchsichtigen Themas. Wenn man allein schon das Gebet betrachtet, das Gebet als das unerläßliche Mittel des Gottsuchers, den Zugang zu Gott zu finden, so mag die Entdeckung der verwickelten Regeln des systematisierten Gebetes als eine Überraschung kommen: nicht zuletzt die Entdeckung des langen Schrittes, der von der einfachen, direkten Anrufung bis zur instruktionsmäßigen Methode der fortgeschrittenen religiösen Menschen getan werden muß. Es konnte dann scheinen, als würde etwas Künstliches in das Gebet hineingetragen; etwas allzu Wesensfremdes, etwas, das von außen her in den freiwilligen Verkehr der Seele mit ihrem Schöpfer eingriffe. Der theologisch ungeschulte Mensch stellt sich die Frage, ob er das als überflüssige Überwucherung des nichts als frommen, anbetenden, hingebungsvollen Instinktes oder aber als einen Fortschritt bewerten soll, den die Vollendung der Technik von jeher unvermeidlich macht. Soll er das Problem des Gebetes als etwas betrachten, was in der Dichtkunst dem Gegensatz zwischen den zu rohem Vers gediehenen, von Herzen kommenden, aber literarisch wertlosen Ergüssen des Kindes oder Jünglings und der reifen, vollkommenen Leistung des Erwachsenen vergleichbar wäre, deren innere Wahrhaftigkeit im Zeichen handwerklichen Könnens gewahrt bleibt? Oder soll er die höhere Form des Gebetes so sehen, wie sich die stilisierte Kunst jeglicher Gestalt dem ungeschulten Auge darbieten mag, von Grund auf beziehungslos zu der niedrigeren und leichteren Funktion der nackten Wiedergabe? Die subtileren Mittel, die dem Fachmann zur Verfügung stehen, sind stets geeignet, den Verdruß des Amateurs hervorzurufen, doch wird dieser einer vernünftigen Einstellung folgen, wenn er sich entschließt, ebenso geduldig wie duldsam die von den Eingeweihten entwickelten Methoden in Erwägung zu ziehen. Um so viel tiefer wir nämlich in dies unbekannte Land eindringen, um so viel deutlicher wird es uns, daß derartige Landkarten und Wegweiser, weit davon entfernt, Verwirrung zu stiften, wo es nichts dergleichen geben sollte, uns in der Tat den Weg finden helfen und für den Pilger, der sich mühselig die labyrinthisch verschlungenen Pfade seiner Seele entlang tastet, unerläßlich werden. Schließlich ist »der Gegenstand«, wie Teresa von Avila gesagt hat, »ohne die persönliche Erfahrung in solchen Gnaden, nur mit äußerster Schwierigkeit zu begreifen«. So ist es in der Tat. Wir dürfen der Heiligen Teresa auch darin beipflichten, daß sie bemerkt, sie wundere sich, warum Gott derartig schwierige und okkulte Gegenstände nicht gründlicher erklärt habe, so daß wir alle imstande sein würden, Ihn zu verstehen. In der Hauptsache aber sind wir mit jenen jedermann, wenn auch nur lückenhaft, vertrauten Dingen befaßt: dem Ruf, sich einer anderen Lebensregel zu unterwerfen; dem vielleicht schwachen, unfruchtbaren oder verfehlten Verlangen, diesen Ruf zu erfüllen; einem Verlangen, das vielleicht nur durch irgendein persönliches Mißgeschick, durch irgendein großes Unglück erzeugt wird, das bekundet, daß das Dasein weder so sorglos, wie wir gerne glauben möchten, noch so wohlgeordnet ist; einem Unbefriedigtsein über das herrschende Recht; der beunruhigenden Überzeugung, daß irgendeine Lösung von größerem und unendlich viel wesentlicherem Wert den meisten Leuten unter den früheren und jetzigen Generationen von Bewohnern dieser Erde ergangen sei. Es wäre unverständlich, anzunehmen, daß ein endgültiges Begreifen, sei es der sichtbaren oder der unsichtbaren Welt, sich zwangsläufig nur mit den Mitteln unserer fünf Sinne oder selbst mit den spekulativen Erkenntnissen unseres vielgerühmten, bemerkenswerten Gehirnes erreichen ließe. Eine derartige Annahme ist ebenso arrogant wie beschränkt. Sogar diejenigen von uns, die am meisten materiell veranlagt sind, kennen sehr wohl die Augenblicke des Schreckens und der Ungewißheit, wenn ein Erdbeben die Fundamente unseres jämmerlichen Weltbildes erzittern läßt, und sie wissen dann auch, daß unsere Fassade keinesfalls die wahre Antwort darstellt, die nämlich irgendwo, hinter ihr, verborgen liegt. Wir ahnen nicht, was diese Antwort, einsilbig, knapp, deutlich und ungeheuer, sein mag. Daran zu zweifeln, daß es sie gibt, vermögen wir nicht. Wenn es nun andererseits, wie man zugeben wird, im großen gesehen der Sinn des menschlichen Daseins ist, die Erkenntnis irgendeines Absoluten anzustreben und in dem zerklüfteten Wirrsal des Lebens irgendeine Einheit zu entdekken, so müssen wir vernünftigerweise auch anerkennen, daß diejenigen, die ihr Leben, statt in der Welt, folgerichtig, hartnäckig und ausschließlich im Geiste zu erfüllen suchten, im Grunde nur ein übersteigertes Gleichnis unser selbst geliefert haben, im Hinblick nämlich auf jene dunklen Urinstinkte, die von den Geschäften der sichtbaren Welt so schnell überschattet werden.

Man lasse uns in Parenthese noch bemerken, daß die Heiligen uns, auf weniger einsamer, aber überraschungsreicher Ebene, vor eine Reihe von Problemen stellen, deren Vorhandensein von dem mit derlei Dingen nicht vertrauten Leser gewöhnlich nicht gewürdigt wird. Es wäre frivol, in allzu großer Breite bei den nichts als physischen Phänomenen zu verweilen, die das Heiligsein während des Lebens und nach dem Tode häufig begleiten; frivol zum mindesten, solange man sich nicht einem separaten Spezialstudium zuwenden würde, das dann von einem reichen Dokumentenmaterial und allen verfügbaren Zeugnissen wissenschaftlicher, medizinischer und theologischer Art getragen sein müßte; aber wir dürfen diese äußerst merkwürdige und unaufgeklärte Seite des Lebens der Mystiker denn wenigstens in Kürze streifen. Es mag reizvoll genug sein, eine kurze Liste einiger Besonderheiten aufzustellen, die in Hunderten von Fällen beobachtet worden sind, wobei man jegliche Erläuterung beiseite läßt und der Versuchung widersteht, eine verwirrende Fülle von Beispielen anzuführen. Eine Liste solcher Art muß in zwei Teile aufgegliedert werden, wobei der erste Abschnitt sich mit dem lebenden Körper und der zweite mit den Toten beschäftigt. Unter den Lebenden wird man so staunenerregende Gaben wie die Levitation finden, die unfreiwillige Erhebung des Körpers in die Luft[1]; und das vielleicht noch bekanntere Mysterium der Stigmatisierung, der Nachbildung der Wunden Christi, wobei die gar nicht anzuzweifelnden physischen Verletzungen auf Hände und Füße beschränkt bleiben, manchmal aber auch die fünfte Wunde in der Seite einbeschließen können; zuzeiten werden sie sogar noch um die von der Dornenkrone verursachten Schnitte und vollends, in einigen selteneren Fällen, um die von der Geißelung herrührenden Narben und die auf der Schulter, durch das Gewicht des Kreuzes, hervorgerufenen Quetschungen vermehrt (eine Leichenschau, die an den sterblichen Überresten der Heiligen Veronica Giuliani vorgenommen wurde, ergab eine klare Einbeulung des rechten Schulterknochens, die aus dem Schleppen einer so schweren Last hergeleitet werden konnte). Verglichen mit der Levitation kommt die Stigmatisierung nur selten vor, wobei nur fünfzig oder sechzig Fälle, die Mehrzahl Frauen, nach Würdigung des Beweismaterials Beachtung verdienen. Der am frühesten überlieferte Fall, mit der möglichen Ausnahme des Seligen Dodo des Friesen, ist der des Heiligen Franz von Assisi, dessen Hände und Füße »in der Mitte von Nägeln durchbohrt zu sein schienen, wobei die

1 Siehe Anm. Seite 85

Nagelköpfe in der Handfläche und auf dem Spann der Füße gesehen wurden, während die Nagelenden umgebogen waren, d. h. bei gewissen kleinen Fleischfetzen nahm man wahr, daß sie umgebogen waren wie Nagelenden, die entsprechend behämmert werden . . . Darüber hinaus war seine rechte Seite mit einer Narbe bedeckt, aus der oftmals Blut strömte.« Diese Blutungen, die gewöhnlich am Freitag stattfinden, sind eine anerkannte Erscheinung bei Stigmatisierten. Weniger wohlbekannt ist wahrscheinlich jenes mit dem Namen incendium amoris bezeichnete Phänomen, bei dem sich die Temperatur über alle medizinische Erfahrung hinaus steigert und die körperliche Hitze den Leidenden derartig bedrückt, daß er sich, um Erleichterung zu finden, in kaltem Wasser badet oder sein Gewand aufreißt gleichwie der Heilige Philipp Neri, der mit ungeschützter Brust sogar im Schnee durch Rom zu wandeln pflegte; die Heilige Maria Magdalena de' Pazzi aber wurde von diesem Liebesbrande so gequält, daß sie nicht nur ihr Kleid zerschnitt und aufriß, sondern in den Garten ging, um die Pflanzen herauszuzerren, ihren Schleier als Fächer für ihr Antlitz benutzte, zum Brunnen stürzte, große Mengen Wassers trank, sie in ihren Busen goß und sich, alles in allem, in einer Weise aufführte, die ihre drückende Qual bezeugte. Eine gewisse dominikanische Nonne, die man passenderweise den »Liebesofen« genannt hat, Maria Villani mit Namen, soll, wenn immer sie sich labte, einen zischenden Ton von sich gegeben haben, wie wenn Wasser sich auf eine Platte glühendheißen Eisens ergießt; und derselbe zischende Ton wurde in allen Fällen wahrgenommen, wo die ehrwürdige Agnes Jesu mit einer kühlenden Flüssigkeit benetzt wurde. Ein modernes Beispiel findet man in einem jungen Kapuzinerpriester in Foggia, von dem ich, obwohl er 1923 noch lebte, nicht zu sagen vermag, ob er auch heute noch unter den Lebenden weilt: einem Stigmatisierten, dessen Temperatur die Grade eines jeden klinischen Thermometers übersteigt und es zerspringen läßt.

Dabei mag man es, soweit der lebende Körper in Betracht kommt, bewenden lassen. Es könnte noch weit mehr gesagt werden, und viele merkwürdige Vorkommnisse sind außer acht gelassen worden, aber der psychologisch eingestellte Kopf wird einwenden, daß alle derartigen Phänomene kausal erklärt werden können oder könnten, sofern wir nur besser über den Einfluß des Geistes auf die Struktur des Leibes unterrichtet wären. Wahrheitsgemäß wird er geltend machen, daß jene seelische Glut, die leidenschaftlich inspirierte Menschen an sich erfahren, anerkanntermaßen bestimmte körperliche Wirkungen hervorruft; daß Gliederzittern, Herzklopfen, Schwitz- und Schauerzustände, folternde Gelenkschmerzen, sogar Verlust des Gefühlsvermögens und verwandte Folgen einer unmäßigen Erregung uns allen, wenn auch vielleicht in geringerem Grade, geläufig sind. Desgleichen wird man den Verdacht halluzinatorischer Vorstellungen und autosuggestiver Einbildung ins Feld führen. So lasse man uns denn dem Körper nach dem Tode unser Augenmerk zuwenden, einem Zustande also, wo die geistige Funktion mutmaßlich ausgeschaltet ist und deshalb in keiner Weise mehr zur Erklärung herangezogen werden kann.

Hier begegnet man zunächst dem unergründbaren Problem des Körpers, der nicht verwest. Es ist, jenseits aller Zweifel, erwiesen, daß die leibliche Hülle gewisser Menschen nicht einmal nach Jahrhunderten den gewöhnlichen Prozeß der Zersetzung des sterblichen Fleisches durchgemacht hat. Über diesen Punkt kann es gar keinen Streit geben. Auch hat es nicht den Anschein, daß die Umstände, die mit dem Tode und der Bestattung verknüpft sind, die leiseste Einwirkung auf den Leichnam haben; dieser bleibt unbeeinflußt von Kalk und Feuchtigkeit und Begräbnisaufschub (und in vielen Fällen verursachte das Verhalten der Andächtigen, die sich nicht von dem Gegenstande ihrer Verehrung wollten trennen lassen, abnorme Verzögerungen, wie etwa bei der Heiligen Bernardina von Siena, die sechsundzwanzig Tage, bei der Heiligen Angela Merici, die Stifterin des Ursulinenordens, die dreißig Tage, und beim Heiligen Laurentius Giustiniani, der siebenundsechzig Tage unbestattet blieb) und endlich von so außergewöhnlichen Begebenheiten wie denen, die sich im Falle des Heiligen Josaphat zutrugen. Dieser wurde erschlagen, in den Dünafluß geworfen und nach sechs im Wasser verbrachten Tagen herausgezogen; sein Leib erschien so frisch und schön wie je und bewahrte sich seine Unverweslichkeit in vielen Jahren, die noch folgten. Sobald man einen noch so flüchtigen Blick auf diesen Gegestand wirft, beginnt sich seine ganze Rätselhaftigkeit zu zeigen. Einerseits geschieht das Wunder der Unverweslichkeit, als ob es wirr dem Zufall unterworfen sei, und deshalb scheint es auch nicht unbedingt mit dem Grad der Heiligkeit verknüpft zu sein. So blieb denn weder dem Heiligen Franziskus, dem Heiligen Bernhard, dem Heiligen Dominikus, dem Heiligen Ignatius, dem Heiligen Vincentius Ferror, dem Heiligen Aloysius Gonzaga, dem Heiligen Gabriel noch dem Gegenstande des zweiten Essays dieses Buches, der Heiligen Therese von Lisieux, das gewöhnliche Schicksal der Verwesung erspart. Andererseits aber ist diese bemerkenswerte Gunst einigen der berühmtesten Kalendernamen zuteil geworden, dem Heiligen Carlo Borromeo zum Beispiel, der im Jahre 1880, nachdem er 1584 verschieden war, in einem feuchten und brüchigen Sarg fast unversehrt aufgefunden wurde; der Heilige Johannes vom Kreuze war, obwohl 1591 gestorben, noch 1859 nicht verwest. Was die Heilige Teresa von Avila angeht, so werden wir Gelegenheit haben, zeitgenössische Zeugnisse über die Wohlerhaltenheit ihrer sterblichen Hülle wiederzugeben; aus jüngerer Zeit aber mag der Fall des berühmten Pfarrers von Ars, Jean-Baptiste Vianney, und der des Heiligen Bernadette Soubirous von Lourdes erwähnt sein, der dreißig Jahre nach seinem 1879 erfolgten Ableben exhumiert wurde und nicht die Spur von Verwesung aufwies. In der Tat! Die Verleihung dieser höchst seltsamen Gnade könnte wirr und zufällig, vernunftwidrig, selbst launisch erscheinen. Manchmal blieb sie, ohne daß man es würde erklären können, auf Teile des Leichnams beschränkt; der Heilige Antonius zerfiel zum Beispiel auf normale Weise, doch konnte sich seine Zunge »rot, weich und ganz« erhalten: eine Erscheinung, die in Therese von Lissieux, anläßlich einer Italienreise einige sechseinhalb Jahrhunderte nach seinem Ableben, Verehrung entfachte.

Freilich, die Unverweslichkeit stellt beim Leichnam nicht die einzige Abirrung von den Naturgesetzen dar. Unter dieser ist besonders die Totenstarre (rigor mortis) zu nennen, die, roh gesprochen, einige Stunden nach dem Tode einsetzt und innerhalb von sechsunddreißig Stunden wieder verschwindet. Die medizinische Erfahrung läßt für dies Gesetz keine Ausnahme zu, doch steht es von den Leichnamen vieler heiliger Personen fest, daß sie während der ganzen Periode, in der sich die Starre hätte einstellen müssen, biegsam und geschmeidig geblieben sind; wir wollen lediglich den Fall des Heiligen Benedict Joseph Labre anführen, der vier Tage hindurch die Flexionsfähigkeit seines Leibes und selbst die Lebenswärme so vollständig bewahrte, daß ein Arzt Herz und Lunge bei ihm untersuchte, um die Gewißheit zu haben, daß er wirklich verschieden sei. Eine andere unerklärbare, aber authentisch überlieferte Eigenschaft ist der Wohlgeruch, der »Geruch der Heiligkeit« im wahrsten Sinne des Wortes: eine angenehme Gabe, die durchaus nicht auf den Leichnam beschränkt ist, sondern von Lebenden geteilt wird, die sich ganz gewiß keiner fabrikmäßig hergestellten Geruchsessenzen bedienen. »Wenn wir nach der ehrwürdigen Mutter begehrten«, so schreibt eine Nonne der Seligen Maria von den Engeln, »und sie nicht in ihrer Zelle finden konnten, so pflegten wir ihrer Spur nach dem Wohlgeruch, den sie hinterließ, zu folgen.« Der Skeptiker mag einwenden, der köstliche Duft habe lediglich als Illusion in den Nasenlöchern der interessierten Personen bestanden, wiewohl die Stapel von Beweisen diese Theorie gewichtig widerlegen; wie aber will man sich ein anderes Geheimnis erklären, das Ausschwitzen einer öligen Flüssigkeit aus dem unverwesten Leichnam und, in seltenen Fällen, sogar aus dem Skelett? Die Heilige Walburga, eine Engländerin, hat diese eigentümliche Salbe seit über zwölfhundert Jahren ausgeschwitzt.

Diese wenigen Hinweise, die nützlicherweise zu einem ganzen Buch erweitert werden könnten, werden die sehr ungewöhnlichen Bereiche, in die wir selbst bei einer oberflächlichen Untersuchung der Auserwählten Gottes geleitet werden, zum mindesten ahnen lassen; obwohl ich es lieber anderen überlassen möchte, sich darüber zu äußern, welchen Einfluß sie möglicherweise auf die letzten Wahrheiten und Werte haben.

II

Es entbehrt nicht der Ironie, wenn man darüber nachdenkt, daß dieselbe Teresa von Avila, die mit den wenigen genannten Heiligen die Ehre genießen dürfte, mindestens dem Namen nach vielleicht einem Zehntel der nichtkatholischen Bevölkerung Großbritanniens bekannt zu sein, uns Heutigen als das Urbild des hysterischen, leicht erregbaren Weibes überliefert worden ist, das sich am Fuße des Kruzifixes in einer Raserei morbider Hingabe krümmt und windet. Einmal hat man Richard Crashaw dafür zu danken, daß wir überhaupt mit ihr vertraut geworden sind; andererseits aber muß man ihn dafür tadeln, daß er sie so unauslöschlich mit solchen Charaktereigenschaften dargestellt hat. Er hat nämlich nur die halbe Wahrheit gesagt, als er, von den Verzückungen seiner eigenen Bekehrung inspiriert, »diese prächtige Liedrakete in den Himmel der Dichtkunst« sandte:

O thou undaunted daughter of desires!
By all thy dower of lights and fires;
By all the eagle in thee and all the dove;
By all thy libes and deaths of love;
By thy large draughts of intellectual day,
And by thy thirsts of love more large than they;
By all thy brim-filled bowls of fierce desire,
By thy last morning's draughts of liquid fire,
By the full Kingdom of that final kiss
That seized thy parting soul, and scaled thee His . . .

O unverzagte Tochter der Begierden!
Bei all dem Licht und Feuer, das dir eigen;
Du Adlerhafte und du Taubengleiche!
Bei deinen Leben, deinen Liebestoden;
Bei deinen vollen Zügen aus dem Quell des Geistes
Und deinem Liebesdürsten, das noch größer;
Bei deinen randgefüllten Schalen wilder Sehnsucht,
Bei deinem letzten Morgentrunk am Strom des Feuers,
Bei deinem Königreich des letzten Kusses,
Der deine fliehnde Seele mitriß und dich Ihm vermählte . . .

Offenkundig hatte Crashaw Teresa genau studiert; er muß mit ihrer Autobiographie und, indirekten Beweisen zufolge, auch mit einigen ihrer anderen Schriften vertraut gewesen sein, denn seine zwei Gedichte verraten, trotz ihrer bedauerlichen Entgleisungen, ein genaues Nacherleben ihrer Laufbahn; und vielleicht kann man ihn nicht einmal dafür zur Rechenschaft ziehen, wenn seine englischen Leser sich des Motivs der Überreizung auf Kosten jenes anderen Motivs bemächtigt haben, das er scharfsinnig genug war, ebenfalls anzuschlagen: durch den Hinweis nämlich auf ihre »large draughts of intellectual day«. Dieser stark komprimierte Vers verdient es, daß man ihn näher betrachtet. Er läßt einen sehr bedeutsamen Zug in der Gestalt dieser seltsamen Frau in strahlendem Lichte erscheinen; er tritt gleichzeitig dem schiefen Urteil entgegen, als habe sie sich fast wollüstig den Anfällen der Besessenheit hingegeben, von denen sie zeitweilig übermächtigt wurde. Niemals, niemals – und es kann dies gar nicht nachdrücklich genug betont werden – hat ein mystisch veranlagter Mensch derartigen Krankheitsanfällen mißtrauischer gegenübergestanden als diese gesunde, kräftige, intelligente frohgelaunte Spanierin, und niemals hat er weniger Gelegenheiten verstreichen lassen, um andere Leute davor zu warnen.

III

Teresa De Cepeda Dávila y Ahumada[1] wurde zu Avila in der Provinz Altkastilien um die Dämmerungsstunde des 28. März 1515 geboren. Avila ist eine uralte und, für unser Empfinden, unheimlich pittoreske, gänzlich mit massivem Mauerwerk umgürtete Stadt, das wiederum von etwa hundert gezackten Rundtürmen befestigt und in Abständen von Toren durchbrochen wird; diese geben den Zugang auf die engen Gassen frei. Es erhebt sich in etwa zwölfhundert Metern Höhe auf der platten Fläche eines schroff über Felsklüften aufsteigenden Bergrückens, und bei seiner schutzlos den Winden preisgegebenen Lage, die unmittelbar von den Schneegipfeln der Sierra de Malagon, der Sierra de Avila und der Paramera de Avila herüberstreichen, ist sein Klima über alle Maßen streng. Man befindet sich im zentralen Spanien, wahrlich keinem Lande sonnenbeschienener Lichthöfe, Fon-

1 Der spanische Gebrauch von Zunamen kann leicht einige Verwirrung anrichten. Eine Frau behält ihren eigenen Zunamen und fügt ihn dem ihres Mannes an. Auf diese Weise wurde Teresas Mutter, Beatriz Dávila y Ahumada, nach ihrer Verehelichung mit Alorso de Cepeda, dem Vater Teresas, zu Beatriz de Cepeda Dávila y Ahumada. Heutzutage ist es bei den Kindern der Brauch, die Zunamen beider Eltern zu führen. Zur Zeit Teresas aber stand es ihnen frei, gleichgültig, welches ihr Geschlecht war, den Zunamen entweder des Vaters oder der Mutter anzunehmen. So nannte sich Teresa nach ihrer Mutter Ahumada, während ihre Schwester sich nach ihrem Vater Cepeda nannte.

tänen und Orangenblüten, sondern eher auf dürrem und asketischem Boden, auf dem die Männer, in Mäntel gehüllt und ein Tuch über die Schulter geschlagen, derart vermummt einherschreiten, daß ihre edlen, knochigen Gesichtszüge, die der tief herabgezogene Hut bis über die Augen hin verdeckt, fast ganz verschwinden; in einem Lande, wie gesagt, in dem der Ehrbegriff zu grimmiger Bedeutung gelangt, in dem die Kämpfe schnell und tödlich ausgetragen werden. Es ist ein landläufiger und herkömmlicher Irrtum, Spanien als das frohe Land der Lieder und der Romantik anzusehen. Mit all seiner Phantastik und Erbarmungslosigkeit drückt der umdüsterte, sturmgepeitschte Geist Toledos, wie es El Greco schaute, die Folterqualen der Maßlosigkeit eines fanatischen Volkes entschieden besser aus. Spanien mag, in mancher Beziehung, furchterregend sein, doch weich und niedlich ist es wahrlich nicht, und nicht nur geologisch ist Kastilien aus Granit geformt. Es fehlen ihm, obwohl es nördlich liegt, die Nebel, die das aschfarbene Antlitz der kahlen Flächen mildern würden; statt dessen fällt das stechend klare Licht des Himmels mitleidlos, ernüchternd auf verträumte Illusionen dergestalt, daß sich die Menschen nur noch auf die harte Wahrheit stützen können, wie sie ihrem Blick erscheint. Auch ihre Einbildungskraft – es ist die Einbildungskraft einer ehrbewußten Ritterschaft, höflich glatt und scharf wie eine Lanzenspitze – fügt sich demselben ernsten Gesamtbild ein. Don Quichotte durchreitet diese Ebenen auf dürrem Roß, und mag er auch ein Idealist sein, so leistet ihm doch der Realismus beständig Gesellschaft. Es wäre ebenso unmöglich, in einem solchen Lande, wo im Winter der körnige Staub in die Augen sticht und an Sommertagen die Sonne schattenlos die Hände an den Zügeln verbrennt, des Wissens verlustig zu gehen, daß das Leben ein Kampf ist, wie man außerstande wäre, unberührt von jeder Erweiterung des geistigen Gesichtskreises zu bleiben, die sich stets in der Einöde verlassener Gegenden einzustellen pflegt. Praktische Begabung und Mystizismus waren durchaus nicht unvereinbar miteinander bei den Kindern dieses Bodens, deren Sprichwort von Avila sagte, es sei aus Steinen und Heiligen gebildet.

Innerhalb der Stadtmauern drängte sich die Armut dem Auge auf, und zwar in Gestalt der vielen elenden Bettler, denn um die alte wirtschaftliche Blüte war es zum großen Teil getan, seitdem man die Juden unterdrückt und auch die Mauren vertrieben hatte, die mit ihrer arabischen Üppigkeit und Farbenfreudigkeit dazu beigetragen hatten, die Strenge des granitenen Spanien zu mildern. Unter den eingeborenen Familien Kastiliens hatte eine Reaktion gegen die landfremde Kultur eingesetzt: Nachdem sie sich eine Weile hatte verfälschen lassen, hatten sie jetzt den Stolz auf sich selbst wiedergefunden, so daß das arabische Bevölkerungselement nur dünn vertreten war, durch eine Anzahl maurischer Sklaven, die lautlos über die Treppen der trutzigen Paläste huschten. Wiederum war asketische Haltung, nicht aber Nachgiebigkeit das Kennzeichen: ein von religiöser Kraft und soldatischem Ehrgefühl gebildetes Asketentum, eine Mischung aus Besonnenheit und Übermaß, von Stolz und Härte. Dies alles aber war der Hintergrund für hochgemute Taten, die im Ritterroman besungen wurden: für eine keinesfalls in Samt und Seide, sondern in Lederwams und Kettenpanzer ausstaffierte Romantik. Ringsum waren, alles grau in grau, Steinfliesen und dicke Mauern, und von den Zinnen flog das Auge weit über die farblose Ebene, auf der eine Wagenschlange mühselig entlangkroch oder ein Bote, auf seinem Maulesel kauernd und dicht verhüllt, des Weges trabte. Das Leben Avilas ruhte weitgehend in sich selbst; Schäfer und Ziegenhirten kamen wohl von den umliegenden Berghängen zum Markt, und berufsmäßige Tagediebe mochten innerhalb der Stadttore um ein paar Kupfermünzen würfeln; aber sogar mit Städten wie Segovia und Salamanca, die durchaus nicht sehr weit entfernt waren, wurde nur wenig Handel getrieben. Um die Warenbeförderung war es schlecht bestellt, und das Reisen war voller Gefahren, so daß den Einwohnern kaum daran lag, sich aus den Stadtmauern herauszuwagen, es sei denn, daß sie von Abenteuern gelockt wurden, wie es bei jenen Söhnen des Landes der Fall war, die das glänzende Abenteuer Neuspaniens nach dem eben erst entdeckten überseeischen Erdteil zog.

Der Rassenstolz war aufs äußerste entwickelt, und zwar nicht allein infolge der angeborenen Anmaßung des kastilianischen Stammes, sondern auch wegen der dreifachen Ursache des Hasses gegen die Juden, des Einsickerns maurischen Blutes und der strafenden Inquisition. Wollte ein Spanier sein Haupt hoch tragen können, so mußte er imstande sein, sich seines unbezweifelbar reinen Blutes (limpia sangre) zu rühmen; die Rassenreinheit oder »Limpieza« bedeutete keinerlei jüdische oder mohammedanische Verwandtschaft, desgleichen aber auch das Fehlen von Ahnen, die zu irgendeiner Zeit von der Inquisition verurteilt worden waren, welch letzteres Mißgeschick unmöglich verborgen gehalten werden konnte, da es den Schuldigen auferlegt war, ein gelbes, mit dem St.-Andreas-Kreuz gezeichnetes Gewand zu tragen. Die Cepeda waren glücklicherweise einwandfrei in dieser Beziehung, und kein Makel heftete sich an Alonso de Cepeda, seine beiden Frauen oder seine zwölf Kinder. Das Vorrecht des Hidalgos, das »Tratamiento«, mit dem sich die Formel Don oder Doña verband, wurde von ihnen allen genossen, wenngleich es im Falle Teresas recht überflüssig erschien, da diese der helle Zorn zu packen pflegte, sobald sich irgend jemand mit den besten Absichten unterfing, sie mit ihrem Titel anzureden. Die Cepeda waren also in ihrem nahe der Stadtmauer gelegenen Palaste, der sich zufällig in dem alten verlassenen Judenviertel befand, über jeden Verdacht erhaben. In der Tat! Es muß eine sehr verödete Stätte gewesen sein: ein kastellartiges Asyl des Lebens inmitten tödlicher Stille. Die emsigen jüdischen Händler und Gewerbetreibenden, die als Hersteller von Tuchen, Teppichen und Metallgegenständen ehedem die Stadt mit ihrem Fleiß erfüllt hatten, waren vor dreiundzwanzig Jahren, elftausend an der Zahl und damit nahezu die Hälfte der Gesamtbevölkerung ausmachend, geflüchtet, einer Flutwelle gleich, die sich schnell von den aus der Ferne das Strandgut der verlassenen Straßen überragenden Mauern des Cepedapalastes abgesetzt hatte. Hier wurde Teresa geboren, und hier wuchs sie heran, indem sie sich zu ihrem Gefährten ihren vier Jahre älteren Bruder Rodrigo erwählte, einen kleinen Jungen von leicht entflammter Phantasie, an dessen Leseübungen und Kurzweil sie teil hatte. Maurische Sklaven gab es nicht im Cepedapalast; Don Alonso war ein menschlich veranlagter Mann, der vom Sklavenunwesen nichts hielt, so daß der Haushalt sich strikt und gänzlich aus Spaniern zusammensetzte. Die Mutter der Kinder, Beatriz de Ahumada, hatte Don Alonso als seine zweite Frau im Alter von vierzehn Jahren geheiratet; sie hatte ihm neun Kinder geboren und schied mit dreiunddreißig Jahren aus dem Leben. Darin, daß sie in ihres Mannes Reich so gut wie eingekerkert gehalten wurde, muß ihr Dasein dem von ungezählten anderen Spanierinnen sehr ähnlich gewesen sein. Viele Männer, viele Frauen haben gelebt und sind gestorben, und das große Schweigen hat sich über ihnen geschlossen, ohne daß sie auf Erden eine Spur hinterlassen hätten. Genauso aber, wie Therese Martin, mehr als dreihundert Jahre später, die kleine Fakkel ihrer Feder über den schlichten Annalen eines bürgerlichen Heimes in Lissieux leuchten lassen sollte, so hat auch Teresa einen Strahl des Lichtes in die dunklen Wände jenes Krankenzimmers in einem Palaste in Avila gesandt, wo ihre Mutter mit einem Aussehen, das älter als ihre Jahre war, gebettet lag. Nach dem Zeugnis ihrer Tochter war sie von großer Schönheit, wenn sie auch nicht damit zu glänzen sich bemühte; viel zu krank, um derlei Eitelkeit zu frönen, suchte die bedauernswerte Dame ihr einziges Vergnügen in der Lektüre romantischer Erzählungen, die von ihrem Gatten nicht gebilligt wurden. Obwohl diese Zerstreuung, wie Teresa meinte, ihrer Mutter um so weniger schade, als sie niemals unnütz die Zeit damit vergeude, so erschien es ihr dennoch als ein Jammer, daß sie ihren Kindern in der Absicht, sie zu beschäftigen und sie an andern Verirrungen zu hindern, volle Freiheit ließ, so viel zu lesen, wie sie wollten; und wirklich wird es selbst dem strengsten Urteil einleuchten, daß eine kranke Frau mit einer Schar geistig reger Kinder in ihrer Obhut jedes Mittel willkommen heißt, um sie ruhig zu halten. So bleibt sie denn auch stets im Schatten des Hintergrundes, und schon ihr Name, Ahumada, läßt sie in eine Rauchwolke entschwinden, ähnlich dem Rauch auf dem Wappenschilde ihrer Familie, einem brennenden Turm, der bis zum letzten gegen die Mauren verteidigt wurde. Zwei Knaben aus der ersten und sieben aus ihrer eigenen Ehe scharten sich um ihr Bett, um ihre Gebete zu sagen, außerdem ein Mädchen aus der ersten und zwei aus ihrer eigenen Ehe, von denen aber nur Teresa einen gleichwertigen Platz unter ihren Brüdern behaupten konnte, da das andere kleine Mädchen, Juana, als das Baby der ganzen Familie galt.

Teresa und Rodrigo bildeten das Paar, das für die Mutter der Gegenstand der größten Sorge war; sie hatten von ihr die Lust am Lesen geerbt und lauschten gierig den Geschichten, die sie ihnen erzählte, doch erwies sich die dargebotene Kost als zu kräftig für ihre kleinen Köpfe. Die Märtyrer- und Abenteurergeschichten verdichteten sich zu einer Vision von solcher Zauberkraft, daß all das Blendwerk danach schrie, sofort in Taten umgesetzt zu werden. Die beiden Kinder machten heimlich untereinander ab, es sei ihre Pflicht, nach Afrika zu entlaufen, da sie natürlich viel von den Mauren als den Feinden Spaniens und der wahren Religion gehört hatten. Einmal in Afrika angekommen, wollten sie es dahinbringen, enthauptet zu werden, womit sie denn wirklich den kürzesten Weg in den Himmel eingeschlagen haben würden. Sie hatten zusammen die Heiligenlegenden gelesen und fühlten sich stark zur Idee des Märtyrertums hingezogen, obwohl sie sich, wie von Teresa offen zugegeben wird, durchaus keiner besonderen Liebe zu Gott bewußt waren und lediglich den Wunsch hegten, der großen Freuden teilhaftig zu werden, von denen sie gehört hatten, daß sie ihnen für das Leben nach dem Tode aufgespart seien. Man darf zu ihren Gunsten sagen, daß ihnen der Gedanke an Vater und Mutter ein wenig Kummer bereitete: Es war dies sogar ihre Hauptschwierigkeit, »el mayor embarazo«. Indessen hatten sie sich in einen solchen Zustand der Erregung hineingesteigert, daß sich ihnen nichts mehr in den Weg stellen durfte; sie hatten bei ihrer Lektüre die Entdeckung gemacht, daß nicht das Leiden nur, daß auch die Seligkeit für immer andauere, und suggerierten sich diesen Glauben durch beständige Wiederholung der Worte »Auf ewig, ewig, ewig«, »Para siempre, siempre, siempre«. Man muß nach Teresas Bericht vermuten, daß sie in der Nachbarschaft des Palastes herumstöberten, indem sie mit wichtiger Miene diese Worte vor sich hin murmelten. Es war ihr Plan, ihre Wanderung nach Afrika durch das Erbetteln von Almosen zu bestreiten, doch trafen sie, mit jenem Sinn der Kastilianer für das Praktische begabt, der an Teresas ganzem Leben so bemerkenswert erscheint, die Vorsichtsmaßnahme, einen heimlichen Vorrat getrockneter Rosinen für den ersten Abschnitt der Reise anzulegen.

Sie machten sich durch das Adajator auf und gingen über die Brücke in der Richtung nach Salamanca. Teresa zählte sieben und Rodrigo elf Jahre. Es ist gar nicht anders denkbar, als daß sie, anläßlich der täglichen Tischgespräche zu Hause, mancherlei von den Gefahren der Landstraße vernommen hatten; freilich bedeuten derlei Dinge Kindern nicht sehr viel; es sind für sie im Grunde nur Worte ohne visuellen Inhalt, deren Funktion sich bestenfalls darauf beschränkt, die Abenteuer ihrer Helden in Vers und Prosa reizvoll auszuschmükken. Man braucht einem Kinde nur zu erzählen, daß es von Zigeunern geraubt wird, wenn es davonläuft, und unversehens wird ihm diese Gefahr als das Erstrebenswerteste von der

Welt erscheinen. Wenn nun auch Teresa rückschauend der Ansicht Ausdruck gab, sie hätte gewußt, was Geköpftwerden bedeutet, und würde auch den erforderlichen Mut dazu aufgebracht haben, so mag es doch erlaubt sein, einen Zweifel in ihre Aussage zu setzen. Das Glück wollte es, daß das Unternehmen die beiden Kinder nicht sehr weit gelangen ließ; sie wurden nämlich alsbald daheim vermißt, so daß Gesinde ausgesandt wurde, um sie überall in den Gassen zu suchen; mittlerweile aber hatten sie kaum das offene Land erreicht, als sie ihrem Onkel Francisco begegneten, der die Missetäter natürlich schnurstracks zurück zu ihrer Mutter beförderte. Teresa trifft die Feststellung, daß diese stets sehr ruhig und verständig gewesen sei, bei dieser Gelegenheit jedoch der Einbildung unterlegen wäre, daß ihre Kinder in einen Brunnen gefallen seien. Angesichts ihrer Vorwürfe entschlug sich Rodrigo aller Traditionen ritterlicher Lebensart, indem er »der Kleinen«, »la niña«, die Schuld gab, die, wie er bekundete, Gott habe sehen und so schnell wie möglich sterben wollen, auf daß ihr dies ermöglicht werde.

Diese Verräterei von Rodrigos Seite scheint ihren Bund nicht beeinträchtigt zu haben, denn sie finden sich, nachdem der eine Plan vereitelt worden war, sofort wieder zusammen, um in ihres Vaters Garten Einsiedler zu spielen. Steine gab es dort die Fülle auf dem felsigen Boden, aber leider stürzten die »Höhlen«, kaum daß sie errichtet worden waren, ein, dieweil die Kinder nicht die Kraft besaßen, um die größeren Steine, die den Bau hätten tragen können, aufzuheben. Indessen wußten sie sich die Zeit auf andere Weise zu vertreiben. Es waren Bücher im Hause, Zunder für die Flammen ihrer Phantasie. Teresa erklärt: »Diese Leidenschaft ergriff von mir so vollständig Besitz, daß ich dachte, ich würde niemals ohne Bücher glücklich werden können.« Das verursachte ihrem Vater solchen Ärger, daß sie ständig Sorge trugen, nicht von ihm ertappt zu werden. Don Alonso besaß eine eigene Bibliothek, doch waren die Borte, von ein oder zwei Ausnahmen (etwas Dichtung und »La Gran Conquista de Ultramar«) abgesehen, mit höchst seriösen Wälzern angefüllt: beispielsweise Ciceros »De Officiis«, Boethius' »De Consolatione Philosophiae«, Senecas »Proverba«, den andächtigen Versen des Perez de Guzman und Juan Padillas »Retablo de la vida de Cristo«. Mit Hilfe dieser Bücher hatte Don Alonso persönlich Teresa das Lesen beigebracht, was bei ihm einen ungewöhnlichen Grad von Bildung in einer Zeit voraussetzte, in der es für eine Tochter aus edlem Hause durchaus nicht für notwendig erachtet wurde, die Fertigkeit des Lesens oder Schreibens zu beherrschen. Dabei hatte er freilich nicht vorausgesehen, daß der Erwerb dieser Kenntnis sie unverzüglich nach reizvollerer Lektüre Ausschau halten lassen würde. Diese entdeckte sich ihr im Zimmer ihrer Mutter, wohin jene leichtere Literatur hatte wandern müssen, die nicht nur heldisch und galant im Tone, sondern auch grob und wenig wählerisch in Worten war. Sie erzählt uns, wie sie sich, nächtens und bei Tage, stundenlang vor ihrem Vater verborgen hielt (wahrscheinlich war die Mutter, die ihr den Geschmack daran anerzogen hatte, um diese Zeit bereits gestorben, denn sie war im dreizehnten Lebensjahre Teresas heimgegangen), und sie legt ein gut Teil ihrer Fehler dieser frivolen Beschäftigung zur Last. Sie und Rodrigo lebten mit ihren Gedanken nur noch in Ehre und Heldentum, Rittern und Riesen und vom Unglück heimgesuchten Damen, im Untergang des Bösen und im Sieg der Tugend; ja, sie erfanden und entwarfen gemeinsam eine nach diesem Schema modellierte Erzählung. Man würde viel darum geben, sie lesen zu können, doch ist die Handschrift verlorengegangen.

IV

Vielleicht hat Teresa dieser romantischen Schlemmerei mit Recht einen nachteiligen Einfluß auf ihren Charakter zugeschrieben, aber ebensowohl mag man die natürlichen Neigungen ihres damaligen Alters zur Verantwortung ziehen, denn sie trat jetzt in eine Lebensperiode ein, in der sie einzig darauf aus war, sich innerhalb der sehr strengen Grenzen, die jeder Spanierin gezogen waren, so gut wie möglich zu unterhalten. Wie auffallend unterschied sie sich, wie in so vielen anderen Dingen, auch hierin von ihrer kleinen Namensschwester in Lisieux, die genauso alt war, als sie Pläne schmiedete und Gründe ins Feld führte und weinte und darum rang, ins Karmelkloster zu gelangen und dort aufgenommen zu werden!

Man vermag nicht ohne weiteres einzusehen, warum sich Teresa einer so herben Kritik unterzieht, denn die Gelegenheit für sie, sich ihren Neigungen hinzugeben, kann nur gering gewesen sein, wie frei und unbekümmert diese im übrigen auch gewesen sein mögen. Es ist nicht einmal wahrscheinlich, daß sie, die Mutterlose, über der lediglich das Auge einer älteren Schwester wachte, die Regeln eines Hauses übertreten haben sollte, das von einem aufmerksamen Vater behütet und daneben von neun ein und aus gehenden Brüdern bewohnt wurde. Der gute Ruf einer Frau, ob verehelicht oder nicht, war eine unerhört ernste Angelegenheit, bei der sogar der Tod – und schneller, als man denken mochte – mitzureden hatte; allzu offen gezeigte Vertrautheit, oder was dafür hätte gelten können, wirkte wie ein Magnet, der den Dolch aus der Scheide lockte, und auch die engsten Freundschafts- oder selbst Verwandtschaftsbande würden kaum bei einem Handel im Weg gestanden haben, wo es darum ging, den Frauen zugefügte Schmach zu rächen. Tochter, Schwester, Base, Frau: es galt und gilt dies alles gleich. Es ist bemerkenswert, daß dieses Übermaß von Eifersucht und Argwohn, die sich ständig zum Beschützen aufgerufen fühlen, sich in Spanien zu einem weit höheren Grade als in irgendeinem anderen europäischen Lande entwickelt findet, mehr sogar als in Italien, wo doch das Blut genauso leicht entflammbar ist und die Verbrechen aus Leidenschaft, die »crimes passionnels«, alltägliche Vorfälle darstellen. In Spanien war die Verteidigung des Ehrenpunktes zu einem regelrechten System ausgebaut worden. Nicht allein war es geboten, daß ein Schimpf (agravio) sofort gesühnt wurde, sondern Frauen, die sich auf der Straße belästigt sahen, genossen das Recht, von jeglichem Mann, selbst von einem Fremden, Schutz zu verlangen. Diese Sitte machte die raffinierte Absurdität möglich, daß Frauen, die gerade verkleidet waren und ihre Gründe dafür hatten, sich gegen die Verfolgung durch einen erzürnten Gatten oder Vater verteidigen lassen konnten, während sie selbst sich schnell in Sicherheit brachten. Es gehört zu den Freiheiten der Kunst, das Thema, das sie sich erwählt, zu überspitzen, und niemand wird in Zweifel ziehen, daß die Dolch-im-Gewand-Dramatiker das Letzte aus ihrem Stoff herauszuholen pflegten; es war aber auch ein Tatsachenkern in ihren Stücken enthalten, der ausreichte, um sie für das Publikum genießbar zu machen. Das Gerüst der Handlung war hinter den schmiedeeisernen Fenstergittern jedes Hauses zu finden.

Spanien hatte von den Mauren nie die Sitte der totalen Absonderung der Frauen vom täglichen Leben übernommen, obwohl es sich ihr so weit wie möglich angenähert hatte. Möglich, daß diese Freiheitsbeschränkung bei einem leidenschaftlich veranlagten Volksstamm eine Notwendigkeit war, deren Auswirkungen infolge der Exklusivität des spanischen Nationalcharakters naturgemäß ins Ungemessene gesteigert wurden. Nicht Stolz allein verschließt das Haus des Spaniers dem Fremden; vielmehr drückt sich darin ein angeborener Mangel an Gefühl für Gastlichkeit aus; innerhalb der vier Wände des spanischen Heimes werden nicht einmal die äußeren Formen der Gastfreundschaft und Geselligkeit beobachtet. Während die Pflege des gesellschaftlichen Kontaktes auf Klub und Kaffeehaus beschränkt wird, gehört das Heim der Familie und den Frauen, und wirklich wird ein Spanier sogar intime Freunde nur bei seltensten Anlässen dazu einladen, das Mahl mit ihm in der Abgeschlossenheit der Familienrunde zu teilen. Nun hat sich kürzlich erst bei den Amerikanern gezeigt, daß die Prohibition in jeder Gestalt Gefahren in sich birgt. Der Geist der Jugend ist zu lebhaft, als daß er sich gänzlich unterdrücken ließe, und mit dem Risiko des Spiels wächst sein Reiz. So steif und streng denn auch das spanische Schicklichkeitsgefühl sich geben mochte, dennoch ließ es Raum genug für ein gewisses Maß von uneingestandenem Respekt für den jungen Mann, der es verwegen zu umgehen wußte, und für die junge Frau, die, ohne sich zu weit zu wagen, das Verlangen, sich auf diese Weise auszuzeichnen, in ihm wachgerufen hatte. Solch ein junges Weib war Teresa; sie hatte alle Menschen gern; sie strömte von Anhänglichkeit über und wünschte diese Anhänglichkeit erwidert zu sehen; sie trug auch keinerlei Bedenken, sich vernehmlich bemerkbar zu machen, wenn ihr der Gedanke kam, sie erhielte weniger, als sie schenke, zurück (»Ich liebe dich innig; es hat mich tief verletzt, bei dir nicht dem gleichen Maß von schlichter Liebe zu begegnen«); sie war für jede Wertschätzung ihrer Gefühle aufgeschlossen (»Wenn immer ich bei jemandem, den ich gern hatte, herausfand, daß er gut von mir dächte, pflegte ich eine solche Zuneigung zu ihm zu fassen, daß ich ihn ständig mir vorstellen und an ihn denken mußte«); sie liebte die Konversation, und bis ans Ende ihrer Tage stand sie in dem Ruf, ein ebenso glänzender wie geschwätziger Unterhalter zu sein (»Es war alleweil mein Fehler, daß ich mich nur mit einer Flut von Worten verständlich machen konnte«); sie liebte Frohsinn, der nach ihrer Ansicht unerläßlich war, um »das Leben erträglich zu gestalten«; sie strotzte von Humor, der zu Zeiten recht maliziös sein konnte; ihre Briefe beweisen das. An vielen kleinen Hinweisen, die sie sich unbewußt entgleiten läßt – unbewußt, weil die Maßlosigkeit ihrer oftmals abstoßenden Selbsterniedrigung ihr niemals gestattet haben würde, wissentlich etwas zu Papier zu bringen, was spätere Leser ihr hätten gutschreiben können: An vielen Hinweisen, wie gesagt, erkennt man, daß sie eine wahrhaft bezaubernde Frau gewesen sein muß; eine Frau, die man gern würde kennenlernen. Ihr ganzes Wesen strahlte Wärme aus. Sie war freigebig: »Wenn ich ein Juwel oder sonst etwas, an dem ich große Freude hätte, besäße und wenn ich erführe, daß ein Mensch, den ich mehr als mich selber liebte und den ich mehr als mich selbst zufriedenzustellen wünschte, sich gern im Besitz dieser Dinge sähe, so würde es mich von Herzen beglükken, mich ihrer zu entledigen, dieweil ich all meine Habe dahingeben würde, um diesen Menschen froh zu machen«; sie war impulsiv und hatte ihre menschlichen Schwächen: »Der Teufel erfüllt mich mit einem solchen Maß von übler Laune und einer derartig angriffslustigen Geistesverfassung, daß ich glaube, ich könnte die Menschen verzehren«; sie war heißblütig: »Wenn ich etwas begehre, so habe ich von meiner Natur her die Gewohnheit, dieses mein Begehren mit einiger Heftigkeit zu äußern«; und endlich war sie dankbar: »Ich empfinde, daß Dankbarkeit in meinem Falle nichts mit Heiligkeit zu tun hat; sie muß zu meinem Wesen gehören, denn wer mir auch nur eine kümmerliche Sardine schenken würde, könnte alles von mir haben« (me subordinaran). Überdies aber war ihr jene intellektuelle Eigenschaft der Wißbegier gegeben; sie trug den Wunsch, die »Wesenheit der Dinge« zu ergründen: »Sie ergötzen und interessieren mich.« Es bedarf durchaus keiner phantasievollen Analyse, um die Entdeckung zu machen, daß sie mit all den reizenden Attributen bedacht war, die sofort ein Echo, Sympathie und Anteilnahme bei Menschen auslösten, die sich aufs stärkste voneinander unterschieden, ob es nun die jungenhaften Vettern waren, die häufig in ihrem Hause weilten, oder die Nonnen des Klosters der Encarnacion, die viel Aufhebens mit ihr machten, »weil unser Herr mir die Gnade erwiesen hat, jedermann, wo immer es sein mag, zu gefallen«, oder ein so ernster und abgemagerter Heiliger wie Pedro de Alcantara, der nach ihrem Urteil »aus nichts als Baumwurzeln zu bestehen schien«. Ihr ganzes Leben hindurch besaß sie ungezählte Freunde, die sie gängelte, ausschalt, liebkoste, neckte, in Zaum hielt, bemutterte und stets, auch wenn sie noch so viel verlangte, sich treu ergeben zu erhalten wußte, einfach weil sie, unabhängig von den bestürzenden Eigenschaften ihres heiligen Standes, auch den menschlichen Vorzug des Genies für Freundschaft besaß. Es war ihr ohne Frage möglich, mit all und jedem auszukommen; mindestens fühlte sie sich ergötzt und angeregt; diejenigen vollends, denen ein tieferer Einblick in ihre reiche Natur gestattet wurde, vermochten sich niemals ihren Fesseln zu entwinden und hatten auch nicht den Wunsch danach.

Einstweilen blieb die höhere Seite ihrer Natur verborgen. Es zeigte sich nichts als die Anmut eines liebenden und liebenswerten, lebhaften, intelligenten, geselligen und unternehmungslustigen jungen Mädchens, das den weiteren Vorzug aufwies, gut auszusehen, und diese Eigenschaft nach Kräften kultivierte. »Ich begann mich viel um meine Garderobe zu kümmern und zu wünschen, daß ich anderen durch meine äußere Erscheinung gefallen möge.« Augenscheinlich hatte sie sich nicht die Worte des Heiligen Hieronymus zu Herzen genommen, der da von denen sprach, »die ihre Wangen mit Rot und ihre Augenlider mit Antimon bemalen und deren für menschliche Wesen viel zu bleich getünchte Gesichter denen von Götzenbildern gleichen; wenn sie sich auf einen Augenblick vergessen und eine Träne vergießen, so hinterläßt sie, wo sie die bemalte Wange hinabläuft, eine Furche; sie statten ihren Kopf mit fremder Leute Haaren aus und breiten über die Runzeln des Alters den Schmelz einer verlorenen Jugend«. Ungeachtet dessen hatte Teresas Eitelkeit auch ihre angenehme Seite. Ihre Eigenheit und eine wahre

Sauberkeitsmanie in allen Dingen überraschen ein wenig, wenn man das Jahrhundert bedenkt, in dem sie lebte; es war dies ein Thema, mit dem sie späterhin beständig ihren Priorinnen und selbst ihren Freundinnen zur Last fiel. Wenngleich sie als Nonne, ihrem Armutsgelübde gehorsam, lediglich zerschlissene, geflickte Kleidung trug, so war sie stets in peinlichster Weise auf die Sauberkeit dieser Kleidung bedacht; ihre Verstiegenheit in diesem Punkte war derartig auffällig, daß ihr zeitgenössischer Biograph, indem er damit unbewußt ein bezeichnendes Licht auf die damaligen Zustände wirft, die Bemerkung macht, »ihre Hauben und Gewänder« hätten »nie nach Schweiß gerochen oder, wie bei anderen Leuten, einen sonstigen unangenehmen Geruch an sich gehabt«. Man denkt dabei an die Heilige Christina, denn auch diese erwies sich ihrer Kleidung gegenüber, die aus mit Ruten zusammengebundenen Lumpen bestand, total gleichgültig, war aber so empfindlich gegen den Geruch des menschlichen Körpers, daß sie sich ohne Bedenken in den Mühlenbach warf, auf Bäume kletterte oder in den Ofen kroch, um vor dem garstigen Geruch zu flüchten: ja, daß sie während ihrer eigenen Totenmesse fort von der Gemeinde ins Dachgestühl entwich und dort zwischen den Sparren hocken blieb, bis sie der Priester endlich zum Abstieg veranlassen konnte.

Was nun das Aussehen Teresas angeht, so gibt es eine genaue, von einem Jesuitenmönch zusammengestellte Beschreibung; dieser hatte sie persönlich gekannt und, um der Richtigkeit seiner Darstellung willen, Erkundigungen bei vielen intim mit ihr vertrauten Menschen eingezogen. Auf Grund eines Vorurteils, das freilich auf einer falschen Voraussetzung beruht, mag man geneigt sein, sie sich hoch gewachsen und abweisend zu denken; adlerschlank und hager sogar; knöchern, wenn nicht leichenblaß; eindrucksvoll, aber unschön; bedeutend, aber unnahbar. Aber nichts dergleichen. Vielmehr war sie etwas rundlich (abultada oder dick), von blütenweißer, farbig übergossener Haut; die Haare waren schwarz gekräuselt; die Brauen waren fast geradlinig gezogen und schimmerten ins Rötliche hinüber; die dunklen, etwas hervortretenden (papujados oder geweiteten), sehr lebendigen und fröhlichen Kugelaugen brachten, wenn sie lachte, jedermann zum Lachen, konnten indessen auch sehr ernst dreinblicken, sobald sie damit etwas Ernstes auszudrücken begehrte. Das Profil verlief ohne Krümmung bis zur gerundeten, leicht überhängenden Nasenspitze; die kleinen Nüstern waren gewölbt, der Mund weder winzig noch zu groß geraten; der ebenmäßig gesetzte Strich der dünnen Oberlippe grenzte an eine dicke, deutlich vorspringende Unterlippe; die Zähne ließen nichts zu wünschen; der breite, kurze Nacken gab sich von vorn ziemlich dick. Drei kleine Muttermale machten ihr Antlitz noch pikanter: eines halbwegs unterhalb der Nase, eines zwischen Nase und Mund und eines direkt unter dem Mund. Ihre Hände waren hübsch und zierlich, ihre Füße (muy lindas aunque pequenas) ebenfalls; Teresa erwiderte deshalb einem feinen Herrn, der ihr beim Anblick dieser Füße eine Schmeichelei gesagt hatte, ohne zu erröten: »Schauen Sie gut hin, Caballero, denn Sie werden sie jetzt das letzte Mal zu sehen bekommen.« Aus alledem ergibt sich, daß sie genau dem Bilde entsprach, das wir uns von einer typischen Spanierin zu machen pflegen. Es darf, nach ihrem Gesamtporträt und nach den Markmalen ihrer Nationalität, hinzugefügt werden, daß sie wahrscheinlich kurz und etwas untersetzt gewachsen war. Welches war ihre Art, sich als Mädchen zu kleiden? Wenigstens eines ihrer Gewänder ist von einer alten Nonne, die sich dessen erinnerte, beschrieben worden: Es war orangegelb und mit Borten aus schwarzem Samt garniert.

Offenkundig hat sie niemals völlig auf ihre angeborene Eitelkeit Verzicht geleistet, denn als Fray Juan de la Miseria in späteren Jahren ihr Porträt malte, da meinte sie: »Mag Gott Euch vergeben, Fray Juan! Was habe ich nicht unter Euren Händen zu erdulden gehabt! Was fällt Euch ein, mich derart häßlich und triefäugig zu malen.« (fea y legañosa).

Naturgemäß hat Teresa in ihrem späteren Leben die strenggläubigsten Ansichten über die Stellung der Frau unterhalten: Ansichten, die so oder so von ihrem Beruf herrührten, die aber gleichzeitig auch die Einstellung ihres Alters und ihrer Nation spiegelten. Eine verheiratete Frau, so sagte sie, dürfte, wenn sie ihrem Manne nicht zur Last fallen wolle, niemals von ihren schlimmsten Krankheiten und drückenden Sorgen sprechen; wäre er traurig gestimmt, so müsse sie ebenfalls elend erscheinen; wenn er aber heiterer Laune wäre, so habe auch sie sich unbeschwert zu geben, und dies sogar, wenn ihre Gefühle weit von Frohsinn entfernt wären; vor einer unerlaubten Neigung aber möge Gott uns bewahren! Es ist die reinste Hölle, von der man niemals reden sollte; wir dürfen überhaupt nicht daran denken, daß es dergleichen gibt, und dürfen weder im Ernst noch im Scherz davon sprechen hören. Mit vierzehn Jahren war Teresa freilich sündigen Herzens. Gewiß, sie übte Vorsicht, weil sie große Furcht vor der Schande hatte, und ihr Naturell behütete sie davor, den weltlichen Ehrbegriff zu verletzen, aber innerhalb dieser Schranken genoß sie das Leben, und, so fügt sie hinzu, »ich war sehr anstellig darin, in all und jedem Punkte das Unrechte zu tun«. Sie entwirft uns dabei ein äußerst lebendiges Bild von einer Schar junger, gleichaltriger Vettern, die, einige etwas älter, beständig um sie waren und eine große Zuneigung zu ihr gefaßt hatten. Sie aber war es, die in allem, was ihnen Vergnügen machte, in ihren Schwärmereien und Torheiten, den Ton der Unterhaltung bestimmte; auch wird angedeutet, daß ihre Schwester Maria, eine beträchtlich ältere, stille und züchtige Jungfrau, mit diesem lustigen Kreise wenig zu schaffen hatte und keinen Einfluß auf Teresa auszuüben vermochte. Statt dessen wirkte eine Base auf sie ein, die der Mutter Teresas ein solches Mißtrauen eingeflößt hatte, daß sie auf jede Weise bemüht gewesen war, sie fernzuhalten; verwandtschaftliche Rücksichten und die vielen Gründe, die für das Kommen des Mädchens vorgeschoben worden waren, hatten es ihr dann doch nicht erlaubt, ihr rundheraus das Haus zu verbieten. Während sich Don Alonso und Maria durch diese Freundschaft gleichermaßen beunruhigt und behindert fühlten, durfte Teresa auch weiterhin den Klatsch genießen, der Erzählung von Liebeshändeln und Nichtigkeiten lauschen und unzweideutig von der Rolle des Zwischenträgers profitieren, zu der sich diese unsaubere, schmarotzerhafte Verführerin hergab. Das Gesinde war, nach ihrem Befunde, ebenfalls »zu jeder Sünde willig«. Hier nun bereitet es zusehends Schwierigkeiten, sich ein Urteil darüber zu bilden, was Teresa wirklich begangen hat. Es ist klar, daß sie sich heftig wegen irgend etwas beschuldigt; sie bedient sich starker Worte, wie »Todsünde« und »blind vor Leidenschaft«; und endlich beteuert sie unentwegt, daß die Gottesfurcht gänzlich von ihr gewichen war, obwohl die Furcht vor der Entehrung sie bei allem, was sie tat, als quälende Sorge begleitet habe. Wie überbedenklich ihr Gewissen in der Rückschau nun auch gewesen sein mag, sie würde sich kaum dieser Sprache bedient haben, nur um irgendeine jugendliche Liebelei zwischen Vettern und Basen oder einen zeitweiligen Geschmack an den zotigen Unterhaltungen heranwachsender Mädchen anzudeuten: auch dann nicht, wenn man das Übermaß der spanischen Sittenstrenge, ja selbst den Grad von Heiligkeit in Anschlag bringt, den sie zur Zeit der Niederschrift ihres Berichtes erreicht hatte. Gleichgültig, was ihre Apologeten auch sagen mögen, etwas sehr Trübes und Unaufgeklärtes hat damals drei Monate im Leben Teresas angefüllt: etwas, was nach ihrer Ansicht das Tageslicht in solchem Maße scheute, daß sie sich nie dazu bewegen konnte, sich deutlich dem Papier anzuvertrauen. Es betraf die Base und »eine andere, die sich derselben Art von Zeitvertreib zu widmen pflegte« (otra que tenia la misma manera de pasatiempos). Dabei hat man anzumerken, daß dies »otra«, in der englischen Übersetzung als »other« so doppeldeutig, im spanischen Urtext eine weibliche Endung aufweist; und da endlich nichts dem Geschmack so zuwiderläuft wie verschleierte Anspielungen, mag auch bündig festgestellt werden, daß der Name Teresas in ihrem Vaterlande mit dem der Sappho in Zusammenhang gebracht worden ist. Die Autorität (Vicente de la Fuente), bei der man diese Verdächtigung ihres Rufes verzeichnet findet, fügt dann noch ziemlich überflüssigerweise hinzu, der Vergleich zu den lüsternen, obszönen und zügellosen Liebschaften der Sappho sollte nicht weiter getrieben werden als der zwischen den Honigwaben der Bienen und der Wespen. Niemandem, der seine fünf Sinne beisammen hat oder auch nur die geringste Kenntnis dieses am meisten mißverstandenen Aspektes der Geschlechtspsychologie besitzt, wird es im Traume einfallen, die organisierten Ausschweifungen von Lesbos mit den ersten zarten, dilettantenhaften Versuchen von heranwachsenden Mädchen zu vergleichen, von halb nur aufgeklärten Wesen, deren zaghafte Ausflüge mit der Reife von selbst aufhören mochten. Der Punkt ist vielleicht überhaupt nicht von großem Interesse, ausgenommen insoweit, als alles an einem derart verwickelten Charakter und einer so wahrhaft ungewöhnlichen Gestalt interessant ist, was geeignet erscheinen könnte, etwas mehr Licht auf das spätere Verhalten zu werfen. Vor allem aber: Das Thema ist hier mitnichten aus dem klatschsüchtigen Geiste der Unehrerbietigkeit einer klugen Frau und großen Heiligen gegenüber berührt worden. Es mag uns indessen den Schlüssel zu diesem hintergründigen und qualvollen Kapitel ihrer Lebensbeschreibung bieten, wenn man es nämlich mit einer weiteren Bemerkung in Verbindung bringt, die darin gipfelt, sie habe niemals, da Gott sie davor bewahrt habe, einen Mann sie zu lieben genötigt, doch würde sie darin, wenn Er sie verlassen haben würde, sehr wohl gesündigt haben können, »wie sie es auch in anderen Dingen getan habe«. An noch einer anderen Stelle bemerkt sie, daß sie Furcht vor der Ehe hatte.

Ihre Erzählung ist ebenso wirr wie widerspruchsvoll. Nachdem sie ihre verschwommenen, aber eindringlichen

Anklagen gegen sich selbst geschleudert und erklärt hat, sie habe sich in der Meinung, daß keiner je davon erfahren werde, auf mancherlei eingelassen, was weder gottgefällig noch ehrenhaft gewesen sei: Nach alledem endet sie gleichwohl mit der Feststellung, sie habe, als die Gelegenheit zur Sünde gekommen und Gefahr im Verzug war, alles ihrem Vater und ihren Brüdern dargelegt. Gleichzeitig aber bemerkt sie, sie habe sich solchermaßen zu verstellen gewußt, auch habe ihr Vater sie derartig in sein Herz geschlossen gehabt, daß er sie einfach nicht für so verworfen habe halten wollen, weshalb sie auch nie bei ihm in Ungnade gefallen wäre. Wird man dies nun als Beweis dafür anzusehen haben, daß sie schließlich doch nicht ganz offen ihm gegenüber gesprochen hatte? Oder daß er ein Geständnis, dem er aus Furcht nicht hatte glauben mögen, beiseite geschoben hatte? Wo immer man die Erklärung wird suchen müssen, Don Alonso entschloß sich zu der praktischen Maßnahme, sie in ein Kloster zu stecken. Doch auch an diesem Punkte gerät sie noch einmal in Widerspruch mit sich, denn während sie ihrem Vater und ihren Brüdern alles gestanden haben will, erklärt sie schon wenig später, ihre Verbannung habe bei strengster Verheimlichung des eigentlichen Grundes stattgefunden, der lediglich ihr selbst und einer Angehörigen ihrer Verwandtschaft bekannt gewesen sei. Teresa hat stets ein schlechtes Gedächtnis gehabt; sie pflegte in dieser Beziehung ständig um Nachsicht zu bitten, auch dafür, daß sie nie die Zeit finde, ihre Niederschriften noch einmal zu überprüfen. Im vorliegenden Falle kann eine solche Entschuldigung jedoch nicht angenommen werden, da sich die Widersprüche innerhalb von wenigen Zeilen des Dokumentes zusammengedrängt finden. Selbst bei rechtschaffenster Beurteilung wird der ganze Absatz ein Geheimnis bleiben müssen.

V

Teresa trug in diesem Lebensalter nicht das geringste Verlangen nach einer frommen Lebensführung. Als Spanierin des Cinquecento und als Katholikin konnte sie in der Verehrung Gottes, in einem entsprechenden Grauen vor dem Teufel und einer schauerlich lebendigen Vorstellung von der Hölle überhaupt nicht fehlgehen, aber sie war durchaus nicht – und man kann dies nicht stark genug betonen – Nonne aus innerer Neigung. Die Märtyrerphantasien des siebenjährigen Kindes hatten sich an reiner Abenteuerlust und an dem Verlangen nach Erfüllung der Verheißungen entzündet, die der Himmel, wenn es ihre tiefere Natur auch nicht recht begriff, bekanntermaßen bereithielt. Der Eintritt in das Augustinerkloster Santa Maria de Gracia aber wurde der Sechzehnjährigen von außen her, nicht kraft eigenen Begehrens oder Entschlusses auferlegt. Ihr Fall war sehr merkwürdig geartet. Man ist versucht, zu sagen, daß sie Klosterinsassin nach alter Sitte, aber Heilige durch Zufall geworden sei. Freilich mag es sich bei ihr um einen von Gott gefügten Zufall handeln, insoweit als gerade sie zu seinem Werkzeug auserwählt wurde, denn gewißlich gab es weder in ihrem ersten Lebensabschnitt noch in ihrer erkennbaren Charakteranlage Anzeichen des angeborenen Hanges zu einer so hohen Berufung. Schon der Gedanke daran, eine Nonne zu werden, erfüllte sie mit Widerwillen. Sie spricht das ganz offen und mit dem ihr eigenen Nachdruck aus. »Ich hegte eine tiefe Feindschaft gegen das Dasein einer Nonne« (estaba enemigisma de ser monja). Indessen ist sie nicht nur Nonne, sondern, nach Ablauf vieler, in klösterlicher Verborgenheit und Abgeschiedenheit verbrachter Jahre, eine der entschiedensten Glaubenserneuerinnen geworden, die eine Anzahl über ganz Spanien verstreuter Anstaltsgründungen der ehern wiederhergestellten Kirchenherrschaft für sich buchen konnte.

Mittlerweile galt sie nicht einmal als Bewerberin um die

Aufnahme, sondern lediglich als Schülerin und fühlte sich als solche, nach der ersten Woche, keineswegs unglücklich. Sie fand nicht wenig Gefallen an den Gesprächen mit der jungen Nonne, der die weltlichen Kinder in die Obhut gegeben waren, und langsam begann der sündige Einfluß der Base ausgerottet zu werden. Gegen Ende ihres anderthalbjährigen Aufenthaltes in dem Konvente hub sie an, sich mit der Möglichkeit der völligen Hingabe an das klösterliche Dasein vertraut zu machen, wenngleich es ihr Entschluß war, daß dies nicht in Santa Maria de Gracia sein dürfe, sondern, wenn überhaupt, nur das Karmeliterkloster der Encarnacion dafür in Betracht komme, wo eine enge Freundin von ihr bereits das Gelübde abgelegt hatte. Wenn nun aber diese guten Gedanken sie auch von Zeit zu Zeit befielen, so pflegten sie doch sehr bald wieder von ihr zu weichen, so daß sie sich zu keinerlei Entscheidung aufzuraffen vermochte.

Wenn man ihren tiefen Widerwillen bedenkt, so mag es sonderbar erscheinen, daß sie diesen Plan für länger als einen Augenblick unterhalten haben sollte, aber bei ihrer Abneigung gegen die Ehe gab es für sie in Wahrheit keinen anderen Ausweg. Außer diesem Gesichtspunkt, dessen sie wohl deshalb, weil er für ihr Empfinden allzusehr auf der Hand lag, überhaupt nicht erwähnt, spielt noch ein anderer mit, auf den sie um so nachdrücklicher eingeht. Es war die lautere Angst. Sie beschreibt das Motiv, von dem sie bewegt wurde, mit entwaffnender Offenheit und gibt sich keine Mühe, den erstaunlichen Mangel an Begeisterung zu verbergen, mit dem sie sich allmählich zu dem Schritt entschloß. Sie begann, so sagt sie, die Furcht zu hegen, daß sie im Falle ihres Ablebens in die Hölle kommen würde; und wenn sie auch ihren Willen selbst jetzt noch nicht dahin bringen konnte, den Schleier zu nehmen, so war sie doch entschlossen, sich mehr und mehr zu bezwingen, einfach weil sie erkannt hatte, daß der fromme Stand der sicherste (mas siguro) und beste wäre. Das Aufgehen des Ich in der Liebe, die Liebe zu Christus, die schmerzerfüllte Anbetung des leidenden Erlösers, die ekstatische Unterwerfung unter den himmlischen Bräutigam nach der Art, wie Therese von Lisieux sie erlebte: Es erscheint dies alles auch denen viel einleuchtender, die es, mit einem gewissen Zynismus, einer psychologischen, neuropathischen Ursache zuschreiben, auf die, bei aller Unschuld und Unbewußtheit, auch erotische Instinkte einwirken sollen. Für den Fall der Teresa von Avila aber gibt es solche Erklärungen nicht. Irgendwo in ihrer Autobiographie versteckt, befindet sich ein merkwürdiger Satz, in dem sie Bezug nimmt auf ihren »Haß gegen unseren Herrn, den ich so öffentlich zum Ausdruck gebracht habe«. Selbst wenn man ihre Gewohnheit, sich in Selbstanklagen zu überbieten, in Betracht zieht, wird man sagen müssen, daß dies in der Tat sehr weit geht. So rang sie denn, »weniger durch Liebe als durch sklavische Angst beeinflußt«, drei lange Monate mit sich, wobei sie sich einredete, die Entbehrungen des Nonnenlebens könnten nicht größer als die des Fegefeuers sein, während es doch feststehe, daß sie persönlich verdient haben würde, in der Hölle zu schmachten. Sie folgerte deshalb, es würde ihr nicht gar so viel ausmachen, den Rest ihres Daseins so zu verbringen, als wäre sie bereits im Fegefeuer, und dann geradewegs zum Ziel ihrer Sehnsucht, in den Himmel nämlich, zu gelangen. Solche Äußerungen klingen für unsere Begriffe nicht gerade vernünftig, und es ist auch nicht leicht, sich das Ausmaß eines Seelenterrors zu vergegenwärtigen, unter dessen Druck sie es vorzog, allen ihren Neigungen Gewalt anzutun und lieber ein Leben voller Reize dahinzugeben, als sich den Gefahren der Begegnung mit einem fernen und unbestimmten, für sie aber im höchsten Grade greifbaren Schicksal auszusetzen. Es ist überhaupt unmöglich, Verständnis dafür aufzubringen, sofern es uns nicht gelingt, die Kategorien unseres Denkens denen Teresas anzugleichen und die furchtbare Realität ihrer Vorstellungen nicht nur verstandesmäßig, sondern auch mit dem Herzen nachzuempfinden. Um so schwieriger aber erscheint uns dies, als wir Teresa als tätige und erfahrene Frau kennen; als entschlossene, entschlußkräftige Verwalterin und Organisatorin, für die keine Einzelheit zu unbedeutend und kein Unternehmen zu gefährlich war; als eine kluge, illusionslose Frau von großer Festigkeit in allen Geschäften mit der Außenwelt. Selbst ihren eigenen außergewöhnlichen Erfahrungen gegenüber hat sie, wie sie wiederholt bewiesen hat, die größte Vorsicht walten lassen, denn sie fürchtete die Selbsttäuschung wie den leibhaftigen Satan; sie scheute auch die Übertreibung und war bemüht, ihre plötzlichen Verzückungen vor anderen verborgen zu halten, widerwillig zwar und ärgerlich, aber stets von der schrecklichen Wahrheit überzeugt.

Die genaue Beschaffenheit ihrer Visionen wird rätselhaft bleiben müssen, wiewohl sie selbst auf das peinlichste um eine Erklärung bemüht gewesen ist. Sie pflegten sie in Augenblikken zu überkommen, wo es am lästigsten für sie war, da sie am wenigsten darauf vorbereitet sein konnte, dann also, wenn sie mit anderen Dingen beschäftigt war und nicht die Absicht hatte, fort in den Himmel gerissen oder durch Mark und Bein von einer satanischen Gewalt durchschüttelt zu werden. Diese Zustände ergriffen Besitz von ihr, wenn ihr Verstand durchaus in eine andere Richtung gelenkt war, und hatten physisch zerschmetternde Wirkung. Sie bereiteten ihr die größte Verlegenheit, und zwar um der Sorge willen, es könnten die zufällig in der Nähe Weilenden bemerken, daß etwas los sei, und herausfinden, worum es sich dabei nun wirklich handele. Oft machte sie sich davon, um sich den Blicken zu entziehen; manchmal aber, wenn Teufel zugegen waren, wagte sie nicht einmal nach Weihwasser zu verlangen, obwohl es ihr als das wirksamste Gegenmittel bekannt war. Diese Scheu, diese Sucht, sich zu verschließen, hat wenig mit dem Exhibitionismus hysterischer Menschen gemein, die, koste es, was es wolle, interessant zu sein begehren.

Teresa wußte sich keinen Rat, und da sie, selbst in peinvoll nebensächlichen Angelegenheiten, die pünktlichste Sorgfalt auf die ständige Aufzeichnung, Erläuterung, Rechtfertigung, Berichtigung und Einschränkung ihrer Erlebnisse verwandte, darf bei ihr vorausgesetzt werden, daß sie nichts, was sie nicht wirklich glaubte, niedergeschrieben hat. Sie würde es, auch wenn man ihre angeborene, tiefschürfende Rechtschaffenheit außer Betracht ließe, schon aus Angst nicht getan haben; sie schrieb nämlich auf besondere Weisung ihres Beichtvaters und nur für dessen Augen; ebendeshalb auferlegt sie ihm Schweigepflicht fast so, als ob sie sich unter dem Siegel des Beichtgeheimnisses äußere: Die Veröffentlichung ihres Sündenregisters wird ihm zwar freigestellt, als Warnung für andere, und damit niemand sie für besser halte, als sie wirklich sei; dagegen verweigert sie ihm die Erlaubnis zur Veröffentlichung der anderen Teile und gibt ihm nicht einmal ihre Zustimmung zur Nennung der Verfasserin, falls der Rest irgend jemandem gezeigt werden sollte. Er möge aber das Ganze ruhig vernichten, sofern sich ihre Niederschrift als nicht wahrheitsgetreu herausstellen sollte. Um nun das Mindeste zu sagen, so bereitete ihr das Schreiben als solches schon die größten Schwierigkeiten, da sie doch in einer sehr ärmlichen Umgebung lebte und vielerlei Geschäfte zu besorgen hatte; das Schreiben hielt sie vom Spinnrad fern; sie konnte nur wenig hintereinander schreiben und verlangte um so mehr nach Muße, denn wenn man beim Schreiben in Stimmung ist (oder, wie sie es ausdrückt, wenn uns der Geist des Herrn erfüllt), so geht alles leichter und besser vonstatten; es ist dann wie bei jemandem, der nach vorliegendem Muster eine Stikkerei verfertigt; aber wenn der Geist sich nicht einstellen will, wenn es an der göttlichen Eingebung gebricht, dann sind die Worte nichts als Kauderwelsch[1]. Niemand hatte für diese lästige Eigentümlichkeit des künstlerischen Schaffens ein besse-

1 Sie bedient sich des Wortes »algaravia«, das wörtlich die arabische Sprache bezeichnet, im Volksmunde aber – für die Spanier, die von den Mauren so viel Arabisch gehört hatten – Geschwätz oder Jargon bedeutet.

res Verständnis als die Heilige Teresa, und ihre diesbezüglichen Erfahrungen würden nutzbringend bei jedem Studium des Problems der Inspiration berücksichtigt werden können. »Ich fühle deutlich, daß nicht ich es bin, der da spricht und alles übersichtlich in einen Zusammenhang bringt; und hinterdrein ist mir dann unerfindlich, wie es mir hat gelingen können, mich so genau auszudrücken. Es ist mir das häufig widerfahren.«

Aber kehren wir zum Thema zurück! Es trifft nicht den Kern der Sache, wenn die Gesichte Teresas uns nicht glaubhaft erscheinen. Da ihre Umgebung naturgemäß ihre Überzeugungen teilte, spielt es auch keine Rolle, daß sie, weit entfernt davon, eine unwissende Bäuerin zu sein, die sich durch jede abergläubische Geschichte in Schrecken hätte versetzen lassen, als wohlerzogene Frau von einiger Bildung gelten durfte, die an den Umgang mit gelehrten Männern gewöhnt war. Entscheidend ist vielmehr, daß sie als Tochter ihres Landes und ihres Jahrhunderts von der inneren Wahrheit ihrer Gesichte tief durchdrungen war, und zwar in solchem Umfang, daß sie Schritt für Schritt in ein Leben hineingedrängt wurde, nach dem sie keinesfalls begehrte. Sie hat sich buchstäblich, in der Meinung, es sei dies das »Sicherste« und Gefahrenloseste, in eine Klosterexistenz hineingeschreckt. Es mochten auch Liebesgefühle mitsprechen, doch waren diese viel zu schwach und sprunghaft; auch sollten sie sich erst viel später offenbaren. Die furchtbaren Angstvorstellungen, von denen sie gepeinigt wurde, und ihre dingliche Greifbarkeit vermag man nur an Hand ihrer eigenen Schilderungen zu ermessen und sollte man im übrigen nach Gutdünken erklären. Das leibhaftige Aussehen des Teufels, sein Wohnsitz und seine Tücken waren für sie von grausigster Realität; sie spricht von seiner Boshaftigkeit als einer selbstverständlichen, unabweislichen Tatsache, als ob es sich bei ihm um einen Schelm handele, dem sie ebensowohl in der Welt hätte begegnen können; sein Unwesen äußert sich darin, daß er alles in seiner

Macht tut, um die Seelen von Gott zu stehlen, wobei er all seine Schläue, Verstellungskünste und Spitzfindigkeiten aufbietet, so daß man beständig vor ihm auf der Hut zu sein hat; sofern sie mit dem Worte und der Kunst der Camouflage vertraut gewesen wäre, so würde sie es, da sie ja plastische Vergleiche liebte, zur Veranschaulichung der bösen Absichten des Teufels benutzt haben. Die unschuldigsten, ja erhabensten Anzeichen göttlicher Gnade mußten so Verdacht erregen, da sie den Bereichen des Leibhaftigen entstammen konnten. Dieser bohrt sich still und heimlich, wie eine Feile, zu seinem Ziel; er würde sich nicht scheuen, die Hölle tausendfältig auf den Kopf zu stellen, sofern er uns dadurch veranlassen könnte, uns für besser zu halten, als wir tatsächlich sind. Wirklich? Man bilde sich ein, zur Demut und anderen Tugenden durchgedrungen zu sein? Mitnichten, es handelte sich dabei um nichts anderes als Scheintugenden, die aus sündiger Wurzel entsprungen seien, dieweil sie von eitel Großtuerei begleitet wären, die den echten Tugenden göttlichen Ursprungs niemals anhaften würde. Der Teufel kann schon durch die geringfügigsten Mittel, die man normalerweise belächeln würde, seinen unheilvollen Einfluß auf einen ausüben; er ist imstande, die Seele über jegliches Hindernis straucheln zu lassen, sie in Fesseln zu legen, sie jeder Selbstkontrolle zu berauben und jede Bewußtseinskraft in ihr auszuschalten, es sei denn für die Absurditäten, die er ihr vor Augen führt. Dann aber pressen die Teufel sie zu einer Kugel zusammen (jugando a la pelota), so daß sie nicht mehr fähig ist, aus ihren Händen zu entrinnen. Was nun die äußere Erscheinung des Leibhaftigen angeht, so mag Teresa fortfahren, für sich selbst zu sprechen: Sie hielt sich einst in einer Kapelle auf, als der Satan, ihr zur Linken, in abscheulicher Gestalt erschien. Sie schaute, da er zu ihr sprach, auf seinen Mund, der einen gräßlichen (espantable) Eindruck auf sie machte. Eine ungeheure, grelle, völlig schattenlose Flamme schien aus seinem Körper hervorzuschießen. Er redete mit furchtbaren Worten auf sie ein und sagte, wenn sie sich auch seinen Händen entwunden habe, so würde er sie doch noch wieder in seinen Besitz bringen. Als sie, außer sich vor Schrecken, das Kreuz schlug, verschwand die Gestalt, aber nur, um sofort aufs neue zu erscheinen. Da sie sich nicht zu helfen wußte, griff sie nach dem Weihwasser und spritzte einige Tropfen in Richtung der Erscheinung, die dann auch, ohne wiederzukehren, entwich.

Das war durchaus nicht alles. Bei anderem Anlaß sah sie einen »häßlichen, kleinen Neger« verzweifelt mit den Zähnen knirschen, weil ihm der Gegenstand, den er zu erhaschen suchte, entgleiten wollte. Teresa, die währenddessen große Schmerzen hatte und sich körperlich, in Kopf und Armen, heftig durchgeschüttelt fühlte, hatte dennoch keine Angst vor ihm und lachte seiner; ihre einzige Sorge war es, daß die anderen die Erscheinung bemerken und sich vor ihr fürchten könnten. Sie muß eine friedlose Hausgenossin und Begleiterin gewesen sein, denn diese Zustände pflegten sie ohne das leiseste vorherige Anzeichen zu befallen. Als ihren Schmerzen noch immer keine Erleichterung zuteil wurde, sagte sie den Anwesenden, sie möchte, falls man sie nicht verlachen würde, um etwas Weihwasser bitten. Als man es ihr gebracht hatte, ließ sie es mit eigener Hand in Richtung des Negers tropfen, der sich auch unverzüglich davonmachte; desgleichen wichen die Schmerzen von ihr, außer daß sie erschöpft war und ein Gefühl hatte, als sei sie fürchterlich geschlagen worden. Weihwasser war nach ihrer Meinung sogar noch wirksamer als das Zeichen des Kreuzes, das die bösen Geister zwar vertreiben, aber ihre Rückkehr nicht verhindern konnte; jenes aber vermochte sie ein für allemal zu bannen. Auch übte es auf ihre Seele einen belebenden Einfluß aus, und dies war durchaus kein leerer Wahn, da sie sehr sorgfältige Beobachtungen damit angestellt und es verschiedentlich erprobt hatte. Kein Zweifel also, daß ein großer Unterschied zwischen Weihwasser und gewöhnlichem Wasser bestand.

Auf die gleiche Weise entledigte sie sich des Satans, als er sich auf ihrem aufgeschlagenen Brevier niedergelassen hatte, um sie an der Beendigung ihrer Gebete zu hindern; diesmal sah sie auch einige Seelen aus dem Fegefeuer kommen, so daß sie meinte, der Satan müsse wohl versucht haben, ihre Rettung zu hintertreiben. Und wieder bei einer anderen Gelegenheit erblickte sie einen gewaltigen Kampf zwischen bösen Geistern und Engeln und endlich auch, rings um sie her, eine große Schar von bösen Geistern, vor denen sie durch eine Lichthülle bewahrt wurde. Sie brachte indessen in Erfahrung, daß der Teufel, außer dem Weihwasser, nichts so sehr verabscheute wie Geringschätzung und daß all die Schrecken mit jedem Male, wo sie ihnen zu trotzen vermochte, an Gewalt verloren, während die seelischen Kräfte entsprechend zunahmen. Deshalb hat sie ihn auch manchmal als »Dummkopf« angeredet.

Gelegentlich erschien er in vervielfältigster Gestalt, so als sähe sie einen Leichnam in wehendem Laken, der von Teufeln hin und her geschleudert und schließlich in scharfen Haken herumgezerrt würde. Sie war bei diesem Anblick so entsetzt, daß sie fast den Verstand verlor, und es bedurfte für sie beträchtlichen Mutes, um ihre Seelenpein nicht zu verraten. Ein anderes Mal wurde sie zweier Teufel gewahr, die ihre Hörner um die Kehle eines Priesters, der die Hostie trug, gelegt hatten. Dagegen tat es ihr wohl, als sie eines Tages, ganz in ihrer Nähe, einen Teufel wütend ein Papier mit seinen Händen zu Stücken zerreißen sah, denn endlich wußte sie nun, daß ihrem Gebet für die Bußfertigkeit einer gewissen Person Gehör geschenkt worden war. Weniger angenehm war es freilich, als der Teufel sie so heftig gestoßen hatte, daß sie mit Kopf und Körper gegen die Wand geschleudert wurde.

Wenn der Teufel und seine Abgesandten sich mit solcher Genauigkeit zu offenbaren vermochten, so traf dasselbe auf die Stätte zu, von der sie kamen. Teresas Visionen von der Hölle waren von topographischer Exaktheit. Eines Tages war sie ins Gebet versunken, als sie sich ganz offensichtlich, ohne zu wissen wie, in die Bereiche des Inferno versetzt sah. Man gelangte beim Eintritt durch einen langen, engen, glutofenähnlichen, niedrigen und düsteren Gang; der schlammige, aufgeweichte, unsagbar schmutzige Boden stank pestilenzartig und war mit eklem Ungeziefer bedeckt. Am Ende befand sich in der Mauer eine Vertiefung etwa wie ein Schrank, in der sie sich nun eingesperrt sah. Sie konnte weder sitzen noch liegen und hatte keinerlei Bewegungsmöglichkeit; kein Lichtstrahl drang herein, es herrschte undurchdringliche Dunkelheit. Doch alles dies war noch ein heiterer Anblick, gemessen an den Gefühlen, die sie dort hatte. Sie hätte wohl, so sagte sie, von den mannigfaltigen Torturen und von der Gewohnheit der Teufel, das Fleisch mit rotglühenden Zangen zu zerreißen, gelesen, aber das stünde auf einem ganz anderen Blatt. Wie stets ist sie sehr darauf erpicht, die Wirklichkeitstreue, Aktualität und Einzigartigkeit ihrer Vision zu betonen, die nicht etwa den subjektiven Niederschlag von etwas Angehörtem oder Angelesenen bilde; überdies verbreitet sie sich an anderer Stelle über die Trägheit ihres bewußten Einbildungsvermögens, weshalb sie sich nicht einmal, wie sehr sie auch darum ringe, die menschlichen Züge des Herrn vorzustellen imstande sei. Ihr Leib wurde in der Tat von unerträglichen Qualen gefoltert, und wahrlich! sie wußte um den physischen Schmerz; ihre eigenen Ärzte hatten ihr versichert, daß die Spannung ihrer Sehnen im Zustand der Lähmung die größte sei, die überhaupt ertragen werden könne – selbst dies jedoch war nichts, verglichen mit den geistigen Martern, die sie zu erdulden hatte. Sie wußte nicht, wie sie es hätte beschreiben sollen, außer durch die Bekundung, sie hätte ein Feuer in ihrer Seele brennen gefühlt. Es war nicht einfach so, als hätte man ihre Seele aus ihrem Körper herausgerissen, denn das würde schließlich die Vernichtung ihres Lebens durch die Hand eines anderen vorausgesetzt haben; nein, in der Hölle wird die Seele selbst in Stücke zerrissen, und dabei flammt im Innern ein Brand auf, der alle Martern und Schmerzen übersteigt. Es dauerte nur einen Augenblick, und dennoch erschien es ihr unmöglich, daß sie es jemals wieder würde vergessen können, und wenn sie auch viele Jahre leben sollte; das starre Entsetzen dieser Vision erfüllte sie noch, als sie sechs Jahre später daranging, sie niederzuschreiben, in solchem Maße, daß die natürliche Wärme ihres Körpers während des Schreibens vom Frost geschüttelt wurde.[1]

Es würde lästig werden, die ständigen Visionen aufzuzählen, von denen Teresa wider Willen heimgesucht wurde. Sofern man sie aber nicht wenigstens andeutet, kann man sich unmöglich eine Vorstellung oder ein abschätzendes Urteil über die Vorgänge in diesem geängstigten Geiste bilden. Einige Visionen Teresas lassen sich natürlich, ungeachtet ihrer Verneinung des subjektiven Charakters ihrer Gesichte, auf Tatsachen zurückführen, von denen sie gehört und gelesen hatte. Wenn sie sich plötzlich, einsam auf einer weiten Ebene, von Massen mit Speeren, Schwertern, Dolchen und langen Rapieren bewaffneter Männer umzingelt glaubt oder wenn sie Helden mit herrlichen, feurigen Gesichtern auf einem Schlachtfeld kämpfen sieht: in solchen Fällen braucht man

1 Man könnte sich einem ins einzelne gehenden Studium teuflischer Erscheinungen vor heiligen Personen unterziehen. Es würde sich dabei herausstellen, daß der Satan, seinen sonstigen Mängeln zum Trotz, zum mindesten ein Geist von beträchtlichem Erfindungsreichtum gewesen ist. Er konnte furchterregend sein wie bei der Heiligen Elisabeth von Schönau, vor der er in Gestalt eines mächtigen, schwarzen Stiers erschien; wild wie bei der Seligen Christina von Strommeln, aus deren Fleisch er ganze Stücke herausbiß: dieser unglückseligen Jungfrau, die er als Gegenstand seiner Höflichkeitsbezeugungen auserwählte, indem er glühende Steine an ihrem Körper befestigte, nicht druckfähigen Unfug mit ihr trieb und seine Dämonen in Zahlen, die zwischen 91 und 40050 schwankten, zum Angriff gegen sie vorschickte; boshaft endlich wie bei der Heiligen Gertrude von Nivelles, an deren Spinnrocken er, um sie aus dem seelischen Gleichgewicht zu bringen, in Gestalt einer Maus den Faden zernagte, oder wie bei der Heiligen Genoveva, der er wiederholt die Kerze ausgeblasen hat.

nicht über das felsige Hochland Kastiliens hinauszuschauen und sich lediglich der mittelalterlichen Ritterromane zu erinnern.

VI

All diese seltsamen Erlebnisse und viele andere, mit denen sie ihrem Beichtvater nicht erst zur Last fallen wollte, fanden nun freilich erst mehrere Jahre nach ihrem Eintritt in ihr zweites Kloster, das der Encarnacion, statt, doch können sie, selbst bei Vorwegnahme des Ganges unserer Erzählung, über das Wesen ihrer Ängste Aufschluß geben. Auch ihr schlechter Gesundheitszustand mit seinen Folgen trug zur Beschleunigung ihres Eintritts in das Kloster bei. Ohne Zweifel würden die medizinische und psychologische Wissenschaft auf Grund ihrer modernen Fortschritte die komplizierte Wechselwirkung zwischen dem körperlichen und geistigen Befinden Teresas sich auf ihre Weise auszulegen suchen, und ohne Zweifel würde eine derartige Deutung, auch wenn sie nur teilweise der Wahrheit entspräche, nützliche Anhaltspunkte bieten. Indessen bleibt auch dann noch ein Rest, der sich der wissenschaftlichen Erklärung widersetzt: ein unauflösbares Etwas, das auch nicht mit historischen Hinweisen auf die Umstände ihres Zeitalters aufgehellt werden kann, auf jenes fanatisierte Spanien der Inquisition, in dem die Ketzerei als unmittelbares Teufelswerk galt und die Fleischesqualen als nichtig angesehen wurden, verglichen mit den Gefahren, die der Seele drohten.

Krankheit nötigte sie aus dem Kloster Santa Maria de Gracia zunächst in das Haus ihres Vaters zurück und dann zu einem Erholungsaufenthalt auf dem etwa zwei Tagereisen von Avila entfernten Landsitz ihrer Schwester in Castellanos de la Cañada. Ihre Schwester und ihr Schwager hatten eine so große Zuneigung zu Teresa gefaßt, daß es ihr Wunsch gewesen wäre, sie stets bei sich zu behalten; sie hatte aber, mitten während der Herfahrt, ihre Reise abgebrochen, um bei einem Onkel zu bleiben, einem wirklich hervorragenden Manne, dessen Gespräche und Lektüre einen bedeutsamen Eindruck in ihrem unruhigen Geist hinterließen. Er bestimmte sie zum Vorlesen, und wenn sie auch seine Bücher »nicht mochte«, so war es doch charakteristisch für sie, sich so zu verstellen, als ob sie es dennoch täte, war es doch von jeher ihre Gewohnheit gewesen, andere zu erfreuen. Die guten Bücher und die gepflegte Konversation taten ihre Wirkung, denn Gott drängte sie, sich gegen ihren Willen Gewalt anzutun, und drei lange Monate inneren Ringens (batalla) waren das unmittelbare Ergebnis dieses kurzen Aufenthaltes in dem feudalen, gewölbten Herrensitz unter den Steineichen und Pinien von Hortigosa.

Kurz nach ihrer Heimkehr setzte Teresa ihren Vater von ihrem Entschluß in Kenntnis, in ein Kloster zu gehen. Da sie sein Lieblingskind war, wurde die Ankündigung schlecht aufgenommen. So sah sie sich denn erneut genötigt, davonzulaufen, diesmal freilich mit gründlicherer Wirkung als bei ihrem ersten derartigen Streich. Wiederum versicherte sie sich eines ihrer Brüder als Komplizen, den sie, was noch mehr bedeutet, zu bewegen vermochte, gleichzeitig mit ihr das Gelübde abzulegen. Nicht ohne Kummer verließ sie in der frühesten Morgendämmerung das väterliche Haus; fürwahr, die Qual des Sterbens konnte sie nicht schlimmer dünken, denn sie hatte das Gefühl, als seien ihr sämtliche Knochen im Leibe zerrenkt; da sie aber jener Liebe zu Gott entbehrte, die allein imstande gewesen wäre, die Liebe in ihr zu Vater und Blutsverwandten zu ersticken, so überkam sie die Anhänglichkeit an ihre Nächsten mit großer Heftigkeit. Schließlich aber lag ihr das Seelenheil noch mehr am Herzen, so daß ihr merkwürdig schwankender Entschluß zu guter Letzt denn doch in dieser Weise verwirklicht wurde.

Gewiß, am Ende geschah es so, doch nicht ohne mancherlei Brüche und Störungen. Zur Zeit ihrer inneren Kämpfe hatte ihr der Teufel bereits den abschreckenden Gedanken nahegebracht, daß ihr Gesundheitszustand den Anstrengungen und Entbehrungen des Klosterlebens nicht gewachsen sein könnte: einen Gedanken übrigens, der sich als vollkommen zutreffend erweisen sollte. Schon nach kaum zwei Jahren im Kloster der Encarnacion, als sie bereits den Schleier genommen hatte, waren ihre Schwächeanfälle und Herzattacken derart häufig und bedrohlich geworden, daß sie zunächst nach dem Landsitz ihrer Schwester und dann in das Dorf Becedas gebracht werden mußte, wo sie den Folterqualen der mittelalterlichen Behandlung durch eine curandera oder Medizinfrau überantwortet wurde, deren heilbringende Berühmtheit in Kastilien ebenso groß war wie ihre Unfähigkeit, Teresa irgendwelche Hilfe zu verschaffen. Die Patientin selber war der Ansicht, daß die Behandlungsmethode für ihre körperliche Verfassung viel zu streng wäre. Das war noch eine milde Ausdrucksweise, wenn man bedenkt, daß sie sich nach Ablauf von zwei Monaten nahezu am Ende ihrer Kräfte fühlte; ihr Herz bereitete ihr solche Schmerzen, daß man glauben mochte, es würde wie von scharfen Zähnen zermalmt; man befürchtete, die Marter würde in Wahnsinn enden. Zum Schlafen und Essen außerstande, vermochte sie nur Flüssiges einzunehmen; auch hatte man das Fieber, das nicht von ihr weichen wollte, nur durch täglich eingegebene, gewaltsame Abführmittel herabsetzen können, so daß ihre Muskeln zusammenzuschrumpfen begannen, während sie, vom Kopf bis zu den Füßen, von Schmerzen gepeinigt wurde. Als ihr Vater sie schließlich von der curandera befreite und nach Avila zurückholte, da erklärten ihre Ärzte, daß die durch ihre eingeschrumpften Nerven verursachte Qual unerträglich sein müsse; trotz ihres Mitgefühls vermochten sie indessen nichts für sie zu tun; sie kamen endlich zu dem Befund, sie müsse wohl schwindsüchtig sein, und gaben sie auf als einen Fall, der jenseits ihrer Fähigkeiten liege.

Es folgte eine schreckliche Krise. Vier volle Tage hindurch verharrte sie im Zustand der Bewußtlosigkeit; es wurde ihr das Sakrament der Letzten Ölung erteilt, und »man wiederholte nur immerfort das Credo, als ob ich imstande gewesen wäre, irgend etwas von dem, was sie sagten, zu begreifen«. Die Mönche in einem benachbarten Kloster zelebrierten die Leichenriten. Zu Encarnacion wurde ein Grab für die Aufnahme des Leichnams ausgegraben, und es wurden tatsächlich einige Nonnen ausgesandt mit dem Auftrag, ihn für die Bestattung einzuholen. Von Teresas Bruder, der an der Bahre seiner für tot gehaltenen Schwester eines Nachts die Wache gehalten haben soll, geht außerdem die Kunde, daß er dabei einschlummerte und eine Kerze umwarf, die dann das Betttuch in Brand setzte; selbst dies aber habe ihre Lebensgeister nicht zurückgerufen. Kein Zweifel also, daß man sie für dahingeschieden erachtete, denn als sie endlich, nach Ablauf der vier Tage, wieder zum Leben erwachte, da machte sie die ungewöhnliche Erfahrung, daß ihre Augenlider mit Wachs versiegelt worden waren. Glücklicherweise blieb allein ihr Vater, indem er seine Hände an ihren Puls legte (que sabia mucho de pulso), hartnäckig bei der Ansicht, daß seine Tochter noch nicht reif für das Grab sei.

In welch einer schrecklichen Lage befand sie sich aber, als sie wieder zu Sinnen kam! Ihre Zunge hatte sie zu Stücken zerbissen; ihre Kehle war so verstopft, daß sie nicht trinken konnte, nicht einmal einen Tropfen Wasser; es war ihr, als seien alle ihre Knochen ausgerenkt; in ihrem Kopfe fühlte sie sich völlig durcheinander. Sie war »gekrümmt und gewunden wie ein Bündel Taue«, außerstande, sich ohne fremde Hilfe an Armen, Füßen, Kopf oder Händen von der Stelle zu bewegen; man mußte sie, wenn man sie umlegen wollte, in ein Laken wickeln und es an beiden Enden festhalten, weil sie derartig wund war, daß sie keinerlei Berührung ertragen konnte. Gelegentlich hatte sie, wenn niemand in ihre Nähe kam, ein wenig Ruhe von ihren Schmerzen, obwohl sich diese bei den Schüttelfrösten heftiger Fieberanfälle sofort wieder einzustellen pflegten.

In diesem Zustand hatte sie sich zum Kloster zurückgeschleppt, wo »sie jemanden, den sie als Leiche erwartet hatten, lebendig in Empfang nahmen«. Ihr Körper war, wie sie erzählt, schlimmer als tot, und da er aus nichts als Knochen bestand, so mußte schon sein Anblick qualvoll wirken. Nachdem sie drei Jahre hindurch zur Hälfte gelähmt blieb, dankte sie Gott, als sie wenigstens auf Händen und Knien zu kriechen begann. Es war in der Tat ein erschütternder Gegensatz zu dem drallen, sorgenfreien, lebhaften Mädchen, das sich, in ihrem orangegelben, mit schwarzem Samt besetzten Kleid, so gründlich im Palaste ihrer Jugendjahre mit ihren Vettern vergnügt hatte. Und doch zählte sie auch jetzt erst vierundzwanzig Lenze.

Natürlich erhebt sich vor den geistigen Augen die Frage, was ihr nun eigentlich fehlte. Welches Leiden oder welche Summe von Leiden rief diese furchtbaren Wirkungen wie Abzehrung, Bewußtlosigkeit, Lähmung, Herzkrämpfe, Fieber und oft an den Rand des Wahnsinns führende Kopfschmerzen hervor? In welchem Umfang waren ihre Krankheitszustände physischer oder pathologischer Natur? Hatte man sie einem Zusammenwirken eingeborener körperlicher Schwäche und einer erschwerend hinzutretenden nervösen Spannung ihres höchst merkwürdigen Temperaments zuzuschreiben? Wahrscheinlich deckt sich die Wahrheit mit dieser Hypothese. Seelische und körperliche Ursachen sind in manchen Fällen unbegreiflich ineinander verwoben: unbegreiflich für die unvollständigen Errungenschaften unseres derzeitigen Wissens. Spannen wir nicht vielleicht den Wagen vor das Pferd, wenn wir seelische Störungen leiblichen Gebrechen zumessen, und würde es nicht eher der Wahrheit entsprechen, der Annahme zu huldigen, eine seelische Veranlagung von so grenzenloser Empfindlichkeit habe eine so heftige Überanstrengung hervorgerufen, daß der Körper die Zeche dafür zu zahlen hatte? Oder hatte nicht vielmehr die geringe Widerstandsfähigkeit des Körpers die Selbstkontrolle und das seelische Gleichgewicht beeinträchtigt? Dabei ist es vielleicht falsch, von einer Beeinträchtigung zu sprechen, da kein Preis hätte zu hoch sein können für den geistigen Gewinn, der gegen eine solche, mit Worten nicht zu beschreibende Gnade eingehandelt wurde.

Es verdient überdies auch betont zu werden, daß Teresa nicht im geringsten dem Typus des »malade imaginaire«, des eingebildeten Kranken, entsprach. Sie war im Gegenteil erbittert über ihren schlechten Gesundheitszustand und die dadurch verursachte Unterbrechung ihrer jeweiligen Geschäfte. Sie wünschte ihn nicht und gefiel sich auch nicht darin, ebensowenig wie sie ihre Verzückungen herbeigesehnt und sich darin gefallen haben würde, mit der einen Ausnahme, daß sie ihr als eine von Gott gesandte Gnade willkommen waren. In ihrer vernünftigen Art lag es ihr fern, medizinische Heilmittel geringzuachten: »Ich versäume nie, das Notwendige einzunehmen. Gebe Gott, daß ich nicht mehr als notwendig einnehme – ich fürchte, daß ich es tue.« Ungeachtet dieser Zugeständnisse setzte sie sich über ihre körperliche Schwäche soweit wie möglich hinweg, und sie versuchte sich sogar in einer persönlich gefärbten Art von Christian Science: »Meine Gesundheit hat sich entschieden gebessert, seitdem ich mich nicht mehr um Entspannung und Kräftigung bemühe. Es ist für unser Denken sehr wichtig, sich nicht im Anfang schrekken zu lassen. Glaubt mir dies: Ich weiß es aus Erfahrung.« Es ist das nicht die Sprache, deren sich die Hysterie bedient, über die sie mancherlei beißende und gesunde Bemerkungen machte, als sie ihr Auftreten an anderen Leuten beobachtet hatte. Nichtsdestoweniger ist die furchtbare Liste von Beschwerden, an denen sie chronisch litt, von großem Interesse. Lähmung, Schwindelanfälle, lang andauernde Bewußtlosigkeit, beständiges Fieber und Herzbeschwerden wurden bereits erwähnt. Darüber hinaus wurde sie manchmal, von Kopf bis Füßen, von einem unbändigen Zittern erfaßt; täglich litt sie an einem Krankheitsreiz, den sie zur Linderung ihrer Schmerzen

»mit einer Feder herbeizuführen« hatte; sie war von Bräune und Halsentzündung geplagt; vor allem aber von starken Kopfschmerzen und von chronischen Geräuschen im Gehirn, die ihr manchmal das Schreiben unmöglich machten und die sie »als das Getöse rauschender Wasserfälle in meinem Kopf« beschreibt, während »sich in anderen Teilen meines Gehirnes, übertönt vom Lärm der stürzenden Wasser, Vögel mit ihrem Singen und Zwitschern vernehmen lassen«. Das klingt nicht gar so widerwärtig, obwohl es Teresa große Qual verursacht. Indessen war sie überzeugt, daß ihre Verzückungen zur Besserung ihres körperlichen Befindens beitrugen: eine Schlußfolgerung, zu der sie nach sorgfältigem Studium gelangte – »Ich bilde mir dies, so glaube ich, nicht ein, denn ich habe es genau erwogen und darüber nachgedacht«. Sie war nahe am Sterben, als sie, wie während der Epidemie von 1580, Influenza hatte. Die Ärzte hatten ihr von Schwindsucht erzählt; man hat auch epileptische Veranlagung bei ihr vermutet. Es mag an die Beschreibung ihrer äußeren Erscheinung erinnert werden, wonach ihre Augen geschwollen und ihr Vorderhals verdickt waren, so daß man auf die Wahrscheinlichkeit einer Schilddrüsenerkrankung schließen möchte. Ein zeitgenössischer Schriftsteller stellt eine offene Rachenwunde fest, aus der es beim Essen stets geblutet habe. Der Grund wird nicht angegeben; aber hatte vielleicht eine Operation an ihr stattgefunden?

Teresa läßt auch die Bemerkung fallen, daß sie unter dem Einfluß des Mondes stünde. »Mein Hals ist besser, und ich habe mich lange nicht so wohl wie jetzt gefühlt, zumal ich fast ohne Schmerzen essen kann; da wir Vollmond haben, betrachte ich dies als wahren Segen.« Und an anderer Stelle: »Es ist Vollmond; ich habe eine sehr schlimme Nacht hinter mir und leide heute an heftigen Kopfschmerzen. Bis dahin ging es mir besser; morgen, bei abnehmendem Monde, wird es mit meiner Gesundheit aufwärtsgehen.« Es ist natürlich kein Ammenmärchen, sondern eine Tatsache, daß manche Menschen auf diese Weise beeinflußt werden.

So also sah es um das leidgeplagte körperliche Befinden der Heiligen Teresa aus, und es erübrigt sich, auf die physischen Rückwirkungen ihrer Ekstasen einzugehen, da sie allen Hellsichtigen geläufig sind. Die Mehrzahl ihrer Gebrechen rührte offenkundig von Ursachen her, die wir als neuropathisch bezeichnen würden. Aber auch dann noch bleibt das innerste Geheimnis ungelöst: Was ist nun eigentlich Mystik? Was macht einen Menschen zum Mystiker? Mühelos vermag man sich das unbändige Verlangen nach Vereinigung mit Gott vorzustellen; die leidenschaftliche Sehnsucht nach dem Eingehen des Ich ins Unendliche; den Wunsch, in jenen Zustand reiner Empfänglichkeit einzutreten, in dem eine solche Vereinigung, eine solche Versenkung, ein solches Ichentschwinden überhaupt erst möglich werden; jene glühende Inbrunst, wie Jan von Ruysbroeck sie nennt, »die manche Menschen zuzeiten in einen Zustand versetzt, in dem sie, über alle Vernunft hinaus, vom Geist ergriffen werden«. Wie verzehrend dies Verlangen aber auch sein mag, man kann seine Erfüllung nicht bewußt erzwingen. »Der Wille«, so bemerkt Teresa, »muß still und klug begreifen, daß wir durch Kraftaufwand und Mühen schwerlich zu frommer Aussprache mit Gott gelangen können und daß unsere Anstrengungen ohne Umsicht aufgelegten, plumpen Holzscheiten gleichen, die nichts vermögen, als diesen kleinen Funken zu ersticken.« Was sich nicht kommandieren läßt, das muß von außen kommen: aus jenen unermeßlichen Bereichen, in denen es auf jede Frage die erhabene, umfassende Antwort geben mag. Die Mehrzahl der mit diesem Gegenstand befaßten Schriftsteller geht natürlich von der Annahme aus, daß alle derartigen Offenbarungen ihren Ursprung in Gott haben (vorausgesetzt, wie sich von selbst versteht, daß sie nicht vom Teufel kommen): eine nachweislich unrichtige Hypothese, da die Gesichte nicht unbedingt mit dem Göttlichen oder seinem Gegenteil, geschweige denn mit der Lehre des Christentums oder so ungewöhnlichen Vorurteilen wie der Passion Christi oder der Heiligen Dreieinigkeit verknüpft sind. Die Mystik war schon den Griechen geläufig; selbst das Wort als solches hat eine griechische Wurzel; und seither hat man lediglich die Begriffe durcheinandergemengt, insofern als, zumal bei Gottesgelehrten, die Gewohnheit entstanden ist, die Mystik mit der Offenbarung des Göttlichen nahezu gleichzusetzen. Hier indessen sind wir einzig mit jener Form der Mystik befaßt, die ihre Existenz »religiösen« Impulsen im allgemeinen und dem christlichen Religionsbegriff im besonderen verdankt. In einem Sinne handelt es sich dabei um ein Gebiet von unerhörter, fernster Rätselhaftigkeit; in einem anderen Sinne aber besitzt diese Form der Mystik jene Durchsichtigkeit, die allem Großen eigen ist: ein Höchstmaß von Durchsichtigkeit sogar, dieweil sie sich dem Größten überhaupt zuwendet. Das Leben stellt sich unter anderen – gewichtigen, drängenden, unmittelbaren – Aspekten dar, aber wie bedeutsam, wie gebieterisch diese auch sein mögen, sie sind nun einmal zeitbedingt und vergänglich und dem Aufflammen irgendeiner kosmischen Katastrophe ausgesetzt, wogegen das Andere auch dann noch bleiben würde. Mit diesem Anderen reichen wir an etwas, was sich von allem sonst unterscheidet; wir reichen damit an nichts Geringeres als das Absolute, an die letzte Realität, über die hinaus wir nicht weiter forschen können. Sogar die Wissenschaft, in jeder Gestalt, ist mutmaßlich begrenzt; dies Andere aber ist transzendent und allumfassend in einem Sinne, der allen sonstigen Erscheinungsformen nicht zukommt.

Für den kühlen, sachlichen Beobachter, der von ähnlichen Überzeugungen nicht berührt wird, mag sich »Religion« nicht selten auf merkwürdige Art vom angewandten Christentum absondern, sofern man nämlich hierunter Nächstenliebe, Betätigung der Selbstlosigkeit und tatkräftigen Dienst an unseren Nachbarn nach dem Maß unserer verschiedenen Fähigkeiten versteht. Auf den höheren Stufen religiösen Wirkens könnte es sogar den Anschein haben, daß die völlige Hingabe an die persönliche Läuterung das Hauptziel darstelle, das dann nicht einmal durch die Theorie von der Sühne für die Sünden anderer im menschlichen Sinne würde gerechtfertigt werden können. Der Heilige Ignatius von Loyola hat in der Verfassung seiner Gesellschaft den bindenden Grundsatz niedergelegt, daß ein Diener Gottes durch nichts sosehr für die Errettung anderer befähigt wird wie zunächst einmal durch die Heiligung seiner eigenen Seele. Der gewöhnliche Mensch wird in einem solchen Streben möglicherweise einen Grund zur Erhebung der Anklage unbegrenzter Ichsucht erblicken. Das Leben, so wird er geltend machen, sei ein rastloses und mühseliges Geschäft; die Pflicht erheische, daß jeder daran teilnehme und sein Gewicht in die Waagschale werfe; jede Form des Flüchtens sei ein Ausweichen, eine Pflichtverweigerung, mit welchem Namen man sie auch verherrlichen wolle. Diese Beweisführung ist nun freilich genauso müßig wie die des Philisters gegen den Schöngeist, und die Ansicht ist durchaus gestattet, daß der Zustand des Künstlers in seinen schöpferischen Augenblicken, die »Schönheitsraserei«, aufs innigste mit der Verzückung des mystisch veranlagten Menschen vergleichbar ist; daß beide Erfahrungen im Wesen, wenn auch nicht bewußt, in ihrem Ziel, dasselbe sind. Es ist genauso unmöglich, dem dafür unempfänglichen Menschen das Wesen der Schönheit, in der Kunst oder in der Natur, zu schildern oder zu bestimmen, wie es unmöglich wäre, dort, wo kein Funke glimmt, das Feuer des inneren Begreifens intuitiver religiöser Wahrnehmungen entfachen zu wollen. Ebensowenig würde auch die sorgfältigste zeichnerische Wiedergabe einer Geige bei jemandem fruchten, der ihren Ton niemals vernommen hätte.

Die Mystiker selbst haben sich über die Hoffnungslosigkeit des Versuches verbreitet, ihre Erfahrungen in klare Worte zu übersetzen. Ähnlich wie der Dichter müssen sie ihre Zuflucht zum Symbol und zur bildlichen Ausdrucksweise nehmen, die überzeugender als die trockene Behauptung und einprägsamer als die Tatsachenfeststellung ist; »ich werde einen Vergleich benutzen müssen«, so schreibt die Heilige Teresa; »ich möchte es gern vermeiden, aber man kann sich in dieser Sprache des seelischen Erlebens so schwer verständlich machen«. In der Tat! Die Sprache der mystischen Gottesgelehrtheit drückt sich, zum großen Teil und unvermeidlicherweise, in Bildern aus, weil die Notwendigkeit, Erfahrungen, die sich so völlig außerhalb der Sphäre des normalen Lebens abspielen, sinnvoll verständlich zu machen, die Benutzung bildhafter Wendungen erzwingt, die dem normalen Erlebnisbereich so nahe wie möglich kommen; oder, wie ein moderner Schriftsteller gesagt hat, der Symbolismus »versucht übernatürliche Erfahrungen in der Sprache der Erscheinungswelt zu übermitteln . . ., welch letztere nun nicht für ihren gewöhnlichen Zweck gebraucht wird, sondern um Assoziationen von einer über die sinnliche Wahrnehmungsfähigkeit hinausreichenden Realität wachzurufen«. Nur durch solche Hilfsmittel erlangt man, wie in einem Spiegel, einen schwachen Widerschein der Realität. Deshalb ist die Kirche die Braut Christi und die Seele die Braut Christi; die Seele ist ein Schloß mit vielen Sälen; der Zustand der Ekstase ist ein Flug, »ein süßer Flug, ein lieblicher und geräuschloser Flug«; das Mysterium der Gottheit ist eine Wolke, »die Wolke des Unbewußten«; die Entfernung Gottes taucht die Seele in Nacht, in die »düstere Nacht« des Heiligen Johannes vom Kreuze. Der Gebrauch derartiger Symbole regt das Begreifen gründlicher an als die von gelehrten Körperschaften wie der Société Française de Philosophie oder dem Teresianischen Kongreß in Madrid zusammengetragenen Definitionen. Dennoch dürfen Begriffsbestimmungen als wertvolle Hilfe bei der Entwirrung der landläufigen konfusen Ausdrucksweise gelten. Mystik erscheint dann als »Glaube an die Möglichkeit einer innigen und unmittelbaren Vereinigung der menschlichen Seele mit dem Urgrund des Seins; einer Vereinigung, die zur gleichen Zeit eine Lebensführung und eine Erkenntnismethode darstellt, die der normalen Lebensführung und der normalen Erkenntnisweise fremd und überlegen sind«; oder anders als »jeder seelische Zustand, der den Augen seines Trägers als Berührung (nicht vermittelst der Sinne, sondern ›unmittelbar‹ und ›intuitiv‹) oder als eine Vereinigung des Ich mit etwas Größerem als es selbst erscheint, das man beliebig als Weltseele, Gott oder das Absolute bezeichnen mag«.

Somit liegt die Antwort auf die Frage nach dem Wesen der Mystik und des Mystikers wahrscheinlich in einem Temperament beschlossen, das genauso unerklärbar wie das Temperament des schöpferischen Künstlers ist; oder – eine Lesart, die gläubige Gemüter bevorzugen werden – in einer direkten Einwirkung Gottes, der die Seele zur Offenbarung der Wahrheit inspiriert. Diese Einwirkung und diese Offenbarung brauchen durchaus nicht aus einem bewußten Verlangen des erwählten Werkzeugs zu entspringen. Die Gnade erwählt sich ihre Geschöpfe offenbar willkürlich, und in manchen Fällen erweisen sich diese in der Tat als wider ihren Willen überrumpelt. Darüber hinaus vermag man nichts auszusagen. Nachdem wir aber das Wort Hysterie bereits im Zusammenhang mit der Heiligen Teresa haben fallenlassen, verdient es vielleicht angemerkt zu werden, daß dieses Wort gemeinhin in einem lockeren und irreführenden Sinne, nämlich zur Kennzeichnung der schwülstigen Erregbarkeit einer hemmungslosen Gemütsveranlagung, verwendet wird. Es würde der Wahrheit eher entsprechen, wenn man damit eine sehr verschiedenartig auftretende Form der Nervenstörung bezeichnen würde, die imstande ist, eine völlige Auflösung der Persönlichkeit, einen Hang zur Bewußtseinsspaltung oder eine seelisch begründete Hinneigung zur unfreiwilligen Autosuggestion hervorzurufen, welch letztere nun häßliche und verächtliche oder aber erhabene und vergeistigte Formen annehmen kann. In Parenthese bemerkt und bei aller ehrfurchtsvollen Hochachtung vor der Theorie von der Einwirkung Gottes als der Quelle mystischer Erlebnisse: es ist verführerisch, über die innere Wahrscheinlichkeit dieser Glaubensüberzeugung in ihrer Gegensätzlichkeit zu der ebenso naheliegenden Möglichkeit der Subjektivität übernatürlicher Offenbarungen nachzugrübeln. Es ist dies, anders ausgedrückt, die Frage der Vorstellbarkeit oder Unvorstellbarkeit des Phänomens göttlicher Erscheinungen oder Reden im hypothetischen Falle eines Menschen, der niemals etwas von Gott, Christus, der Gemeinschaft der Heiligen, dem Teufel oder den sonstigen gemeinhin geglaubten Attributen der christlichen Lehre gehört haben würde. Es handelt sich dabei um eine schwerwiegende, wenn auch vielleicht zersetzende Fragestellung. Ist es möglich, sich einen stigmatisierten Menschen zu denken, dem die Kreuzigungsgeschichte ein Buch mit sieben Siegeln wäre? Ist es möglich, daß die Mutter Gottes jemandem erschienen wäre, der keinerlei Kenntnis von dem Hergang der Geburt Christi besessen hätte? Wenn es derartige Fälle gibt und wenn ihre Echtheit unter Ausschaltung des letzten Zweifels nachgewiesen ist, so würde das Rätsel damit für alle Zeiten gelöst sein; sofern es aber an derartigen Fällen und Beweisen gebricht, würde logischerweise gefolgert werden müssen, daß die Phänomene der mystischen Gottesgelehrtheit auf Bilder und Vorstellungen zurückzuführen sind, die sich der Seele vorher schon bemächtigt hatten.

Diese Schlußfolgerung berührt natürlich in keiner Weise die Aufrichtigkeit der betreffenden Person oder die Wirklichkeit irgendeines großes Mysteriums, das sich den meisten Blikken verschleiert und nur den wenigen, in Augenblicken der Offenbarung, zugänglich ist. Sie berührt einzig die Form, in die sich diese Offenbarungen hüllen.[1]

1 Die Heilige Bernadette Soubirous behauptete, daß die Mutter Gottes zu ihr gesagt habe: »Ich bin die Unbefleckte Empfängnis«, und daß sie nie zuvor diesen Ausdruck gehört habe und auch nicht wisse, was er bedeute. Hier scheint unserem hypothetischen Fall fast ganz entsprochen zu sein, aber man kann, auch wenn man die Rechtschaffenheit der Heiligen Bernadette nicht in Zweifel zieht, unmöglich die Gewißheit hegen, daß sie die beiden Worte niemals irgendwo gehört oder gelesen habe, wiewohl es zutreffen mag, daß sie sie nicht bewußt in ihren Geist aufgenommen hatte.

VII

Teresa konnte jedenfalls schwerlich des betrügerischen Vorgebens oder der wissentlichen Selbsttäuschung bezichtigt werden. Sie war mehr als nur unschuldig, sie war mißtrauisch und erschreckt, und ihre Zweifel wurden noch durch die Unfähigkeit ihrer anfänglichen Beichtväter und Berater gesteigert, die sie bald ermutigten und bald mit Warnungen bedachten, so daß sie am Ende überhaupt nicht mehr wußte, was sie glauben sollte, in große Angst verfiel und sich der Tränen nicht enthalten konnte. Die meiste Trübsal wurde ihr durch die Weisung bereitet, bei himmlischen Visionen, die ihr sogar noch häufiger als offenkundig satanische Erscheinungen widerfuhren, das Zeichen des Kreuzes zu machen, damit sie selbst von ihrem teuflischen Ursprung überzeugt werde, und überdies den Finger verachtungsvoll zu strecken. Dieses »den Finger strecken« ist ein anerkanntes Mittel zur Abwendung von Übel und wird dadurch bewerkstelligt, daß man die Hand zur Faust ballt und die Daumenspitze zwischen Zeigefinger und Mittelfinger hervorstreckt: eine Bewegung, die man auch vermittelst eines Amuletts von der Art ausführen kann, wie sie die Korallen- und Schildpattgeschäfte in Neapel füllen. Ein derartiger Gegenstand, von dem die Überlieferung berichtet, er sei von Teresa benutzt worden, wird im Kloster Medina del Campo aufbewahrt: ein kleiner, eineinhalb Zoll langer, hornförmiger und in Silber gefaßter Feuerstein. Teresa stand unter dem Gehorsamsgelübde und unter dem Einfluß der katholischen Lehre, wonach die Priester und Beichtväter mit der Autorität Gottes sprachen und über ein tieferes Wissen als sie selbst oder andere Laien verfügten; sie tat deshalb, wie ihr befohlen wurde, obwohl ihr das schrecklich war, weil sie einfach nicht glauben konnte, daß ihre Visionen nicht von Gott kämen, so daß es ihr höchste Qualen bereitete, ihre Verachtung zum Ausdruck zu bringen, wenn immer sie des Herrn ansichtig wurde: Ja, sie fühlte sich dabei an die Beschimpfungen erinnert, mit denen die Juden Ihn überhäuft hatten. Da es ihr tatsächlich nicht immer gelingen wollte, sich zu der Geste zu zwingen, gab es Zeiten, wo sie die Weisung umging, indem sie ein Kruzifix in Händen hielt. Dieses Kruzifix hing an einem Rosenkranz, und beides hatte unser Herr einmal von ihr genommen, und als er es ihr dann zurückgab, da war es nicht mehr aus Ebenholz, sondern aus vier großen Edelsteinen, die schöner als Demante waren. »Niemand anders aber konnte sie sehen außer mir selbst.«

Nachdem man ihr aufgetragen hatte, ihre Visionen derlei Proben zu unterwerfen und sich ihnen mit all ihrer Kraft zu widersetzen, da nahmen sie höchstens noch an Eindringlichkeit und Häufigkeit zu. Vergebens suchte sie sich abzulenken, richtete herzzerreißende Klagen an den Herrn und eröffnete ihm, daß sie weiteres zu ertragen außerstande sei; ihre Gebete verhallten ungehört; statt dessen hatte sie neue Visionen von unbeschreiblicher Lieblichkeit und über alle Maßen großer Pein, so schrecklich, daß sie darüber stöhnen mußte, und wiederum so süß, daß sie davon erlöst zu sein nicht wünschen mochte. Irgendwie hatte sich in ihrer Seele, auch wenn es lästerlicher Ungehorsam war, die Überzeugung eingenistet, daß sie besser als ihre Beichtväter unterrichtet wäre. Deshalb trug sie die Frage vor den Herrn, und obwohl Er sie nicht von ihrer Gehorsamspflicht entbinden wollte, so tröstete Er sie doch und half ihr auf andere Weise, indem Er sie lehrte, was sie sagen solle, und Er gab ihr auch hinreichend Vernunftgründe zur Hand, so daß sie sich völlig sicher fühlte. Er sandte ihr praktische Stärkung in Gestalt des Heiligen Peter von Alcantara, der »bei all seiner Heiligkeit sehr freundlich war«, obwohl er in einer Zelle von nur eineinhalb Meter Länge hauste, sich dahin brachte, nicht länger als eineinhalb von vierundzwanzig Stunden zu schlafen; nur einmal in drei Tagen aß (ein kümmerliches Nichts, gemessen an dem Heiligen Simeon Stylites, der die ganzen vierzig Tage der Fastenzeit hindurch kein Essen anrührte), niemals seine Augen emporhob oder in ein weibliches Antlitz blickte und ständig einen Gürtel aus spitzem Draht trug. Er hörte mit ernster Miene zu, wie Teresa ihm von ihren Sorgen erzählte, was sie nach ihrer eigenen Aussage so kurz wie möglich tat, obwohl wir, angesichts ihrer Zungenfertigkeit in Wort und Schrift, in diese Kürze einige Zweifel setzen dürfen; auch tröstete er sie sehr und hellte Dinge, die im Dunkeln lagen, auf und machte ihr, indem er ihr Vertrauen erwiderte, das schönste Kompliment überhaupt. Sie schieden als treue Freunde, nachdem sie vereinbart hatten, daß sie ihm schreiben solle, während sie beide füreinander beten wollten. Er starb zwanzig Jahre vor ihr, aber der Übergang in eine andere Welt zählte gering, da er ihr häufig erschien und sie bald herausgefunden hatte, daß sie nach seinem Einzug in die Herrlichkeit des Himmels eher noch mehr Unterstützung und Trost von ihm empfinge als damals.

Diese schreckliche Besorgnis, daß übernatürliche Visionen teuflische Verblendung sein könnten, ist allen davon betroffenen Menschen und ihren geistlichen Lenkern gemeinsam, doch hat niemals jemand mehr darunter gelitten als Teresa von Avila. Ein langer Abschnitt ihrer Autobiographie und viele Absätze in ihren anderen Arbeiten sind der ängstlichen Bemühung gewidmet, das Wahre aus möglichen Irrtümern herauszulösen und, nachdem die göttliche Quelle der Offenbarung endlich als Tatbestand hingenommen war, zwischen den verschiedenen geistigen und seelischen Zuständen zu unterscheiden, in denen sich die Offenbarungen vollziehen. An diesem Punkte beginnen die Laien unter den Lesern über die unendliche Feinheit des mystischen Schreibstils zu staunen. Man möchte meinen, daß die Grundidee, so schwierig es auch sein mag, zu ihr durchzudringen, einfach genug in deutlicher Darstellung wäre; indessen wie schon der Kunstliebhaber unvermeidlicherweise bei den nach seiner Ansicht überflüssigen Unterscheidungen des Sachverständigen die Geduld verliert und zu dem Urteil hingerissen wird, der Kenner habe über seinem unmäßigen Interesse an den Varianten und Feinheiten der Technik seinen »Schönheitssinn« eingebüßt, genauso wird sich der gewöhnliche Leser vor Verwirrung an den Kopf greifen, wenn er sich in Regionen der theologischen Metaphysik versetzt sieht, in denen die ursprünglichen Fragen nicht, wie es eigentlich sein sollte, verdeutlich, sondern nur noch undurchsichtiger gestaltet werden. Ihm, der sich über verschiedene Stufen der Kontemplation und des Gebetes aufwärtsgeführt sieht und schon dem Glauben zuneigt, daß er sich endlich dem Gipfel nähere, während er sich doch nur irgendwo im Vorgebirge wiederfindet: Es mag ihm in der Tat nachgesehen werden, wenn er sich verwundert zu fragen beginnt, ob sich denn hinter jeder Höhe immer noch etwas darüber hinaus auftun werde; ob er denn immerfort, sobald er hoffen dürfe, den tiefsten Sinn zu verstehen und gleichsam mit den Händen zu greifen, in eine neue Folge verwickelter Probleme zurückgerissen werden solle. Wenn er an seinen Nachforschungen festzuhalten gedenkt, so ist es – leider! – um so besser für ihn, je eher er sich mit dieser dürren Tatsache abfindet. Leichte Straßen und Richtwege gibt es offenkundig nicht; es ist, als wate er in das Meer hinaus: Je weiter er tappt, um so tiefer werden auch die Wasser werden. Seine einzige Hoffnung besteht darin, daß er am Ende vielleicht doch schwimmen lernt.

So groß und echt nun Teresa auch als Mystikerin war, so war sie doch durchaus nicht so abgründig wie einige andere. Weder gibt sich ihr Symbolismus so kunstvoll und verwickelt wie der des Heiligen Johannes vom Kreuze noch ist ihre Lehre so tiefgründig wie die des Heiligen Thomas von Aquino. Sie war nicht, was man eine gelehrte Frau nennen würde. Sie bekannte, nichts von der mystischen Gottesgelehrtheit zu wissen und in der Kunst des Gebetes auf schwachem Grunde zu stehen. Im Gegensatz zu ihren männlichen Zeitgenossen hatte sie natürlich keine Schul- oder Universitätserziehung genossen; es war schon recht bemerkenswert für eine Frau ihrer Nation und ihres Zeitalters, daß sie es überhaupt vermochte, mühelos zu lesen und zu schreiben. Sie kannte das Lateinische so wenig, daß sie stets eines Übersetzers bedurfte.[1] Ihre Lektüre war nicht weit gespannt, obwohl es bekannt ist, daß sie »Die Nachahmung Christi«, die Briefe des Heiligen Hieronymus, die »Moralia« des Heiligen Gregorius und wahrscheinlich die »Confessiones« des Heiligen Augustinus gelesen hat; das Lesen war für sie, wenngleich sie sich von jeher gern damit beschäftigt hatte, in der Tat keine leichte Angelegenheit; sie hatte nämlich die Erfahrung gemacht, daß sie, sobald sie zu einem Buche griffe, zur »inneren Sammlung« genötigt werde und daß dann das Gebet an Stelle des Genusses trete. Intellektuelle aus Veranlagung, wie Crashaw mit Recht bemerkt, ging sie dennoch aus verschiedenen Gründen der Vorteile verlustig, die jedem Intellektuellen zugestanden werden sollten. Jene vollen Züge aus dem Born der Aufklärung, auf die er Bezug nimmt, waren weniger das Ergebnis ihres Bildungsganges als ihrer analytischen Veranlagung. Wir haben es bei ihr mit einer Frau zu tun, die von ihren inneren Erlebnissen überwältigt wurde und nun danach trachtete, sie zur eigenen Belehrung, zur Unterrichtung ihrer Beichtväter und zur Anleitung ihrer Nonnen zu Papier zu bringen. Indem sie sich dergestalt ihre Erklärungen zurechtlegte, wiederholte sie sich häufig oder verlor auch den Faden, so daß sie im Bewußtsein dieser Fehler um Nachsicht bat; es genügt allerdings, einen Blick auf die schwierigen Bedingungen zu werfen, unter denen sie ihre Werke verfaßte, um die Ungeduld des Lesers gebührend zu mildern. Teresa unterzog sich tatsächlich dem Versuche, gleichzeitig zwei Leben nebeneinander zu leben: ein tätiges und ein kontemplatives Leben. Nur eine sehr kräftige Persönlichkeit vom Schlage Teresas konnte zwischen diesen beiden Daseinsformen überhaupt einen Ein-

1 Sie macht eine merkwürdige Feststellung des Inhalts, während der liturgischen Gebete verstehe »sie, die kaum ein Wort von dem verstehe, was sie im Lateinischen lese, das Lateinische so, als ob es sich um Spanisch handele«.

klang erzwingen. Ihre Schriftstellerei wurde beständig von den Anforderungen ihrer Pflichten unterbrochen; ihre Pflichten aber sahen sich immerfort von den Attacken ihrer mystischen Erlebnisse in Verwirrung gebracht. Sie selbst hat vom »Weg der Vollendung« geschrieben: »Ein solches Buch erfordert Muße. Wie ihr wißt, erfreue ich mich ihrer derart wenig, daß ich nicht eine Woche fortgesetzt darauf verwenden konnte und daß ich vergesse, was ich bereits geschrieben habe und auf welche Weise ich fortzufahren gedachte.« Die äußeren Unbequemlichkeiten, die ihr während des Schreibens bereitet wurden, haben ihr vielleicht am wenigsten von allem zu schaffen gemacht, und dennoch würden viele darin eine beträchtliche Störung des Gedankenflusses erblickt haben. Der »Weg der Vollendung« ist in einer Zelle ohne Tisch und Stuhl verfaßt worden; wenn sie auf dem Fußboden nicht niederknien wollte, so mußte sie sich sitzend auf ihm niederlassen. Ihr Schreibpapier lag auf einem Sims unterhalb des Fensters; dieses Fenster aber hatte kein Glas, um den strengen Wind Avilas aufzufangen, sondern lediglich in einen Rahmen gespannte Leinwand, so daß es praktisch immerfort geöffnet war und eine hastig kritzelnde Frau, die für Kälte äußerst anfällig war, in Frost erstarren ließ. Die Niederschrift von »Das Schloß der Seele« wurde auf vielleicht noch lästigere Weise behindert. Dies köstliche, in allen Farben schillernde Buch bedeutet einen Höhepunkt der inspirierten und von innerer Begeisterung erfüllten Arbeit, doch wollte es das Mißgeschick der Verfasserin, daß sie nicht das Vorrecht genoß, wie Händel, als er den »Messias« schuf, in völliger Hingegebenheit an das Werk schwelgen zu dürfen. Inspiriert aber war es wirklich, denn wir wissen es teils aus den Berichten derer, die sie an der Arbeit sahen, und teils aus der ungewöhnlichen Schnelligkeit, mit der sie schrieb. Man erzählte sich, sie habe manchmal, nach dem Erwachen aus einer Ekstase, beschriebene Seiten vorgefunden, die sie nicht für ihre eigenen gehalten habe; das Manuskript weist freilich keine Unterschiede in der Handschrift auf. »Ich weiß nicht, was ich sage«, so hat sie einmal geschrieben, »denn ich bringe dies zu Papier, als ob die Worte nicht von mir stammten.« Die Nonnen des Klosters von Segovia, die sie, an der Tür wartend oder sie mit irgendeiner Botschaft unterbrechend, beim Schaffen gesehen hatten, haben urkundlich bezeugt, daß sie unaufhörlich, ohne auszustreichen oder zu verbessern, weiterschrieb, wobei ihr Antlitz von einem Lichtschein angestrahlt gewesen sei, der jedesmal, sobald sie ihre Feder beiseite gelegt hätte, verblichen sei, und ringsumher sei ihnen alles, im Vergleich damit, wie tiefe Finsternis erschienen; desgleichen berichten sie, Teresa sei so vertieft in ihre Arbeit gewesen, daß sie nicht einmal das Eintreten einer Botin in ihre Zelle bemerkt habe. »Setze dich nieder, mein Kind«, so sagte sie dann, wenn man endlich ihre Aufmerksamkeit auf sich gelenkt hatte, »und laß mich zunächst einmal, bevor ich es vergesse, niederschreiben, was unser Herr mir gesagt hat!« Es muß beängstigend gewesen sein, wenn man bei solchen Gelegenheiten mit einem Auftrag zur Stifterin gesandt wurde. Nicht daß sie sich jemals zu einer unmutigen Äußerung hätte hinreißen lassen: Sie ist stets ein Muster von Geduld gewesen. Aber als Mutter Maria vom Kloster in Toledo just in dem Augenblicke, als Teresa ein neues Blatt anfing, mit einer Botschaft hereinkam, da nahm sie voller Schrecken wahr, wie die Heilige, nachdem sie ihre Brille entfernt und die Mitteilung entgegengenommen hatte, in eine mehrere Stunden währende Ekstase versetzt wurde. Die Nonne wagte nicht, fortzugehen oder auch nur eine Bewegung zu machen, sondern blieb auf der Stelle gebannt und starrte auf Teresa, bis diese endlich wieder zu Sinnen kam. Das leere Blatt Papier aber hatte sich inzwischen mit Schriftzeichen gefüllt, und Teresa, die das bemerkte und dessen gewahr wurde, daß auch die Nonne es bemerkt hatte, nahm das Papier und steckte es wortlos in einen Kasten. Es war niemals ihre Art gewesen, Aufhebens mit ihren merkwürdigen Anfällen zu machen; sie zog es vor, darüber hinwegzugehen, als ob nichts geschehen wäre.

Die Schnelligkeit ihrer Arbeitsweise zeigt sich daran, daß sie das »Schloß der Seele«, ein Werk von zweihundertundsechzig Druckseiten oder etwa von durchschnittlicher Romanlänge, in vier Wochen niederschrieb. Dies würde schon an sich eine ungewöhnliche Leistung darstellen, und zwar sogar für eine Prosadichtung, bei der die Feder nur, so schnell sie kann, dem Laufe der Erfindung zu folgen hat und schwierige Gedankenarbeit kaum erforderlich ist; ein theologischer Traktat aber, der eine sinnbildliche Darlegung der stufenweise sich steigernden Zustände der dem Gebete hingegebenen Seele mit sich bringt, ist etwas ganz anderes. Darüber hinaus muß bedacht werden, daß die Periode in einen der widerwärtigsten Lebensabschnitte fiel, die Teresa jemals durchzustehen hatte; sie war krank, ihre Reformpläne wurden in jeder Hinsicht durchkreuzt, sie hatte Verdruß mit der Opposition und war mit dringenden Angelegenheiten beschäftigt; und als ob dies nicht schon genug wäre, wurde sie ausgerechnet in diesem Zeitraum, unter lärmenden Begleitumständen, als Priorin des Klosters der Encarnacion ausersehen. Infolgedessen wurde die Abfassung des Buches während fünf langer Monate unterbrochen; anders ausgedrückt, sie widmete vierzehn Tage der Ausführung der ersten Hälfte und vierzehn Tage derjenigen der zweiten Hälfte: eine störende Unterbrechung, die das Mitgefühl eines jeden Autors erwekken wird. Ihre Konzentrationskraft muß erstaunlich gewesen sein. Sie muß die Gabe des völligen Sichversenkens in ihre jeweilige Tätigkeit besessen haben, ob es sich nun um die Gründung eines neuen Klosters oder um die Untersuchung der hintergründigsten theologischen Probleme handelte, und muß dabei imstande gewesen sein, für den Augenblick alles andere von sich fernzuhalten: eine Eigenschaft, in der sie sich offenkundig von ihrem Gefährten unter den Gottesgelehrten und Heiligen, Thomas von Aquino, unterschied, der sich derart an abseitige Gedanken verlieren konnte, daß er anläßlich eines Diners, an dem auch der König von Frankreich teilnahm, überhaupt kein Ohr für die Tischgespräche hatte, sondern plötzlich mit der Faust auf den Tisch schlug und ausrief: »Ha! das regelt das Problem der Manichäer!«

So war Teresa nicht. Der nervenzerreißende Mißklang aber, der sich am Ende der Ekstase einzustellen pflegt, war ihr vertraut und ebenso die rohe Vernichtung jener unschätzbaren Stimmung, die einen so hauchzart überkommt und die man so mühselig zurück erlangt. Coleridge stand freilich unter dem Einfluß eines Rauschmittels, als ihn das Eindringen jener Person, die aus geschäftlichen Gründen von Porlock gekommen war, bei der Vollendung des »Kubla Khan« für alle Zeiten den Faden verlieren ließ; dagegen war Teresa den Einwirkungen eines übernatürlichen Rauschmittels hingegeben, das tiefere Spuren als alle vom Opium erzeugten Wahngebilde und Phantasiegeschöpfe hinterließ.

Höchst merkwürdig ist, beiläufig gesagt, ihre Feststellung bei Wiederaufnahme der Arbeit, daß sie sich im Kopfe zu schwach fühle, um den fertiggestellten Teil der Niederschrift noch einmal durchzulesen, und daß er infolgedessen eine Fülle von Zusammenhanglosigkeiten und Wiederholungen aufweisen werde, wobei sie dann, nicht gerade höflich, hinzufügt, es sei dies ohnehin gleichgültig, da ja alles nur für die Schwestern bestimmt sei. Es dürfte selten sein, daß ein Autor in derart nachlässigem, um nicht zu sagen fahrlässigem Geiste zu Werke geht; der Stoff war indessen ein so lebendiger Bestandteil des Denkens Teresas, daß sie nichts zu tun brauchte, als ihrem Inneren, bildlich gesprochen, ihr Manuskriptpapier aufzulegen und die inspizierten Schriftzüge, die dort bereits aufgezeichnet standen, durchzupausen. Gott selber hatte sie mit dem Urbild erfüllt, um das sie ihr »Schloß« errichtete. In einer der lieblichsten und dichterischsten Visionen, die ihr jemals zuteil wurden, hatte Er ihr genau die Art gezeigt, in der sie diesen Wohnsitz der Seele bauen solle: die Vorbezirke sowohl, in denen es von Reptilien des Bösen wimmelte, wie auch den Hauptsaal, in dem die Quelle des Lichts auf herrlichem Throne glänzte. Die Vorbezirke waren in der Tat abscheulich und müssen die Einbildungskraft von spanischen Nonnen, die mit so giftigen Kreaturen wie Salamandern, Taranteln und anderen einherkriechenden und emporzüngelnden Gefahren des täglichen Lebens vertraut waren, mit Furcht und Entsetzen erfüllt haben; »eine finstere, schmutzstarrende Masse voll Kröten und Vipern und anderem giftigem Getier«; indessen wies ihr Gott, nachdem der verhexte Vorraum endlich passiert war, »eine unsagbar schöne Kristallkugel in Gestalt eines Schlosses mit sieben Sälen, von denen der siebente vom König aller Ehren bewohnt wurde und in märchenhafter Pracht erglänzte, die ungemein lieblich durch alle angrenzenden Säle schimmerte. Und je näher diese der Mitte lagen, um so größer war ihr Anteil an dem wunderbaren Lichte.« Noch war sie ganz in der Bewunderung dieser Schönheit, die durch Gottes Gnade in der Seele wohnt, versunken, als das Licht plötzlich verschwand und die Kristallkugel so undurchsichtig und schwarz wie Kohle wurde: Ein unerträglicher Gestank verbreitete sich, und das giftige Getier, das sich bis dahin außerhalb hatte aufhalten müssen, konnte nun ungehindert in das Schloß eindringen. Teresa meinte aber, ein jeder sollte dieser Vision teilhaftig werden, dieweil sie der Ansicht war, daß keiner, der jemals dieses durch Sünde verwirkten und deshalb von Pestilenz und Jammer abgelösten Glanzes und dieser Gnade ansichtig geworden wäre, je wieder wagen würde, Gott zu beleidigen.

Sie berichtete diese Vision am gleichen Tage, wo sie ihr begegnet war, ihrem Beichtvater, bedauerte aber, sobald sie eine Nacht darüber geschlafen hatte, bezeichnenderweise ihre impulsive Unbesonnenheit. »Wie konnte ich mich nur gestern so vergessen!« so sagte sie am darauffolgenden Morgen. »Ich weiß einfach nicht, wie das möglich war. Mein hohes Streben und meine Liebe zu Euch müssen mich veranlaßt haben, alle Grenzen der Vernunft zu überschreiten.« Er machte ihr treuergeben die Zusage, solange sie lebte, nichts von alledem verlauten zu lassen, fühlte sich aber nach ihrem Tode verpflichtet, es alle Welt wissen zu lassen.

VIII

Im vorhergehenden hat sich gezeigt, daß es auch eine Kehrseite des Bildes gibt, im Unterschiede zu den blutunterlaufenen entsetzlichen Visionen von Satan und seiner Hölle. Es war da die unbeschreiblich strahlende Vision Christi und seines Himmels. Christus stand vor ihr, »streng und ernst«, sie feierlich ermahnend. Er zeigte ihr nur Seine Hände, deren Schönheit so groß war, daß keine Sprache ihr Ausdruck hätte verleihen können; natürlich, als Er ihr die Wunde in dieser schönen Hand wies und den großen Nagel daraus hervorzog, wobei es ihr schien, als risse Er gleichzeitig auch das Fleisch mit heraus, da war sie sehr bekümmert; sie begriff aber auch, daß jegliches Leid, das ihr noch aufgebürdet werden würde, ein Nichts sei, verglichen mit den Schmerzen, die Er ertragen habe. Manchmal erblickte sie Ihn als Inbegriff der Heiligen Menschlichkeit, doch vermochte sie dies nicht zu beschreiben, ohne sich heftig Gewalt anzutun, und deshalb beschränkte sie sich auf die Aussage, Er sei ihr in Schönheit und Majestät erschienen, gleichwie die Maler Ihn als Auferstandenen darzustellen pflegten. Oft auch sprach Er zu ihr, bald in tadelndem und bald in ermunterndem Tone, indem Er sie »mit äußerster Kraft und ernster Entschlußfreudigkeit« erfüllte, so daß sie meinte, sie würde sich über jedes denkbare Hindernis auf ihrem Wege hinwegsetzen können; dabei entließ Er sie mit dem Bewußtsein dessen, was es für eine Seele bedeute, in der Wahrheit, ja in der Gegenwart der leibhaftigen Wahrheit selbst zu wandeln.

Diese Visionen und Reden bildeten für Teresa eine ständige Quelle von Sorgen bald und bald von Freude. Erst nach langem Zögern war sie bereit, sie als das echte Sichtbarwerden der göttlichen Gegenwart hinzunehmen, aber auch dann noch ließ sie nicht ab von ihren Mühen, ihre exakte Natur aufzuspüren. Gewissenhaft und emsig, Seite auf Seite, Paragraph auf Paragraph, versucht sie sich in Begriffsbestimmungen. Hat sie es mit einer körperlichen oder verstandesmäßigen Vision zu tun? Sie ist des Glaubens, daß sie keineswegs mit ihrem leiblichen Auge und nicht einmal mit dem Auge ihrer Seele wahrnimmt. Aber auch diese Unterscheidung ist viel zu roh, um sie zufriedenzustellen, und deshalb sieht sie sich zu einer weiteren Begriffsaufspaltung genötigt: Es hat den Anschein, daß es drei Arten von Visionen gibt, die körperliche, die eingebildete und die verstandesmäßige, von denen die körperliche die niedrigste, die verstandesmäßige die höchste und die eingebildete die zwischen den beiden liegende Form darstellt. Ungeachtet der von ihr selbst eingestandenen Unkenntnis in theologischen Stoffgebieten war sie dergestalt, vielleicht unbewußt, zu denselben Schlußfolgerungen wie die Scholastiker gelangt, die das Einbildungsvermögen deshalb zwischen den Sinnen und dem Verstand eingeordnet hatten, weil es von jenen seine Eindrücke empfange, um sie an diesen weiterzuleiten. Körperliche Visionen und Reden sind schon gefährlich genug, aber doch nicht im gleichen Umfang wie eingebildete Visionen und Reden, da diese so eng mit dem Erinnerungsvermögen verknüpft sind, daß der Seher niemals gewiß sein kann, ob sie nicht doch bloß auf Gesehenes oder Gehörtes zurückgehen; deshalb kann leicht eine, wenn auch unabsichtliche Täuschung entstehen. Der Heilige Thomas von Aquino hatte sehr streng unterschieden: Die Vision Jesajas und die apokalyptische Offenbarung des Heiligen Johannes waren für ihn in jedem Belange Erzeugnisse der Einbildungskraft, aber als sich Christus nach der Auferstehung den Frauen und Aposteln zeigte, da waren das Erscheinungen, keineswegs jedoch Visionen. Dennoch war es von Bedeutung, noch eine weitere Unterscheidung zwischen Visionen, Erscheinungen und halluzinatorischen Sinnestäuschungen zu treffen, da die letztgenannten aus einem krankhaften Zustand hervorgingen, in dem eine bestimmte körperliche Veranlagung Gedächtnisstörungen hervorriefe, so daß die Erinnerung in wertloser Weise Dinge, die es ohnehin schon enthielt, zutage förderte. Die verstandesmäßige Vision war die reinste und erhabenste überhaupt, da weder die Einbildungskraft noch das Gedächtnis dabei mitwirkten und ganz bestimmt auch nicht die Sinne, denn die leiblichen Augen erblickten nichts und die leiblichen Ohren vernahmen nichts, wohl aber war das ganze geistige Ich erfüllt von dem, was Teresa die Gegenwart Gottes nannte, während die Seele in einen Zustand außer ihrer selbst entschwebt, das Gedächtnis ausgelöscht und das Begriffsvermögen zwar nicht entschwunden, sondern nur untätig und gedankenfern zu sein schien, als verharre es verwundert vor der Größe der Dinge, die es an sich begreife. Es ist das alles fast dasselbe, wie wenn man sagte, die innere Schau sei der Vernunft überlegen und das Geistige dem Menschlichen entgegengesetzt; oder auch das Denken sei, wie Teresa, es offenkundig niedriger einstufend, sich ausdrückte, nicht dasselbe wie das Begreifen. Nicht dasselbe und vor allem nicht etwas so Feines und Hauchdünnes.

Teresa war sich vollkommen gewiß, daß ihre inneren Erlebnisse weder körperlicher noch halluzinatorischer Natur waren; indessen war sie nicht so unbedingt davon überzeugt, daß sie nicht eingebildeter Art, im Gegensatz zur verstandesmäßigen Vision, wären (mit »eingebildet« meinte sie natürlich nichts Trügerisches oder Erfundenes, sondern sie benutzte das Wort in seiner theologisch-technischen Bedeutung). Da aber ihre Demut niemals Grenzen kannte, so dürfen andere denn wenigstens den Eindruck haben, daß ihre Visionen von höchstem Range waren; es ist ohnehin kaum der Mühe wert, sich über diesen Punkt zu ereifern. Interessanter ist es schon, der Frage näherzutreten, was Teresa über dies außergewöhnliche Innenleben, das ihrer rührigen und praktisch ausgerichteten Existenz eine zweite hinzufügte, auszusagen hat. Sie war von der Wirklichkeit ihrer inneren Erlebnisse aus zwei Gründen durchdrungen, die sie beständig, in der kräftigsten Sprache, die ihr zu Gebote stand, hervorzuheben pflegte – und die hinreißende Gewalt ihrer Sprache konnte in der Tat sehr kräftig sein. Der erste Grund ist der, daß ihre Visionen nicht von ihr begehrt waren; sie war nicht bemüht, sie hervorzurufen, und wußte darüber hinaus aus Erfahrung, daß jeder derartige Versuch müßig wäre. Sie hatte sich in den Tagen, da sie von Furcht besessen gewesen war, darin versucht und hatte sich, um darin einen Halt zu finden, nach nichts so sehr gesehnt wie nach der Liebe Gottes, nach dem Heil, doch mochte sie auch noch sosehr danach getrachtet haben, sich Jesum Christum als gegenwärtig in ihrem Innern vorzustellen und sich Seine Menschlichkeit bildhaft auszumalen, sie hatte es gleichwohl niemals vermocht. Später aber, als sie auf diese Versuche Verzicht geleistet hatte, wurde sie wiederholt durch die Eindringlichkeit Seiner Gegenwart übermächtigt, und sie fühlte sich dadurch des öfteren in äußerste Verwirrung gestürzt. So war sie weit davon entfernt, sich bewußt in einen Zustand des seelischen Gesteigertseins hineinzutreiben; ganz im Gegenteil, sie suchte sich jetzt zu schützen, aber »diese kleinen Vorsichtsmaßregeln bleiben ohne Wirkung, wenn unser Herr es anders will«. Auch eine Häufung von Zitaten kann keine Vorstellung davon vermitteln, wie sehr diese Sorge ständig in ihrem Geiste wohnte und wie bejammernswert ihr Bestreben war, nach außen hin als normaler Mensch zu erscheinen. Man könnte denken, sie habe ihre Verzückungen als eine Unschicklichkeit, als Verstoß gegen die Höflichkeit und die guten Sitten angesehen. »Diese Ekstasen überkommen mich mit großer Heftigkeit, so daß sie auch äußerlich sichtbar werden; ich habe auch dann nicht die Kraft, ihnen zu widerstehen, wenn ich mich mit anderen zusammenbefinde, denn sie treten in einer Weise auf, daß sie gar nicht verborgen bleiben können, es sei denn, daß ich die Leute mit meinem Herzleiden vermuten lasse, es handele sich um Ohnmachtsanfälle. Ich gebe mir große Mühe, sie, wenn sie kommen, von mir fernzuhalten, aber manchmal kann ich es einfach nicht.« An anderer Stelle heißt es: »Ich fühlte mich derartig unwohl, daß ich Grund zu haben glaubte, mein Gebet zu verrichten, aber . . . ich wurde mit solcher Gewalt vom Geiste ergriffen, daß ich keinerlei Widerstand zu leisen vermochte.« Ihrem Bruder schreibt sie, sie empfinde bittere Scham und hege keinen anderen Wunsch, als sich irgendwo verborgen zu halten; als Frau von praktischem Verstande fügt sie indessen hinzu, es werde ihr in ihren vielen Geschäften Mißerfolg bereiten, wenn dieser Verzückungszustand, der nun schon eine Woche währe, auch weiterhin andauern werde. Sie hat in tiefem Ernst darum gebetet, daß ihr weitere Ekstasen vor fremden Blicken erspart bleiben möchten, und dringt in ihren Bruder, ein Gleiches zu tun: »Sie bringen nämlich viele Nachteile mit sich.« Gelegentlich hat sie vermöge großer Anstrengungen ein wenig widerstehen können; hinterdrein aber fühlt sie sich zermürbt wie jemand, der einen Kampf mit einem gewaltigen Riesen hat bestehen müssen.

Die physischen Nachwirkungen dieser Zustände waren oft so beschwerlich wie möglich, besonders für einen Menschen wie sie, der sich durchaus nicht zur Schau zu stellen wünschte. Es gab Anlässe, wo aufgeschreckte Leute, die sich nicht klar darüber waren, was nun eigentlich vorging, den Körper mit Gewalt aus seiner Erstarrung zu lösen versuchten. Die Schwester Küsterin von Toledo fand sie, nach dem Empfang der heiligen Kommunion, regungslos und hart wie Stein, stehend gegen die Wand gelehnt und wandte all ihre Kraft auf, um sie dadurch, daß sie an ihr mit beiden Händen zerrte, zum Niedersitzen zu bringen; Teresa konnte aber nicht von der Stelle bewegt werden, bevor sie nicht wieder zur Besinnung gekommen war. Ähnlich war es auch den Schwestern von Avila schwergefallen, sie nach dem Abendmahl vom Gitter fortzuschaffen. Die Schwestern verschiedener Klöster berichteten ihre Bestürzung über den Zustand, in dem sie von ihnen vorgefunden wurde. Manchmal hatte ihr Puls gänzlich zu schlagen aufgehört; ihre Gliedmaßen waren gespannt und ihre Hände steif, so daß sie nicht vermochte, sie ihnen zu reichen. Dann wieder hatte sie das Eintreten des Zustandes derart gewaltsam zu verhindern gesucht, daß sie hinterher das Gefühl hatte, es seien ihr alle Glieder gebrochen; endlich verfiel sie auch wohl auf den Ausweg, sich beim Glockenzeichen zum Gebet in ihre Zelle einzuschließen und keine Antwort zu geben, wenn jemand an die Tür klopfte. Sie verharrte unentwegt in der sitzenden, stehenden oder knienden Körperlage, in der sie sich jeweils beim Beginn der Ekstase befunden hatte, und dies so lange, bis sie wieder ihrer Sinne mächtig war; ihr Körper büßte dabei seine natürliche Wärme ein, und ihre Hände wurden so hart wie Holzstücke. Als eine ihrer Nonnen sie in diesem Zustande im Klostergarten vorfand, da sagte sie vorwurfsvoll, sie gefährde ihr Leben, wenn sie sich solchen Prüfungen unterwerfe. Sie erhielt indessen lediglich die herbe Antwort: »Sei friedlich, mein Kind, oder meinst du wirklich, es hinge das von mir ab?« Wahrlich, es hing nicht von ihr ab. Das galt auch für jenes merkwürdige, als Levitation bekannte Phänomen, das ihr sehr viel zu schaffen machte und sie mehr als alles andere beunruhigt zu haben scheint. Ihr Körper pflegte dann, gleichsam als habe er alles Gewicht verloren, in einen Schwebezustand zu geraten; sie wurde von einer Kraft unter ihren Füßen emporgehoben, und deutlich konnte man sehen, wie sie sich vom Boden entfernte. Sie sträubte sich mit aller Gewalt dagegen, weil sie es für »etwas höchst Ungewöhnliches« hielt, »das viel Gerede nach sich ziehen würde«, und befahl ihren Nonnen, niemals davon zu sprechen; indessen vermochte sie es nicht vor ihnen geheimzuhalten. Manchmal warf sie sich vorsorglich auf die Erde, und man umringte sie dann in dem Bemühen, sie niederzuhalten; bei anderer Gelegenheit hielt sie krampfhaft ein Eisengitter umklammert. Es war schon schlimm genug, wenn diese Fälle sich vor den Blicken ihrer engeren Gemeinschaft ereigneten; untröstlich aber war sie, wenn fremde Augenzeugen dabei waren; sie sprach dann von ihrem schwachen Herzen und bat um etwas Speise oder Trank, um alles natürlich erscheinen zu lassen. Die Levitation ist durchaus kein seltenes Wunder und wird, auf Grund von guten Quellen, mehr als zweihundert Heiligen und anderen Personen zugeschrieben[1], so daß der Bischof von Avila wahrscheinlich nicht sonderlich überrascht gewesen ist, als er Teresa während der Messe in die Lüfte entschweben sah; ihr aber erschien es beschämender und lästiger als vieles, woran sie sonst noch zu leiden hatte. Wenn man bedenkt, wie sehr sie diesen verschiedenartigen physischen Phänomenen unterworfen gewesen ist, so findet man es merkwürdig, daß sie nicht auch noch zur Stigmatisierten wurde, indem sie die Wundmale Christi empfangen haben würde.

IX

Obwohl ihre innere Schau ihr sehr viel Leid und Kummer schuf, so war es doch natürlich, daß Teresa in ihrem Herzen eine unaussprechliche Freude an diesem ständigen Verkehr mit jenseitigen Bereichen hatte, der ihr als die Krönung ihres Daseins gelten mußte. Es erübrigt sich, und vielleicht ist es überhaupt unmöglich, auch nur andeutungsweise die Frage zu berühren, was der Vorzug einer solchen Verbindung für das Denken gläubiger Menschen zu bedeuten

1 Siehe z. B. Hesekiel, Kap. 8, Vers 3. Unter den »volkstümlichen« Heiligen ist der Fall der Heiligen Katharina von Siena wohlbekannt, doch wenn man etwas abseits der normalen Straße wandeln will, so lese man im Anhang den Bericht über den wahrhaft außergewöhnlichen Fall des Heiligen Joseph von Cupertino nach.

hat. Sich bei all dem niederdrückenden Gefühl der eigenen Würdelosigkeit, das solcher Kenntnis anhaftet, bei aller Demut auch, die einen im Angesichte solcher Erleuchtung geblendet zu Boden wirft, als einen der Auserwählten erkannt zu haben; zu wissen, daß für einen, bei aller Niedrigkeit, ein Zipfel des Vorhangs auf unerklärliche Weise gelüftet worden ist; in sich selbst die Erfüllung so verborgener Mysterien wahrzunehmen; an das letzte und tiefste der Geheimnisse zu rühren; durch eine geoffenbarte Glaubenswahrheit für das Nie-Errechenbare Rechnung abzulegen; klar begreifbar die Stimme des unbegreifbaren Gottes zu hören; sichtbarlich die Gestalt des unsichtbaren Gottes zu sehen; eingeweiht zu sein in das, was allen Kreaturen sich verschließt und was sich am Ende doch noch als die Antwort auf die Fragen aller Wissenschaft, aller Philosophie, aller Kunst und Forschung erweisen mag: Das, und nichts Geringeres, ist das Besitztum des Mystikers. »O mein Gott«, so sagte Teresa, »welch ein Unterschied besteht doch zwischen dem bloßen Hören dieser Worte und dem so erlangten Wissen um ihre Wahrheit! Wie anders ist doch die Gotterkenntnis als alles, was man sonst auf dieser Welt vernimmt und sieht!«

Die Ekstase hinterließ nach ihrer Aussage, der man nur zu bereitwillig Glauben schenken kann, ein seltsames Losgelöstsein; das zu beschreiben sie nie imstande wäre: eine sonderbare Entfremdung von irdischen Dingen, die das Leben um vieles qualvoller für sie machte, da Gott das irdische so gründlich von der Seele streifte, daß dieser nichts von alledem als Begleiter verblieb. Der Tatbestand der Ekstase war unbestreitbar: ihr Drum und Dran aber verwirrte sie derart, daß es ständig erforscht zu werden verlangte. Obwohl sie also, in die Betrachtung der Schönheit Christi versunken, die Farbe seiner Augen festzustellen oder die genauen Maße seines Wuchses zu bestimmen begehrte, so brachte sie das doch niemals zuwege, weil die Vision sich, sobald sie ihren Blick zu konzentrieren suchte, gänzlich verlor. Die Erscheinung entschwand, wenn immer sie fest auf einen bestimmten Punkt zu schauen sich bemühte. Dieses Eingeständnis des Mißlingens, diese grundsätzliche Ehrlichkeit und diese Gewissenhaftigkeit, mit der sie immer nur gesehen und gehört zu haben vorgab, was sie auch selber glaubte, sind für uns von größter Überzeugungskraft und schließen jeden Gedanken daran aus, sie könne sich selbst in die Einbildung von Dingen hineinbetrogen haben, die gar nicht »vorhanden« waren. Nein, es war ganz anders. »Es gibt keine Mittel, sie (die Vision) herbeizuführen; es ist nicht möglich, etwas davon wegzunehmen oder ihr etwas hinzuzufügen; auch kann man sie nicht, was immer wir anstellen mögen, erwirken oder sie wahrnehmen, wenn es uns beliebt, oder sich des Wahrnehmens enthalten.« Sie »wußte vorher nicht, daß derlei denkbar wäre«, und war aufs äußerste bemüht, genau zu verstehen, woher ihre innere Gewißheit von Seiner Gegenwart käme. »Wenn ich nun bekunde, daß ich Ihn weder mit den Augen des Körpers noch denen der Seele sehe, wie kann ich dann glauben und behaupten, Er stünde an meiner Seite, und dessen gewissser sein, als wenn ich Ihn wirklich gesehen hätte? Ich habe das Gefühl eines Menschen, der jemand anderen in der Nähe weiß, ihn aber nicht zu sehen vermag, weil es dunkel ist, und der dennoch die Gewißheit hat, daß er da ist.[1] Gleichwohl trifft der Vergleich nicht ganz das Richtige, denn derjenige, der sich im Dunkeln befindet, weiß auf die eine oder andere Weise, etwa dadurch, daß er ein Geräusch hört oder den anderen vorher gesehen hat, daß dieser da ist; hier aber gibt es nichts dergleichen, denn die Seele nimmt deutlich, ohne ein Wort von innen oder außen, wahr, wer es ist, wo Er ist, und gelegentlich auch, was Er sagen will. Er selbst erfüllt die Seele mit Seiner Gegenwart, und zwar durch die sichere Gewißheit Seiner Selbst, die klarer als die Sonne ist. Ich meine nun nicht

1 Die Heilige Teresa schreibt in Wirklichkeit: »*Sie* hat das Gefühl eines Menschen« usw., denn wenn sie Innerstes offenbarte, pflegte sie auf sich selbst in der dritten Person Bezug zu nehmen.

damit, daß wir etwa die Sonne oder eine andere Helligkeit erblicken, wohl aber, daß sich ein Licht ausbreitet, das man nicht sieht und das dennoch den Verstand erleuchtet. – Alles, was auf diesem Papier geschrieben wurde, enthält die lautere Wahrheit.«

Dasselbe galt hinsichtlich der Reden oder der Worte, die sie Christus an sie richten hörte, ob sie nun streng und tröstlich waren oder einen Rat enthielten. »Ein Mensch, der sich Gott in einer Angelegenheit mit großem Ernst empfiehlt, mag glauben, er vernehme auf die eine oder andere Weise, ob sein Gebet erhört werden wird oder nicht; und das erscheint durchaus möglich; wer immer aber der göttlichen Stimme gelauscht hat, der wird die Größe des Unterschiedes deutlich erkennen. Wenn irgend etwas, und sei es auch noch so arglistig geschehen, auf seinen Verstand eingewirkt hat, so ist ihm klar, daß der Verstand sich jene göttliche Rede zurechtgelegt hat und also von sich selber spricht. Vor Gottes Rede gibt es kein Entrinnen. Dies zum mindesten weiß ich aus Erfahrung, denn weil ich mich in großer Furcht befand, widerstand ich nahezu zwei Jahre hindurch, und selbst jetzt noch leiste ich gelegentlich Widerstand; aber es ist vergeblich.«

Sie war sich nicht einmal sicher, ob sie nun die Worte tatsächlich *hörte* oder nicht. »Manchmal erfuhr ich etwas durch laut hervorgebrachte Worte; dann wieder ohne die Hilfe von Worten, und zwar deutlicher als alles, was ich in Worten vernommen hatte. Ich begriff die allertiefsten Wahrheiten über das Wahre . . . Das Wahre, von dem ich hier spreche und das zu schauen ich befähigt wurde, ist das Wahre an sich und in sich. Es hat weder Anfang noch Ende. Ich begreife das alles, wiewohl meine Worte, im Vergleich mit jener kristallenen Klarheit, dunkel erscheinen.«

Gewiß, ihre Worte sind vielleicht dunkel, dann aber nur, weil sie versuchen mußte, das Unausdrückbare zum Ausdruck zu bringen. Im allgemeinen ist ihre Schreibweise klar und wirkungsvoll, sogar dem Alltäglichen hingegeben, so etwa, wenn sie von ihren Offenbarungen sagt, sie seien wie Speise, die wir nicht zu uns genommen hätten und die sich dennoch im Magen befinde: Wir wüßten zwar nicht, wie sie hineingelangt sei, wüßten aber nur zu gut, daß sie darin sei. Die Heilige Teresa stellte das wunderlichste Gemisch von dunkelster Mystik und einer nüchternen Verständigkeit dar, mit der sie sich jener zu erwehren suchte. Es war für sie charakteristisch, sich an Eisengeländer zu klammern, damit sie nicht auf übernatürliche Weise in die Luft gehoben würde. Ihrem Temperament nach zog sie es vor, mit beiden Füßen auf der Erde zu bleiben. Auch wenn sie sich den höchsten geistlichen Themen zuwendet, stammen ihre Gleichnisse aus den Bereichen der Alltäglichkeit: Fische, die man mit einem Netz aus dem Wasser zieht, können nicht leben, und genauso ist es mit den Seelen, die man aus dem himmlischen Wasser entfernt; eine schwerfällige Entwicklung der Seele ist wie die Gangart einer Henne; die Menschen gleichen trockenen Rosmarinzweigen, die so schwach sind, daß sie brechen, wenn man sich darauf stützt; sie selbst ist ein Papagei, der das Sprechen erlernt hat; die Seele wird eine junge Eselin genannt, die wächst und gedeiht, dieweil sie sich füttern läßt; jene Seelen aber, die sich allzusehr kasteien, sind wie ein Kind, dem man zwei Scheffel Korn aufbürdet: Es kann sie allein nicht tragen, sondern bricht unter der Last zusammen und kommt zu Fall (die Genauigkeit ist hier charakteristisch: Teresa hatte ein gut Teil ihres Lebens auf Landgütern verbracht und wußte wohl, daß ein Kind, auch wenn es einen Scheffel zu tragen vermag, nicht deren zwei schleppen kann). Zuzeiten haben ihre Gleichnisse fast schon sprichwörtlichen Klang: Wer einem Stierkampf von der Tribüne zuschaut, wagt nicht dasselbe wie der Kämpfer, der sich den Hörnern preisgibt; die Armut aber wird eindrucksvoll mit den Worten gekennzeichnet: »nicht einmal ein dürres Blatt, mit dem man eine Sardine zieren könnte«. Auch das Schachspiel findet zum Zwecke der Veranschaulichung Verwendung, und wiederum weiß sie, wovon sie redet, denn ein Schachbrett und Figuren standen im Inventar der Habe ihres Vaters verzeichnet; freilich trug sie einige Bedenken, vor ihren Nonnen ausgerechnet ein Spiel zur Verdeutlichung religiöser Stoffe heranzuziehen, aber sie setzte sich darüber mit einem Lachen hinweg: »Ihr seht nun, welch eine Mutter Gott euch gegeben hat, bewandert sogar in leerem Tand wie diesem!« Unabhängig von dieser mit den Tatsachen vertrauten und oft so bodenständigen Lebhaftigkeit der Ausdrucksweise besaß sie aber auch etwas von der Phantasie des Dichters, und die Bildkraft ihrer Sprache zeigte sich dann in glänzenderem Gewande; Gott verwandelte sich in einen brennenden Ofen oder in einen herrlich glitzernden Edelstein, um vieles größer als das Weltall, der jede unserer Taten zurückstrahlt; oder die Seele wird plötzlich leuchtend wie ein Spiegel, klar nach allen Seiten: ein zum Bildwerk gemeißelter Spiegel, mit Christus in der Mitte, und sein Schimmer wird nur dann von Dunst getrübt, wenn die Seele sich im Zustand der Todsünde befindet. Licht und Wasser und alle ihnen zugehörigen Eigenschaften besaßen einen großen Reiz für Teresa. Als Tochter eines trockenen Landes war sie besonders für Wasser sehr empfänglich; ein Fluß, eine Fontäne oder selbst ein Brunnen, aus dem man mit einer Winde das erquickende Naß für den durstigen Garten emporziehen konnte, hatten für sie eine liebliche und sinnbildliche Bedeutung, handelte es sich doch um das Element, von dem sie sagte, sie sei ihm derartig zugetan, daß sie es aufmerksamer als andere Dinge beobachtet habe. Die Dichterin in ihr war für das Spiel des Lichtes auf den rieselnden Wellen empfänglich; die praktische Kastilianerin in ihr bedachte die Nützlichkeit der Bewässerung. Sie konnte von »ganz und gar durchsichtigem, in einem Kristallbett dahinströmenden Wasser, in dem die Sonne sich mit ihren Strahlen badet«, schreiben, und sie konnte sich ebenso über die vier Arten der Gartenbewässerung verbreiten, nämlich durch die Benutzung einer Quelle, was sehr mühsam sei, durch das Heraufziehen des Wassers in Schöpfeimern vermittelst einer Winde – sie habe es selbst auf diese Weise getan und es weniger umständlich gefunden, wobei es überdies auch größere Mengen ergebe – oder von einem Flusse oder Bache her, was dem Boden noch besser zusage, weil er gründlicher gesättigt werde, ganz abgesehen davon, daß man nicht sooft zu bewässern brauche und der Gärtner weniger beansprucht werde, oder endlich durch Regenschauer, was das beste von allem sei. Wie immer sie dies Thema auch behandelt, ihre schriftstellerischen Arbeiten werden dadurch mit einem seltsamen Glanz übergossen, der immer wieder durch ihren aus solidem Holz geschnitzten Realismus und ihren herben kastilianischen Stil hindurchglitzert. »Das Schloß der Seele« und »Der Weg der Vollendung« besitzen, neben ihren sonstigen Qualitäten der Tiefe, Aufgeklärtheit und menschlichen wie geistigen Klugheit, eine Art von schimmernder, von Wasser und Licht erzeugter Schönheit. Sie sind perlmuttergleich wie Austernschalen und von jener prismatischen Transparenz, die einzig von der leuchtenden Gewißheit im tiefsten Grunde ihrer Seele herrühren kann.[1]

1 Ein wunderbares und unbeschreibliches Licht ist natürlich keine Seltenheit als Begleiterscheinung heiliger Offenbarungen. Die Beispiele sind viel zu zahlreich, als daß man sie hier aufzählen könnte. Auch das Bild des Spiegels ist nicht ungewöhnlich. Der Heilige Joseph von Cupertino z. B. erwiderte, als man ihn gefragt hatte, was die Seelen in der Ekstase während ihrer Verzükkungen sähen: »Sie haben das Gefühl, als fänden sie sich in einer wunderbaren, von niemals endender Schönheit schimmernden Halle wieder, wo sie, mit einem einzigen Blick, in einem Glase die herrliche Erscheinung schauen, die Gott ihnen zu zeigen beliebt.« Es muß auch jener höchst bemerkenswerten Frau gedacht werden, jener »Sybille des Rheines« aus dem zwölften Jahrhundert, der Heiligen Hildegard, deren an Blake erinnernde Visionen und Zeichnungen, die von fallenden Engeln und glänzenden Sternen handeln, oft von großer Schönheit sind. Als Mystikerin, Dichterin, Künstlerin, Ärztin, Naturwissenschaftlerin und Psychologin weist sie ein Leben auf, das unbedingt beschrieben werden sollte.

X

Obwohl Teresa nun, indem die eine Hälfte ihrer Tatkraft vom Widerstande und die andere Hälfte von Beweisgründen und Selbstbeschwichtigungsversuchen gegen ihre eigenen Neigungen beansprucht wurde, schmerzhaft mit sich hatte ringen müssen, so war das Klosterleben dennoch, ehe sie selbst damit ihre Schwierigkeiten haben sollte, durchaus nicht unbedingt ein Gegenstand des Grauens. Spanien war zu jener Zeit ein höchst merkwürdiges Gemisch von lockeren Sitten und leidenschaftlichem bigottem Fanatismus. Zugunsten des Fanatismus sprach die Tatsache, daß die lutherische Irrlehre sowohl die Sorge wie das Gewissen der katholischen Kirche wachgerufen hatte. Das Spanien Teresas war das Spanien der Inquisition; einer der ersten und gräßlichsten Fälle religiöser Verfolgung hatte von ihrer Geburtsstadt Avila seinen Ausgang genommen, und Torquemada selbst war dort in San Tomás, siebzehn Jahre, bevor sie das Licht der Welt erblickte, beigesetzt worden (1498). Die Inquisition hat wahrscheinlich mit ihrer erschreckenden Summe von Grausamkeiten mehr als alles andere dazu beigetragen, den Ruf der römischen Kirche in den Augen der nichtkatholischen Glaubensgemeinschaft zu schädigen, mehr sogar als der schändliche Mißbrauch, den ihre Diener manchmal mit ihrem Einfluß auf ein leichtgläubiges und unwissendes Volk getrieben haben. Wenn man die Inquisition, so schwierig es, Gott weiß! auch sein mag, überhaupt verstehen will, so hat man sich an zweierlei zu erinnern: Einmal gehören die Spanier, nach englischen Begriffen, einem grausamen und gewalttätigen Volksstamm an, dem körperliche Leiden sehr wenig ausmachen, obwohl er um so mehr von körperlichem Mute hält; zum anderen wurden alle Gedanken an physische Qualen von der frommen Hingabe an das Seelenheil überschattet. Dies heißt, die Dinge sehr roh ausdrücken und nur ein Zwanzigstel dessen sagen, was sich zur Verurteilung oder Entschuldigung heranziehen ließe. Auch ist hier nicht der Platz, um bei den Einzelheiten der abscheulichen Verfolgungen zu verweilen, die im Namen des christlichen Glaubens eingeleitet wurden: bei dem geheimen Spitzel- und Denunziantensystem, das mit der Waffe des Terrors in einer Atmosphäre sein Unwesen trieb, die niemanden, auch vor seinem nächsten Freunde nicht, sich sicher fühlen ließ, einem System, das moralisch verheerend wirkte, auch wenn es zu sofortigen Ergebnissen bei der Niederwerfung der Ketzerei führte; oder bei dem Ärgernis der Bestechlichkeit, wodurch es möglich wurde, daß selbst der Vatikan sich zur Aufhebung eines von den Inquisitoren bereits bestätigten Urteils bereitfinden ließ. Auch kann man hier nur andeutungsweise die nahe Verwandtschaft zwischen dem Rassendogma des nationalsozialistischen Deutschland und den Gesetzen zur Reinerhaltung des Blutes (limpia sangre) streifen, die von den Gerichtshöfen der Inquisition in so bemerkenswerter Weise vorweggenommen wurden. Juden und Ketzer waren denselben Gewalttätigkeiten ausgesetzt; dem Edikt zufolge, das Ferdinand und Isabella im Jahre 1492 erließen, sollte nicht ein Jude in Spanien überleben; zweihunderttausend von ihnen, vielleicht sogar mehr, wurden ihrer Heime und Habe beraubt und erhielten lediglich die Möglichkeit, sich innerhalb einer Frist von vier Monaten in irgendein anderes Land in Sicherheit zu bringen, doch war der Weg zur Flucht mit Schwierigkeiten gepflastert; es war eine einträgliche Tugend, die Flüchtlinge auszuplündern, und auf den überfüllten Straßen, die zur Küste oder an die Grenze führten, wurden viele Juden abgefangen und aufgeschlitzt, damit man sähe, ob sie nicht vor ihrem Aufbruch die ihnen verbliebenen Goldmünzen und Edelsteine heruntergeschluckt hätten.

Die Ähnlichkeit mit dem Deutschland Hitlers ist auffallend, mit dem einzigen Unterschiede, daß sich die spanischen Verfolgungen auf religiösen Fanatismus und nicht auf nationalen oder politischen Fanatismus stützten. Wo immer die

Menschen von Leidenschaften ergriffen werden, da werden sich diese zwangsläufig in aggressiven Handlungen entladen; und da die Menschen sich durch nichts sosehr zur Leidenschaft entflammt fühlen wie durch die Frage, wie sie ihren Gott verehren und die Unterwerfung der Widerstrebenden erzwingen sollen, so wurde die argwöhnisch wachende und gewaltige Macht der Kirche in diesem Falle überdies noch einem von Natur ungestümen Volke anvertraut, wobei als Ansporn auch die Habgier diente, mit ihrem furchtbaren System der leiblichen und seelischen Foltern gegen die Möglichkeiten einer Gefährdung ihrer überragenden Autorität in Bewegung gesetzt.

Inmitten dieses Netzwerks lauerte der König in der festen Burg des Escorial. Der Charakter Philipps des Zweiten faßt in sich die dunkleren Eigenschaften seines unnachgiebigen Volkes zusammen. Gott und Spanien erstrahlten als Juwelen in dem umdüsterten Gemüte Philipps, der sich, verfilzt mit dem Papste, als den mächtigsten Mann Europas erkannte. Über seinen Schreibtisch gebeugt und in die sauber aufgeschichteten Stöße von Akten vertieft, die er mit eigener Hand entwarf, so brachte er den Einfluß seines ordnungsbesessenen, unnachgiebigen, wenn auch unschlüssigen Geistes in der hohen Politik wie in den kleinsten Dingen zur Geltung. Es konnte sich wohl begeben, daß er unter seinen Papieren auf einen Brief mit der Unterschrift »Teresa de Jesus, Karmeliterin« stieß. Obwohl der Ton dieser Briefe, die gewöhnlich eine Gunst erbaten, stets die schuldige Ehrerbietung wahrte, so fehlte doch nicht unbedingt die Note des Fordernden. »Gedenkt, Sire, daß Saul zwar gesalbt war, aber dennoch verworfen wurde . . .«

Der vorherrschende Geist der religiösen Begeisterung breitete sich in immer weiteren Kreisen aus, indem er zwar weniger verderbte, aber genauso maßlose Formen unter den Sonderlingen rings im Lande annahm. Während die in Seide prunkenden Kirchenfürsten sich an ihren schamlosen Pfründen mästeten, kasteiten sich unbekannte Männer und Frauen, in einem Zustand der Verzückung, mit den demütigendsten Lebensgewohnheiten, nur um ihrem Verlangen nach Selbstaufopferung und manchmal auch nach Publizität Genüge zu tun. Zerlumpte Gestalten lagen, ekstatischen Gebeten hingegeben, in den Seitenkapellen der Kirchen und verleiteten wohltätig Gesinnte nicht selten dazu, herbeizueilen, um Hilfe zu leisten; Eremiten gab es im Überfluß, eine Bauerntochter in der Nähe Avilas lebte mit Unserer Lieben Frauen auf so vertrautem Fuße, daß sie auf jeder Türschwelle stehenzubleiben pflegte, um ihr mit einer höflichen Bewegung den Vortritt zu lassen. Das königliche Haus, der Hof und der hohe Adel waren ebenso gesinnt; als Catalina aus der herzoglichen Familie der Cardona, die Erzieherin des Don Carlos und des Don Juan d'Austria, vom Hofe verschwunden war, da fand man sie in einer von wilden Tieren bewohnten Höhle auf, in Sacktuch gekleidet und sich von Gras und Wurzeln nährend, wobei sie sich häufig, aufrecht stehend, zwei Stunden lang mit einer schweren Kette geißelte, so daß das Sacktuch über und über mit Blut benetzt war; auch rutschte sie auf ihren Knien, eine Viertel Wegmeile weit, zur Messe und nannte sich immer nur La Pecadore, die Hure. Don Juan selber spielte, auch wenn er nicht zu Extremen neigte, mit dem Gedanken, in ein Kloster zu gehen; die Prinzessin von Brasilien, Regentin von Spanien in der Abwesenheit des Königs, zog sich gänzlich in ihren Palast zurück und gewährte Audienzen nur in schwarzer Verschleierung vom Kopf bis zu den Füßen; der junge Hauptmann Ignatius Loyola hängte seine Arme in den Reliquienschrein Unserer Lieben Frau von Monserrat und hielt die ganze Nacht an ihrem Altar Wache; ein junger Ritter von Navarra, Francisco de Xavier, tat sich mit ihm zusammen und trug dann die Botschaft der Kirche in das entfernteste Asien. Die Kirchen waren selbst bei bitterkaltem Wetter überfüllt, und die Andächtigen führten wohl die »bolilla«, eine kleine mit heißem Wasser gefüllte Metallkugel mit sich, um ihre Hände daran zu erwärmen. Die Hexerei trieb üppige Blüten; Zaubertränke und Amulette kamen zum Vorschein, um jeder Anforderung zu genügen; Teresa selbst sah sich in dem Bestreben, einen Priester von dem Zauber zu befreien, in den ihn seine Mätresse verstrickt hatte, genötigt, ihm das kleine Bildnis aus Kupfer, das er zu tragen pflegte, abzulocken und es in den Fluß zu werfen; sie war auch, obwohl »ich von der Echtheit dieses Zauberwesens nicht unbedingt überzeugt bin«, keineswegs darüber erhaben, ihrem Beichtvater die Galle eines Tieres um den Hals zu hängen, damit ihm seine Gegner kein Leid zufügen könnten. In dieser Welt des Aberglaubens und der religiösen Überhitzung waren die Insassen der überfüllten Klöster durchaus nicht frei von Tadel, ob nun infolge von echter Selbsttäuschung (die natürlich vom Erzversucher herbeigeführt wurde) oder von bewußter Schwindelei. Die Versuchung, nicht nur die Leichtgläubigen, sondern auch die Priester, Beichtväter und übrigen Mitglieder der Gemeinde hinters Licht zu führen, war groß und hatte angenehme Folgen, bis dann, wie es zuweilen geschah, die Inquisition der Sache auf die Spur ging und den Missetäter auf den Scheiterhaufen oder in den Kerker sandte. So verstand es die rätselhafte Magdalena de la Cruz, eine Arme aus Córdoba, sogar den Großinquisitor in einem Umfang zu täuschen, daß er ihre Fürbitte erflehte, und endlich schneiderte sie, mit eigener Hand, auf die demütige Bitte der Königin Isabella, die Taufkleidung des ungeborenen Kindes, das Philipp der Zweite werden sollte. Es war für alle ein schwerer Schlag, als sie plötzlich verlauten ließ, sie sei von ihrem fünften Lebensjahre ab das Opfer ihrer eigenen Verblendung gewesen, so daß ihre Prophezeiungen und Offenbarungen ohne Ausnahme die Frucht eines Paktes mit dem Teufel darstellten. Ihr tat es eine Priorin in Lissabon nach, die ebenfalls rechtzeitig bereute, nachdem sie Jahre hindurch ihre Hände und Füße mit roter Farbe bemalt hatte, um stigmatische Wundmale vorzutäuschen.

Wenn eine solche Atmosphäre oder, eher noch, eine derart ansteckende Luft über das ganze Land wehte: eine Rauchwolke gleichsam, die stellenweise, von den Flammen der Inquisition beleuchtet, glühend emporschoß, so konnte es nicht wunder nehmen, daß die Tore der Klöster von den Töchtern hoher und niedriger Häuser belagert wurden. In den Klosterstuben aber herrschte eine andere Stimmung. Vielfach fühlten sich die Spanierinnen weder durch den Wunsch nach einem frommen Lebenswandel noch durch das Verlangen nach flüchtigem Ruhm dazu gedrängt, den Schleier zu nehmen. Nur zu häufig war das Kloster ein behaglicher Zufluchtsort und eine bequeme gesellschaftliche Erholungsstätte. Heute hat der Name Karmel einen strengen Klang, zu der Zeit aber, als Teresa den Entschluß faßte, in das Kloster der Encarnacion einzutreten, hatte sie kaum einen wirklichen Grund, eine Disziplin zu fürchten, die etwa zu lästig für ihre frohsinnige Art gewesen wäre. Es war ihr hinreichend bekannt, daß manche »einzig, um eine Häuslichkeit zu finden«, eintraten. Encarnacion war kein reiches Kloster, beileibe nicht, denn die Nonnen hatten manchmal nicht genügend zu essen und konnten sich zum Besuch ihrer Verwandten, um sich bei ihnen einer guten Mahlzeit zu erfreuen, Urlaub erteilen lassen; aber dennoch war es mit seinem freundlichen Garten und seinem einladenden Wohnzimmer (locutorio), mit seinem Bodenbelag von warm leuchtenden, roten Ziegelsteinen und seinen Ledermöbeln aus poliertem Holz durchaus nicht unheimlich zu nennen. Man leistete in seinen Mauern nicht völligen Verzicht auf weltliche Gedanken. Jede Nonne hatte, abgesehen von ihrer Zelle, Anspruch auf ihr eigenes Betzimmer, und wenn es ihre Mittel erlaubten, so konnte sie es nach ihrem Gefallen ausschmücken, mit Gemälden beispielsweise, wenn ihr Geschmack so gerichtet war; auch durfte sie besondere Feiern veranstalten, die dem Namen nach dem Heiligen ihrer Wahl gewidmet waren, in Wirklichkeit aber die Form kleiner Gesellschaften und Konzerte annahmen, wo den

Nonnen die Gelegenheit geboten war, ihre hübschen Stimmen erklingen zu lassen. Es bestand auch für ein Mädchen aus vornehmen Hause nicht der Zwang, ihre weltlichen Namen und Titel abzulegen; so blieb Teresa im Encarnacion dieselbe Doña Teresa de Ahumada, die sie zu Hause in ihres Vaters Palast gewesen war. Ebensowenig war es verboten, persönlichen Schmuck anzulegen; die Nonnen behängten sich mit Halsbändern, Armspangen und Ringen, die ihrer Lebensweise so zuwiderliefen, daß ein zeitgenössischer Schriftsteller ausrief: »Sie putzen ihr Äußeres wie Damen von hoher Geburt heraus und vergessen dabei, daß sie tot sind, daß das Kloster ein Grab ist und daß sich Edelsteine für einen Leichnam nicht schicken.« Das Locutorio war der Mittelpunkt des gesellschaftlichen Lebens. Freunde und Verwandte, Frauen sowohl die Männer, durften dort empfangen werden, und da in den oberen Schichten einer Kleinstadt wie Avila (seine Bevölkerung zählte, alles in allem, nur etwa vierzehntausend Seelen) die Ehen sich ständig überschnitten und jeder mit jedem verwandt war, so gab es keinen Mangel an fröhlichen jungen Männern, die innerhalb und außerhalb des Locutorio unter dem bequemen Vorwand der brüderlichen oder vetterlichen Beziehungen zu irgendeiner reizenden Klosterinsassin umherlungerten. Kleine Geschenke, Zuckergebäck und Apfelsinen, Fruchtgelee oder Wohlgerüche, wurden von Hand zu Hand gereicht; vor allem aber die unbekannten Erzeugnisse der Neuen Welt wie Süßkartoffeln, Kaffee und sogar ein Rauschgift indischer Herkunft, dem heilkräftige Eigenschaften nicht näher bezeichneter Art zugeschrieben wurden. Mehr als eine Schwester hielt sich einen kleinen privaten Lebensmittelvorrat in Reserve, so daß sie damit die vorgeschriebene Kost bereichern konnte. Klatsch und letzte Nachrichten, von Teresa »Geschwätz über Neuigkeiten und fade Menschen« genannt, gingen in diesem angenehmen Kreise unbehindert von Mund zu Mund, und die modischen Gesprächsthemen der Kultur, der Philosophie, der Musik, der

Literatur und sogar, was schon gefährlicher war, der platonischen Liebe wurden während der langen Nachmittage lebhaft erörtert. Ob nun die freie Lebensauffassung weiter als zu bloßer Unterhaltung führte, das muß eine offene Frage bleiben; Teresa war dessen gewiß, und sie besaß als Eingeweihte jede Gelegenheit, sich ein zutreffendes Urteil zu bilden. Ihr eigenes Kloster sei nicht sehr verwerflich, so sagte sie: Sie glaube nicht, daß sie es über sich hätte gewinnen können, sich Freiheiten wie geheime nächtliche oder durch die Tür geführte Gespräche herauszunehmen, und sie habe es auch niemals getan. Der Satz läßt indessen durchblicken, daß andere es getan haben, und dunkel fügte sie hinzu, sie habe sich in anderen Klöstern »umgeschaut und unterrichtet«.

Überdies hat es den Anschein, daß die Unterweisung der Novizen in der Geschichte ihres Ordens außerordentlich dürftig war, denn Teresa war sich, ehe sie es von einer Freundin hörte, nie im klaren darüber, daß die Ordensregel es den Mitgliedern zur Pflicht machte, nichts zu besitzen. Gewohnt an die lockere Lebensweise in Encarnicion, empfand sie Befremden über den Gedanken völliger Armut. Und wahrlich, das Karmelkloster war, was Grundsätze, Sitten und Leistung anging, betrüblich entartet seit dem Tage seiner Stiftung, die, der Überlieferung zufolge, ursprünglich an den Hängen des Berges Karmel im Libanon stattgefunden hatte. Dort hatte der Prophet Elijah seinen Mantel, den er ja nun nicht mehr benötigte, Elisah überlassen und war dann in einem Wirbelwind zum Himmel gefahren. Elisah hatte sich dann mit einer Anzahl Einsiedler in die natürlichen Höhlen jenes schönen Gebirges zurückgezogen, und man hatte sich, obwohl das alles lange vor der Geburt Christi geschah, gemeinsam der besonderen Anbetung Seiner Mutter gewidmet, deren künftiges Leben Elijah in wunderbarer Weise offenbart worden war. Bethlehem und Nazareth lagen ja auch wirklich nicht weit hinter den Bergen mit ihren Zedern und gerade über dem wilden Blumenteppich, der in Elijahs Tagen ebenso wie heute mit jedem Frühling neu erblühte und die lieblichen Hänge in die Farben des Schöpfers tauchte. »Dort lebten sie in kleinen, bienenstockartigen Zellen, um einen süßen geistlichen Honig zu bereiten.«

Die Einsiedler lehrten nicht durch das geschriebene Wort, sondern durch ihr Vorbild, und Pilger strömten herbei, um aus dem Umgang mit den frommen Männern Nutzen zu ziehen: Eine griechische Inschrift aus dem vierten Jahrhundert berichtet hiervon. Erst im zwölften Jahrhundert indessen wird eine anerkannte Vereinigung erwähnt von einem griechischen Mönch mit Namen Phokas (den man übrigens nicht mit Phokas dem Gärtner, jenem bezaubernden Heiligen und Märtyrer, verwechseln darf), der innerhalb von Schutzwällen eine kleine Kapelle vorgefunden hatte: den Mittelpunkt eines wirklichen Klosters, dessen Angehörige in ihren abgesonderten Höhlen nach wie vor ein Leben einsiedlerischer Beschaulichkeit führten. Um das Ende des zwölften Jahrhunderts sind dann die Verhältnisse auf dem Berge Karmel bereits bedrohlich geworden, und endlich stürmten, nach dem Fall von Akkon (1291), die Sarazenen herauf, brandschatzten die Baulichkeiten und metzelten die Einsiedler nieder: eine Episode, die zwar dem ersten Bollwerk des Ordens zum Verhängnis wurde, sich aber schließlich doch als wertvoll für ihn erwies, weil er jetzt, nach dieser neuerlichen Auflösung des Bienenstocks, nur noch unbehinderter in die gastlicheren Gefilde Europas auszuschwärmen begann. Zypern, Sizilien, Frankreich und selbst das ferne England nahmen die Flüchtigen auf.[1] Nach diesen Anfängen breiteten sich die Klöster mit

1 Die Mönche fanden nach ihrer ersten Wanderung von 1238, genau gesprochen, in den folgenden Orten Zuflucht: Fortani in Zypern, Messina in Sizilien, Valenciennes und Aygalades bei Marseille in Frankreich. Eine zweite Wanderung fand drei Jahre später statt und führte nach England. Die Mönche siedelten sich in Bradmer, Norfolk, im Walde von Hulme, Northumberland, und in Newenden und Aylesford, Kent, an. Innerhalb von nur wenigen Jahren wurden auch Klöster in Cambridge, Oxford, Paris, Bologna, York und Köln gestiftet (1249–1256).

Schnelligkeit aus, und zwar besonders in den Universitätsstädten, wo sie Seminaristen aufnahmen, um sie auf die akademischen Ehren vorzubereiten. Diese Entwicklung vermehrte zwar die Einflußmöglichkeiten Karmels, doch brachte sie den Nachteil mit sich, daß seine Ziele und Aufgaben verwischt wurden: Die tiefsinnige Beschaulichkeit und äußerste Anspruchslosigkeit des Einsiedlerlebens in den Berghöhlen änderte sich allmählich durch Berührung mit der Welt; Verweichlichung der Auffassungen setzte mit der Entartung ein, bis es notwendig wurde, den neuen Verhältnissen die entsprechende Form zu geben und die amtliche Zustimmung des Papstes zu einer Milderung der ursprünglichen Ordensregeln einzuholen. Eugenius der Vierte (1431–1447) gab sein Einverständnis; die Gelübde der Einsamkeit und Enthaltsamkeit durften merklich gelockert werden; jede Milderung aber hatte eine weitere zur Folge, und da sich Ähnliches in den Nonnenklöstern der Karmeliter ereignete, die nach der Entstehung der Mönchsklöster überall in Europa emporgeschossen waren, so war die Notwendigkeit einer Reform schon lange gegeben, bevor Teresa von Avila erschien, um sie in ihre Hand zu nehmen. Dies war, kurz zusammengefaßt, die Entwicklung, die ihrer Lebensarbeit vorangegangen war und darauf hingeführt hatte. Obwohl sich aber Teresa naturgemäß, als Frau und Karmeliterin, auf die Errichtung reformierter Klöster innerhalb ihres Ordens beschränkte, so würde man dennoch die eigentlichen Auswirkungen ihres Einflusses mißdeuten, wenn man ihr einen derart engen, fast schon kirchturmartigen Horizont zuschreiben würde. Indirekt richtete sich ihr Angriff gegen die ganze Fäulnis und Sittenverderbtheit der spanischen Kirche, und dem Klerus war das wohlbekannt. Ihr Wirken erstreckte sich sehr viel tiefer als lediglich auf den Erlaß schärferer Lebensbedingungen für eine Körperschaft von Frauen, die sich nur zu bereitwillig des Vorteils gelockerter Ordensregeln zu bedienen suchten. Daß sie den gesellschaftlichen Zusammenkünften im Locutorio, dem Austausch unerlaubter Zettel durch die Gitter und der Aufbewahrung kleinerer Vorräte an Süßigkeiten in den privaten Schränken ein Ende setzte, fiel dabei nur wenig ins Gewicht; es zählte aber viel, daß sie die Beobachtung wirklicher Keuschheit, wirklichen Gehorsams, wirklicher Armut und vor allem der allumfassenden Bedeutung Gottes wieder zur Herrschaft brachte.

Für den Historiker oder Theologen stellen diese verwikkelten Reformen mit ihren endlos ineinander verflochtenen Intrigen einen ungewöhnlich reizvollen, wahrhaft köstlichen Stoff dar; der weniger gelehrte, weniger spezialisierte Forscher wird nun freilich sein Interesse eher der Persönlichkeit jener Frau zuwenden, die sie zur Ausführung brachte. Der vorliegende Essay ist keinesfalls mit den Einzelheiten der Geschichte der teresianischen Klosterstiftungen befaßt. Die Reform von Karmel und die Errichtung von siebzehn neuen Klöstern in Spanien während des sechzehnten Jahrhunderts entbehren für uns Heutige eines weitergehenden Interesses. Man darf es bei der Feststellung bewenden lassen, daß keine Frau auch nur in etwa würde obgesiegt haben können, die der Entschlossenheit, der erleuchteten Begeisterung und der Fähigkeiten der Heiligen Teresa entbehrt haben würde. Diese Seherin war eine der begabtesten Frauen, die je auf Erden gelebt haben. Dabei ist es einer der bemerkenswertesten Umstände in ihrem Leben, daß ein nahezu dreißigjähriges Dasein als einfache Nonne schwerlich als die beste Schule oder Vorbereitung für die Auseinandersetzung mit scharfsinnigen Männern, mißtrauischen Kirchenfürsten und eifersüchtigen Organisationen angesehen zu werden vermag: ja, der Leser, der es sich zum Ziel gesetzt hat, sich durch das Dickicht der dokumentarischen Tatsachen hindurchzuwinden, hat nicht nur allen Anlaß, sich über die Zwistigkeiten und Tücken der Gottesmänner zu verwundern, sondern auch die ragende Gestalt der Frau, die zwischen ihnen hindurchsteuert, anzustaunen. Man darf ihre Tüchtigkeit in der Verwaltungsroutine ohne weiteres voraussetzen, desgleichen die Autorität, mit der sie den Oberinnen ihrer Wahl zu begegnen wußte, sowie die Nachdrücklichkeit der ihren Töchtern erteilten Ratschläge und Weisungen. Mit einigem Vergnügen, aber ohne sonderlich überrascht zu sein, entdeckt man auch, daß ihre Aufmerksamkeit sich den hausfraulichen Kleinigkeiten des täglichen Lebens zuwenden konnte: etwa der wirtschaftlichsten Art, die Wäscherei zu besorgen (»dein Wasservorrat ist lobenswert; Isabella könnte Maria beim Waschen helfen«); den Strümpfen, die aus billigem Material gefertigt werden sollen; oder dem Kochherd, mit dem sich ihre Phantasie in solchem Maße beschäftigt, daß sie sogar ihrem Beichtvater darüber berichtet: »Ein wirklicher Schatz für alle Mönche und Nonnen . . . wenn Ihr nur wüßtet, was man über jenen Herd schreibt, so würdet Ihr auch nicht überrascht sein, daß die Nonnen hier einen ebensolchen haben möchten.« Sie selbst sei eine geborene Köchin, so meinte sie, und unter den Nonnen herrsche Freude, sobald sie an die Reihe käme, den Herd zu bedienen. Sogar in der Küche, so machte sie geltend, bewege sich der Herr mitten unter den Töpfen und Pfannen. Ihre besondere Vorliebe für Sauberkeit war von jeher bemerkt worden und trug ihr, bei bestimmtem Anlaß, sogar den Tadel eines Priesters ein, dem man, als er in einem ihrer Klöster die Messe hatte lesen wollen, ein wohlriechendes Handtuch zum Trocknen der Hände gegeben hatte. Er war der Ansicht, mit einer derartigen Verirrung müsse Schluß gemacht werden, und klärte sie in diesem Sinne auf, worauf sie jedoch »mit bestrickender Anmut« entgegnete, indem sie sagte: »Bitte, seid nicht ungehalten, denn die Nonnen haben diese Verirrung von mir gelernt.« Alles das ist, bei Licht betrachtet, nicht sosehr erstaunlich. Wunderbar hingegen ist ihre Standhaftigkeit und Geschicklichkeit bei der Umgehung der Fallen, die ihr die Gegner stellten: ist ihr kühler Kopf und ihre Überredungskraft. Sie konnte den Ordensgeneral in Grund und Boden reden, obwohl er voller Feindschaft aus Rom herbeigeeilt war, bis er ihr schließlich alle Wünsche erfüllte. Der Erzbischof von Sevilla hielt sie davon ab, vor ihm niederzuknien, und beugte statt dessen selbst vor ihr die Knie. Ihr eigener Beichtvater pflegte wohl zu sagen: »Du lieber Gott, du lieber Gott! eher würde ich mich mit allen Gottesgelehrten der Schöpfung als mit dieser Frau in Disputationen einlassen wollen.« Die Frau aber, der die seltene Auszeichnung eines Doktors der Theologie zuteil wurde, war in ebendemselben Maße eine weltläufige Frau. Ihre hochedle Geburt und Erziehung waren schon etwas wert und versetzten sie in die Lage, ihren weltlichen Standesgenossen auf gleichem Fuße gegenüberzutreten. Die aristokratischen Damen von Madrid, die sich scharenweise eingefunden hatten, um sie von Angesicht zu Angesicht zu erblicken, und die auch die Erwartung frommer Gespräche, eines möglichen Wunders und vielleicht sogar eines plötzlichen ekstatischen Anfalls herbeigelockt hatte, verstand sie völlig außer Fassung zu bringen. Sie wurden von Teresa enttäuscht, da diese sich mit ihnen, nachdem sie das Motiv ihres Besuches und das Maß ihrer Neugier blitzartig erkannt hatte, nur noch in der höflichsten und manierlichsten, freilich auch weltläufigsten Sprache über die Schönheit ihrer Stadt unterhalten wollte, wobei sie sich auch die leiseste Hindeutung auf die Straßen der Stadt Gottes versagte.

XI

Man pflegt das Leben einer Nonne, die einem beschaulichen Orden wie dem Karmeliterorden angehört, gemeinhin und mit gutem Grunde als abgeschlossen anzusehen, im Sinne einer Endgültigkeit, die der irdischen Entwicklung dieses Daseins keinen Raum mehr läßt, es sei denn in Fragen, die der Seele gelten. Diese seelische Fortentwicklung ist das letzte noch verbleibende Abenteuer, dessen Echo freilich selten in die Welt nach draußen dringen dürfte. Das war in der Tat, noch nahezu dreißig Jahre hindurch, das Schicksal Teresas gewesen, und nachdem die Encarnacion sie verschlungen hatte, war ein Grund, warum sie jemals wieder an die Oberfläche hätte tauchen oder von sich reden machen sollen, schwerlich noch ersichtlich gewesen. Sie hatte mit ihren seelischen Nöten und ihren Anfechtungen ringen müssen, welch letztere sie hatten erklären lassen, zu manchen Zeiten sei sie derart mutlos, daß sie Gott zuliebe nicht einmal eine Ameise töten könne, wenn sie auch nur den geringsten Widerstand leiste; auch hatte sich Gottes Gnade ihr auf unerklärliche Weise offenbart; doch alles das war nicht absonderlich, und tausend ähnlich geartete Fälle hätte man ihrem eigenen an die Seite setzen können. Indessen fiel es gänzlich aus der Reihe, daß sie plötzlich, als sie das Alter von siebenundfünfzig Jahren erreicht hatte und also keine junge Frau mehr war, sondern eine Matrone, deren Gesundheitszustand ständig von der Vielzahl ihrer Beschwerden heimgesucht wurde: daß sie plötzlich jetzt in einen neuen Lebensabschnitt eintrat, in dem die friedvolle Anonymität ihres Klosterdaseins mit den Stürmen, dem Lärm, den Kontroversen, den Geschäften und einem Maß von körperlicher Rührigkeit vertauscht wurde, das selbst einen Mann in der Vollkraft seiner Jahre aufs höchste belastet haben würde.

Ihre erste Stiftung erfolgt in Avila selbst, und zwar in einem Haus, das dann unter dem Namen Kloster San José bekannt wurde. Wenn auch der Augenblick für eine solche Stiftung im Sinne der Reformgedanken reif geworden war, so wurde die Idee doch fast zufällig im Laufe eines Gespräches geboren, bei dem man sich eines Abends, in der Zelle Teresas im Encarnacion, mit der fehlenden Disziplin beschäftigt und eine der Nonnen schließlich ausgerufen hatte: »Wohlan denn, so laßt denn uns, die wir hier beisammen sind, die Eremiten zum

Vorbild nehmen und künftighin ein anderes, abgeschlossene-res Dasein führen!«

Das Unternehmen hatte in Avila einen Sturm der Entrüstung zur Folge; man sagte, daß Teresa Ärgernis errege und neuerungssüchtig sei; der Gouverneur versammelte sich mit den Ratsmitgliedern, um feierlich zu verlautbaren, das neue Kloster stelle ein Vergehen gegen den Staat dar und solle nicht weiterleben; es wurden sogar Delegierte zur Niederlegung eines förmlichen Einspruchs ernannt; bei einigen hieß es, Teresa müsse ins Gefängnis geworfen werden; die Erregung der Einwohnerschaft war aber, wie sie selber sagt, so groß, daß von nichts anderem mehr gesprochen wurde. Die Klostergründung war das Thema des Tages, doch kümmerte sie der ganze Lärm nur wenig; erst als Satan sich einmischte, geriet sie in Bedrängnis. Er flüsterte ihr ein, daß sie wirklich vielleicht ein Unrecht begangen habe; daß die Nonnen sich nie damit abfinden würden, in einem so strengen Hause zu leben; daß sie, die sie selbst so vielen Anfechtungen ausgesetzt sei, vielleicht die Kraft nicht habe, fern von einem großen und angenehmen Hause, wo sie viele Freundschaften besitze, ein derart bußfertiges Leben zu führen; und endlich, daß er selbst, der Satan, vielleicht das Ganze zu dem Zweck ersonnen habe, ihr den Frieden und die Ruhe zu rauben, damit sie sich nicht mehr im Gebete sammeln könne, ihr inneres Gleichgewicht und womöglich ihre Seele verliere. Diese Einflüsterungen ängstigten sie dermaßen, daß sie sich »wie jemand in der Agonie des Sterbens« fühlte, und dieser Satz ist keine Übertreibung, da er aus der Feder einer Frau fließt, deren Alltag von solcher Kraft der inneren Gewißheit geformt wurde. Aber wenn jetzt auch ihr ganzes Menschentum von Widerständen beherrscht war, so war ihre Fähigkeit, sich am geheimen, göttlichen Zuspruch Christi aufzurichten, dennoch größer als ihre Gabe, sich vom Gemunkel des Teufels quälen zu lassen.

Teresa verbrachte in San José fünf Jahre, die sie als die

friedsamsten ihres Lebens bezeichnete. Sie mag durchaus geglaubt haben, ihre Tage in dieser Umgebung der herbsten Strenge und Armut, die sie selbst nach eigenen Ideen geschaffen hatte, beschließen zu können; nachdem sie sich nun aber auf die Bahnen der Reformerin begeben hatte, war es ihr nicht mehr möglich, sich in eine Abgeschiedenheit zurückzuziehen, die sie trotz ihrer häufigen Beteuerungen, nur für sich leben zu wollen, vielleicht nur halben Herzens begehrte. Ihre bald tätige und bald beschauliche Doppelnatur hob schließlich jede Form eines festgegründeten Daseins aus den Angeln, so daß sie sich, nach vierunddreißig Jahren im Kloster, auf die Landstraße begab, von der sie sich niemals wieder trennen sollte. Nacheinander stieg sie in Medina del Campo, Malagon, Valladolid, Toledo, Pastrana, Salamanca, Alba de Tormes, Segovia, Veas, Sevilla, Villanueva de la Jara, Palencia, Soria und Burgos aus ihrem knarrenden Reisewagen, um die Gründung eines neuen Reformklosters in die Wege zu leiten.[1] So stürmisch sich nun auch die Stiftung von San José vollzogen hatte, so hatte sie doch wenigstens in der heimatlichen Landschaft Avilas stattgefunden. Erst als sie ihre Tätigkeit auch auf die anderen Städte Spaniens ausdehnte, begann sie jene Serie von Reisen anzutreten, die sie kreuz und quer durch das rauhe, unwirtsame Land führten, auf Wegen, die häufig nur felsige Bergpfade waren, und bei einem Klima, das zwischen Sommerglut und wilden Winterstürmen schwankte; die Ströme waren über die Ufer getreten, die Gasthöfe verlaust und ekelerregend für eine Frau von ihrem Reinlichkeitsempfinden; die Bevölkerung wußte niemals, ob sie mit Steinen nach ihr werfen oder vor ihr niederknien sollte, um ihren Segen zu empfangen; die Maultiertreiber und Fuhrmänner waren unzuverlässig; die Nonnen ihrer Begleitung erschauderten vor Wagehalsigkeiten, bei denen allein sie

1 Zwei andere Klöster wurden in ihrer Abwesenheit, aber unter ihrer Anleitung gestiftet: die zu Caravaca und zu Granada.

den Kopf hochzuhalten vermochte. Der Mensch in Teresa fand das alles sehr mißlich. »Ich empfand einen großen Widerwillen gegen das Reisen, und zwar besonders gegen lange Strecken«; deshalb pfeffert sie ihre Schriften mit Klagen und Anekdoten, die der weltlichsten Feder entstammen könnten, wenn sie nicht auch von Zeit zu Zeit ihre frommen Betrachtungen über das Thema einflechten würde, daß Gott uns reichlich Gelegenheit bietet, für Ihn zu leiden, »und sei es auch nur von Flöhen, Gespenstern und schlechten Straßen«. Es ist ein Jammer, daß sie, anders als der Heilige Bernhard, jener »doctor mellifluus«, nicht auf den Gedanken verfallen ist, die Insekten zu exkommunizieren, damit sie alle verendet wäre, wie es tatsächlich, auf seine Mißbilligung hin, in der Kirche zu Foigny geschehen ist.

Man reiste gewöhnlich in Planwagen mit schweren Holzrädern, die natürlich ungefedert waren. Man war schon für kleine Annehmlichkeiten dankbar. »Die Reise«, so schreibt Teresa, »ging leichter als sonst in einem zweirädrigen Wagen vonstatten.« Diese Art von Fahrzeugen wurden in Spanien noch in jüngster Zeit benutzt, so daß uns Mrs. Cunninghame Graham in den neunziger Jahren, auf Grund einer genauen Kenntnis des Landes, eine farbige, aber zutreffende Beschreibung zu liefern vermag: »Von beiden Seiten durch Zeltplanen aus Sacktuch geschützt, wobei die Spalten sorgfältig mit aus Espartogras geflochtenen Matten verdeckt sind, das hölzerne Kruzifix und die lederne Wasserflasche seitwärts aufgehängt, so reisen die Nonnen den ganzen Tag über auf den langgestreckten, eintönigen Wegen, ohne etwas von der Landschaft zu sehen oder etwas anderes zu hören als das Geklingel der Glöckchen an dem Geschirr der Maulesel oder die rohen Flüche und das gutturale ›Arres!‹ des Treibers. Vielleicht warf ein neugieriges Auge durch irgendeinen kleinen, nur von innen her wahrnehmbaren Riß in der Plane einen flüchtigen Blick auf die Welt da draußen; Einzelheiten der wechselnden Landschaftsbilder entdeckten sich dabei freilich nur selten: nichts von den silbrig schimmernden Ölbäumen, deren dunkle Stämme sich gegen den ziegelfarbenen Kalkboden abzeichneten; nichts vom Laub, in dem die Sonne glitzerte; nichts von wehenden Kornfeldern; nichts von der duftenden Einöde mit ihren Zistrosenwäldern, ihrem Lavendel und Präriegras und der Unzahl süßer, prickelnder Gewürzstauden, von denen es in der trostlosen Hochlandeinsamkeit des unbebauten Kastilien wimmelt; kein Schimmer des glühenden Firmamentes hellte das in Finsternis getauchte Antlitz der Nonnen auf; kein frischer, freier Wind, kein sengender Strahl der schwülen Sonne strich über ihre blassen, von der Blässe des Klosters gebleichten Gesichter, um ihnen Himmel und Erde in Erinnerung zu rufen. Sie waren für all das taub und tot. Wenn nicht das Klappern der Hufe, das Klirren des Geschirrs und das Knarren des Wagens gewesen wäre, so hätte man in bestimmten Abständen das Läuten einer kleinen Schelle hören können, dem von innen her ein undeutliches Murmeln folgte – die Schwestern sagten ihre Stundengebete.«

Dieser Reisewagen, der auf holprigen Wegen durch das Ödland und über Gebirgspässe schwankte, während ein recht gemischtes Gefolge hoch zu Roß und auf Mauleseln die Begleitung stellte, wird pittoresk genug und ehrwürdig fast in seiner altväterlichen Behäbigkeit ausgesehen haben, aber das Romantische ist selten, was es scheint, und diese Art des Reisens brachte sehr viel Unbehagen mit sich. In den Wagen herrschte manchmal eine solche Hitze, daß »sie zu besteigen dasselbe war, als ginge man in das Fegefeuer«. Als Teresa von einem heftigen Fieber gepackt wurde und man ihr Wasser übers Gesicht goß, da »war es infolge der Hitze derart warm, daß ich von dem Wasser kaum erquickt wurde«. Der Proviant, der für mehrere Tage hatte reichen sollen, war schon am nächsten Tag nicht mehr genießbar. Man hatte auch einen großen schweinsledernen Behälter voll Trinkwasser mitgenommen; Wasser aber war so kostbar, daß der kleinste Krug davon in einer »venta«, in einem Wirtshaus am Wege, mehr als Wein kostete; und um das Maß vollzumachen, gingen schlechte Menschen mit Messern aufeinander los, zum Schrecken der Nonnen, die den Wagen nicht hatten verlassen können, weil der Boden zu schmutzig war. Manchmal waren sie froh, ihre Siesta im Schatten einer Brücke genießen zu können, nicht ohne zuvor die früheren Bewohner, eine Sauherde, vertrieben zu haben. Dann wieder verfehlten sie gründlich den Weg, so daß sie den ganzen Tag über »sich placken und plagen mußten, dieweil die Sonne sehr heftig brannte, und als wir uns schon fast am Ziele glaubten, da stellte es sich heraus, daß wir noch einmal so weit zu fahren hatten. Stets werde ich«, so sagte Teresa, »dieser sich mühsam dahinwindenden Straße gedenken. Kurz vor Einbruch der Dunkelheit erreichten wir das Haus, und es befand sich bei unserem Eintritt in einem solchen Zustand, daß wir uns, in Anbetracht des gänzlichen Mangels an Sauberkeit und der vielen Landleute, die wegen der Erntezeit zugegen waren, unmöglich dem Wagnis unterziehen konnten, dort eine Nacht zu verbringen. Die Nonne, die mich begleitete, sagte zu mir: ›Niemand, und wäre er noch so fromm, würde dies ertragen können; redet nicht davon.‹« Wenn man sich verirrte, so war das häufig der Unkenntnis des Führers zuzuschreiben wie beispielsweise jenes jungen Mannes, der zwar den Weg, aber nicht die Landstraße nach Segovia wußte, so daß er sie an Stellen fuhr, wo sie immer wieder auszusteigen hatten, ja, der den Wagen an tiefen Schluchten entlang lenkte, wo er fast in der Luft zu schweben schien; manchmal war es auch einfach dem unverantwortlichen Verhalten der Männer zu danken, die sich ihnen als Wegkundige zur Verfügung gestellt hatten und die sich als Führer betätigten, solange die Straße sicher war, um sich dann, bei der ersten auftauchenden Schwierigkeit, unter dem Vorwand davonzumachen, sie hätten woanders zu tun. Es begab sich wohl auch, daß die Straßen tief unter Wasser standen, so daß man die Wagen aus dem Schlamm zu zerren hatte, indem man die

Maulesel abspannte und gemeinsam zum Ziehen benutzte; vielfach aber hatte man mehr als nur Ungelegenheiten und Unbequemlichkeiten zu ertragen, dann nämlich, wenn man wirklich Gefahren ausgesetzt war. Oft und zumal, wenn die Fuhrleute jung und unachtsam waren, war die Kutsche nahe daran, sich zu überschlagen. Einmal mußten die Fahrzeuge mit der Fähre über den Guadalquivir setzen, als »die Männer, die das Tau hielten, es entweder losgelassen oder verloren hatten, so daß die Fähre mit den Wagen, ohne Ruder, von dem Tau abgetrieben wurde«. Glücklicherweise strandete man, nachdem man eine Strecke weit von den Fluten stromabwärts gewirbelt worden war, auf einer Sandbank, und ein Edelmann, der alles das von einem benachbarten Schlosse aus beobachtet hatte, war barmherzig genug, um eine Rettungsmannschaft zu schicken. Man hat Teresa einmal äußern hören, eine Halsentzündung und Fieber hätten sie daran gehindert, ihre Abenteuer so zu genießen, wie sie es verdient haben würden. Zuzeiten war sie in der Tat sehr anfällig auf diesen Expeditionen, und selbst bei der Ankunft am Bestimmungsorte gab es keine Behaglichkeit für die arme, alternde Kranke. Man bettete sie so hart, als hätte man die Ruhestatt aus spitzen Steinen bereitet, und zwar in einem kleinen fensterlosen, schuppenartigen Zimmer, dessen Hitze sie dazu zwang, wieder aufzustehen und weiterzumachen, denn eher hätte sie, so schien es ihr, die Sonnenhitze auf dem flachen Lande als in diesem winzigen Loch ertragen können. Bei schlechtem Wetter fehlte es an Feuerung, während das Dach den Regen durchließ. Selbst bei der Ankunft in Häusern, die als neue Klöster ausersehen waren, konnte es wohl geschehen, daß die mehr auf ihr Seelenheil als auf das leibliche Wohl bedachten Mönche den Notwendigkeiten des Lebens nur wenig Beachtung geschenkt hatten; so hatten sie in Duruelo nichts als Stundengläser beschafft, von denen sie allerdings nicht weniger als fünf besaßen, »und das ergötzte mich sehr«. Teresas Geist war dessenungeachtet unbeugsam. Einmal hatte man seinen mit fünfhundert Dukaten beladenen Lastesel aus dem Auge verloren; dann wieder sah man sich plötzlich von Stieren umringt, die zu dem am nächsten Tage stattfindenden Stierkampf getrieben werden sollten; oder Teresa selbst war von ihrer Reisegesellschaft abgeirrt, so daß sie in alle Himmelsrichtungen lief und nächtlich nach ihr schrie (»Dieser unser Verlust«, so sagt Julian von Avila, ein hingebungsvoller, aber einfältiger junger Priester, der mit ihr reiste, »war schmerzlicher noch als der des Lastesels«); oder man wurde bei der Ankunft in die Scheune eines Wirtshauses eingewiesen, weil man dieses selbst nicht hätte betreten mögen, und plötzlich glitt ihr nun dort ein Salamander unter ihrem Kleid den Arm herauf; sogar jetzt noch bewahrte sie sich aber, obwohl sie »fast vor Schrecken gestorben wäre«, ihre Munterkeit und ihren Liebreiz. Selbst die Maultiertreiber und Fuhrleute, die sich in ihrer Gegenwart der sonstigen rohen Ausdrucksweise enthielten, haben oft bekundet, sie hätten nie so viel Freude gehabt wie beim Hinhorchen auf ihre Gespräche; und was ihre eigentliche Reisebegleitung angeht, so vernimmt man von ihr, daß Teresa »unser aller Lebensgeister mit ihrer vortrefflichen und ungemein geistsprühenden Unterhaltungskunst auffrischte, indem sie sich bald zu ernsten, gewichtigen Gegenständen äußerte und uns dann wieder zum Lachen brachte. Zuzeiten«, wenn ihr ein Zwischenfall der Reise den Stoff dazu lieferte, »verfaßte sie Singreime.« So wurde sie denn wahrlich ihrem eigenen, oft gehörten Ausruf gerecht: »Gott schütze mich vor miesgrämigen Heiligen!«

XII

Die Reformerin und Stifterin täuschte sich in keiner Weise über das Thema der Frauen im allgemeinen und der Nonnen im besonderen. Sie hatte eine geringe Meinung von den geistigen Gaben der Frauen, deren Verstand schwerfällig ist und deren Schwächen sogar sie nicht selten in Erstaunen versetzen; sie weiß aus Erfahrung, wie sich Frauen verhalten, wenn sie in Scharen beisammen sind, und Gott möge uns davor bewahren! Sie findet es »ergötzlich, wenn Euer Ehrwürden meint, Ihr könntet mit einem Blick ihren Charakter durchschauen«, und sie versicherte ihm, daß Frauen keineswegs so einfach zu verstehen seien; er möge ihren Geständnissen im Beichtstuhl Jahre hindurch gelauscht haben, um schließlich doch nur verwundert darüber zu sein, wie wenig er in Wahrheit von ihnen wisse. Was nun die Nonnen anbetrifft, so ist ihr bekannt, daß sie, wenn sie den Schleier nehmen, durchaus nicht ihre weiblichen Schwächen ablegen, und da sie in der Hauptsache mit Nonnen zu tun hat, so findet man ihre bissigen Bemerkungen, beiläufig gleichsam, durch alle ihre Schriften verstreut. Sie hat gelernt, ihnen selbst und ihren inneren Erlebnissen mit Mißtrauen zu begegnen; auch kann man nie auf ihre Äußerungen bauen, weil ihnen tausend Gründe zur Verfügung stehen, sobald sie sich etwas in den Kopf gesetzt haben (No se crea de monjas!). Es ist nicht ratsam, Regeln aufzustellen, die allzusehr ins einzelne gehen, denn manche Schwestern kommen mit ihren Gewissensnöten nie zu einem Ende; deshalb möge Pater Gracian doch gnädigst verfügen, daß Strümpfe aus Grobleinenfäden oder Kammgarnwolle gefertigt sein dürfen, und die Erlaubnis zum Tragen erteilen; auch daß die Schleier aus Leinen statt dem vorgeschriebenen Hanftuch bestehen dürfen. Desgleichen wolle er freundlichst Pater Pedro Hernandez' Anordnung aufheben, wonach den Nonnen der Genuß von Eiern und Brot als leichter Imbiß untersagt sei, denn sie wünscht das Gesetz der Kirche nicht in einer Weise zu erweitern, die den Nonnen dadurch schadet, daß sie überbedenklich gemacht werden; gleichzeitig nimmt sie die Gelegenheit wahr, um Pater Gracian in deutlicher Form zu verstehen zu geben, daß Pater Hernandez niemals neue Anweisungen erlassen habe, ohne sie zuvor davon in Kenntnis gesetzt und sich mit ihr darüber beraten zu haben. Von Pater Gracian und Pater Mariano wird wahrlich nicht wenig Achtsamkeit verlangt. Jener hat auf alles, was sie sagt, zu hören und hat zu glauben, daß sie mehr als er von weiblichen Launen verstehe. Nonnen erzählen sich Klatsch übereinander und sogar über ihre Priorinnen: Eine schlechte Angewohnheit, der man Einhalt gebieten muß. Strenge ist dringend erforderlich, und wenn man sich auch einige Tage entrüsten wird, so wird sich die Mehrzahl der Nonnen doch bald beruhigen, wenn sie bei anderen sehen, daß sie bestraft werden, denn die meisten Frauen neigen von Natur zur Furchtsamkeit; Verdrießlichkeit und Unzufriedenheit finden vor Teresa natürlich keine Gnade. Sie weiß auch, was sie unter einer mißvergnügten Nonne zu verstehen hat, und fürchtet sie mehr als einen ganzen Schwarm von Teufeln. Sie möchte gern erfahren, was Schwester San Francisco mit der großen Kraft, die Gott ihr verliehen habe, meine, zumal sie sich nicht näher darüber äußere. Wie lästig das ist! Schwester San Francisco läßt ihren Tränen vor den anderen Nonnen, die sie beständig schreiben sehen, freien Lauf. Was sie da zu Papier bringt, soll man ihr abnehmen und Teresa aushändigen. Jene Nonne, die offenkundig den Verstand verloren hat, würde vielleicht mit ihrem Geheul aufhören, wenn man ihr Schläge geben würde, und schaden würde ihr das auf keinen Fall. Manche Nonnen aber haben eine wahre Sucht, ihren Bußübungen weder diskret noch maßvoll obzuliegen; das geht dann so zwei Tage hindurch, und am Ende reden sie sich ein, die Bußübungen machten sie krank. Sie faseln von Kopfschmerzen und bleiben dem Gottesdienst den einen Tag fern, weil es schmerzt, den nächsten Tag, weil es geschmerzt hat, und drei weitere Tage, falls es erneut schmerzen sollte. Auch alles, was an Prahlerei grenzte, erregte ihren Zorn; unmäßige Kasteiungen und Frömmigkeitsbekundungen machten auf sie einen so geringen Eindruck, daß es schwerfällt, der Legende Glauben zu schenken, sie sei einmal, von einer Schwester an der Leine geführt, auf allen vieren in das Refektorium gekrochen gekommen oder habe sich gar den Packkorb eines Lasttieres über die Schultern gelegt. Sosehr dies groteske Bild auch dem Spanien des Cinquecento entsprechen mag, so stimmt es doch in keiner Weise mit der Persönlichkeit Teresas überein. Es steht fest, daß sie nicht mit sich spaßen ließ, und in einem Anfall von Ärger schreibt sie einer ihrer Oberinnen, wenn zwei schwierige Nonnen in ihrer, Teresas, Obhut gewesen wären, so würden sie nicht so ungewöhnliche Erfahrungen durchgemacht haben. Dennoch war sie, sonderbar genug, der Ansicht, daß den Frauen sehr viel mehr Gnaden als den Männern erwiesen würden, und zeitweilig konnte sie in eine bezaubernde mütterliche Zärtlichkeit verfallen, die es ihr dann ermöglichte, von ihren Nonnen zu sagen, sie seien so erfreut (über einen Umzug), daß sie ganz den Eindruck »von kleinen Eidechsen machten, die zur Sommerszeit ins Sonnenlicht gekrochen kämen«.

Ebenso steht es fest, daß sie gleichermaßen geliebt und gefürchtet war. Bei kaltem Wetter – und es konnte in Avila oder Toledo bitter kalt sein – pflegten ihre Töchter ihr die eigenen Decken als zusätzliche Wärmespender umzuhängen. Sie sangen sie auch manchmal, wenn sie sahen, daß sie müde war, in den Schlummer. An heiterer gestimmten Abenden folgten sie ihr auch wohl in die Zelle nach und drangen in sie, wieder umzukehren und an ihrer Kurzweil teilzunehmen. »Wollen Hochwürden nicht mit uns kommen?« und lachend entgegnete sie: »Möchtest du es denn gern, meine Tochter? Wohlan, so laßt uns denn zusammen gehen!« Manchmal schlug sie das Tamburin und tanzte mit ihnen – ein unerwartetes Bild. Es kann überhaupt keinen Zweifel geben, daß Teresa eine ausnehmend reizvolle Frau war, die eine tiefe, zuzeiten plötzliche, stets aber dauerhafte Anhänglichkeit einflößte; und daß, von den Vorzügen ihrer Frömmigkeit, ja, selbst von ihrer geistigen Lebendigkeit und dem bestrickenden Zauber ihrer Unterhaltungskunst abgesehen, ihre warmherzige Menschlichkeit der Magnet gewesen ist, der diesen Widerhall hervorlockte. Es war schön und gut, wenn sie edle Entsagung von allen irdischen Neigungen predigte: Sie selbst hat diesen ihren Lehren niemals nachgelebt und hat es auch gar nicht vermocht. Fortgesetzt sorgte und kümmerte sie sich um ihre Brüder und deren Kinder, um ihre Heiraten, ihr Vermögen, ihre Prozesse und, wie sich von selbst versteht, um ihre Seelen. Ihr Neffe Francisco soll Doña Orofrisia de Mendoza y de Castilla zur Gattin nehmen; sie ist mit den Herzögen von Albuquerque und Infantazgo, ebenso mit den Marquis de las Navas und de Velada verwandt; niemand in Spanien ist blaublütiger; es ist eine höchst zufriedenstellende Heirat (wobei die Braut überdies auch noch schön und sehr verständig ist), aber wie steht es um das Geld, das Francisco aus Peru zu erwarten hat? Sein Bruder muß sich sofort darum kümmern, wenn anders Francisco seinen Rang behaupten soll. Daneben gab es auch die Freunde Teresas, weltliche wie geistliche: eine erstaunliche Zahl. Wenn man ihre Briefe oder die von ihr selbst verfaßte Geschichte ihrer Klostergründungen liest, so kann man den Eindruck gewinnen, daß sie fortgesetzt neue Menschen aufzutreiben und an sich zu ketten suchte. Es ist und bleibt ein Wunder, woher sie, bei ihren zahllosen Geschäften, die Zeit nahm, um sich all diesen Menschen zu widmen; in weniger als zwanzig Jahren stiftete sie siebzehn Klöster, wobei sie mit den verwickeltsten Schwierigkeiten fertig zu werden und auch die Einzelheiten selbst zu überwachen oder zu regeln hatte; auch an der Gründung einer Anzahl Mönchsklöster war sie beteiligt; sie dehnte ihre langen, anstrengenden und oft gefährlichen Reisen über ganz Spanien aus; sie schrieb eine Menge Bücher; sie litt an den Unterbrechungen fortgesetzten Krankseins; gleichwohl ergießen sich ihre Briefe nach wie vor in reißendem Strome, bald vertraut und zärtlich, dann wieder scheltend, praktisch, atemlos von Thema zu Thema stürmend (»Ach, ich sollte mit beiden Händen schreiben, damit ich nicht über einem Gegenstand den anderen vergesse«); sie hofft, diesmal einen kurzen Brief schreiben zu können, tut es dann aber doch nie; immer neue werden verfaßt, in großer Handschrift auf offenen Einzelblättern, und hinterdrein mit einem ihrer beiden Siegel, dem Monogramm J. H. S. oder einem Schädel, versiegelt (ihr Bruder mußte ihr indessen, da sie den Schädel nicht mochte, das andere schicken, »denn ich kann diesen Totenkopf nicht ausstehen«); sie verfährt mit der Rechtschreibung nach dem Gehör und vernachlässigt die Zeichensetzung völlig, außer daß sie gelegentlich eine senkrechte Linie am Ende eines Absatzes anbringt, so daß sich der ganze Brief wie ein einziger Satz liest und der Empfänger die eigentlichen Gedanken der Heiligen nach seinem eigenen Ermessen auszulegen hatte. »Niemals«, so schreibt sie, »lese ich meine Briefe noch einmal durch, und wenn an den Worten irgendwelche Buchstaben fehlen sollten, so fügt sie selber ein. Man erkennt sofort, was die Worte bedeuten sollen, und deshalb wäre es Zeitverschwendung, sie zu verbessern.« Mit ihren Schreibfedern ist sie sehr eigen: Ihr Neffe muß ihr einige, die gut zugeschnitten sind, schicken, weil sie während des Briefes wiederholt die Feder hätte wechseln müssen und die Handschrift deshalb schlechter als sonst ausgefallen sei, aber »sehr zu ihrem Verdruß und Ärger« seien nirgendwo in Toledo Federn erhältlich. Manchmal beschäftigt sie eine Sekretärin, deren Aufgabe freilich ebenso beängstigend wie begeisternd gewesen sein muß, weil nämlich Teresa ihren Freunden durchaus mit eigener Hand schreiben wollte und weil wir auch voraussetzen dürfen, daß ihr Verstand beim Diktat genauso schnell wie bei der persönlichen Niederschrift arbeitete. Ohne überrascht zu werden, vernimmt man, daß eine dieser Sekretärinnen »sehr des Gebetes bedarf« oder daß eine andere, nachdem ihr aufgetragen worden war, einen Brief Teresas zu kopieren, aus einer Ungeduld heraus, die man begreifen wird, durch ein Wunder das Schreiben erlernt.

Ihre Briefpartner hatten es ebenfalls nicht leicht, und mühelos läßt sich denken, daß die Ankunft eines Kuriers mit einem ihrer dickleibigen Sendeschreiben ein halb erfreutes, halb aber bängliches Geflatter im Gefolge hatte. Schließlich mußte der Brief beantwortet werden, und nicht nur das: Es mußte dies auch schnell, ins einzelne gehend und lesbar geschehen. Unbekümmert um ihre eigene Handschrift bestand Teresa darauf, daß jeder Bericht »deutlich geschrieben ist, damit ich nicht gezwungen bin, ihn ins reine übertragen zu lassen«. Auch Übertreibungen können nicht geduldet werden; wenngleich sich die Briefstellerin einbilden mag, daß ihre Aufschneidereien keine Unwahrheiten sind, so ist ein solcher Stil doch alles andere als vollendet; sie soll sich freimütig ausdrücken, ihren Stil vervollkommnen und ihre Briefe nicht ausspinnen, und dann wird Teresa auch mit ihr zufrieden sein. Ihren ganzen Grimm erregt es aber, überhaupt keine Antwort zu erhalten. Hat Fray Antonio etwa ein Gelübde abgelegt, auf ihre Schreiben nicht zu erwidern? Sie wird ihm einfach nicht wieder schreiben, denn man könnte sich, wie es scheint, genausogut mit einem Taubstummen unterhalten. Von Pater Gracian erklärt sie: »So wahr mir Gott helfe, Ihr habt eine aufreizende Art! Ich stelle hiermit fest, daß es ein Beweis besonderer Tugendhaftigkeit sein muß, wenn ich Euch überhaupt schreibe, und das Schlimmste an alledem ist, daß Ihr auch den Licentiaten Padilla ansteckt, der mir nach Eurem Vorbild weder schreibt noch irgendein Lebenszeichen schickt. Gott möge Euch beiden vergeben! Wenn ich der Schwierigkeiten gedenke, die Ihr mir hinterlassen habt, und Eurer Vergeßlichkeit in allen Dingen, so weiß ich wirklich nicht, was ich von Euch halten soll, außer ›Verflucht der Mensch, der einem Menschen traut‹.« Wahrlich, eine etwas ungewöhnliche Sprache für eine Nonne im Umgang mit ihrem Beichtvater. Aber nicht nur die Saumseligkeit ihrer Briefpartner trägt ihnen Scheltworte ein. Der langduldende Pater Gracian gerät beständig in Kümmernisse. Er muß sich sagen lassen, daß sein Brief vorzüglich gewesen wäre, wenn er nur auf die lateinischen Zitate verzichtet haben würde. Dann wieder verdrießt es sie aufs äußerste, daß er sie in Burgos zurückließ, während er selbst nach Andalusien aufbrach. Auch von Fray Mariano kann sie nicht verstehen, warum er ihr nicht durch den Fuhrmann eine Antwort schickte, was er in Madrid tut und warum er sich nicht bei den Barmherzigen Brüdern aufhält. Er soll sich nicht mit dem Erzbischof herumstreiten; er soll seine Zunge zügeln, wenn er sich über jemanden zu beklagen hat; sie fürchtet nämlich, da er von entwaffnender Offenherzigkeit ist, um seine Unachtsamkeit. Dem Provinzialen der Gesellschaft Jesu wird in derart ungehaltenen Ausdrücken erwidert, daß er sich zu der Bitte genötigt sieht, seinen Brief noch einmal zu lesen, sobald sich ihre Gefühle gemäßigt haben werden; sie möge dann den Vorfall mit freundlicheren Blikken betrachten. Indessen zeigt ihre Antwort, daß sie nicht im geringsten besänftigt war. Ihren Priorinnen ergeht es nicht besser. Der Mutter Maria von Sankt Joseph wird bedeutet, Teresa würde es als Glücksfall angesehen haben, wenn ihr Weg sie über Sevilla geführt haben würde, weil sie sie dann nach Herzenslust hätte ausschelten können. Der Priorin von Valladolid wird in Erinnerung gerufen, daß sie »als solche eine recht unbedeutende Person« sei. Die Priorin von Granada erhält einen (acht Seiten langen) Brief voll heftigster Zurechtweisungen, so daß er im modernen Leser fast ein Gefühl von eigener Schuld hervorruft. Dabei war die Grobheit Teresas durchaus nicht unbeabsichtigt oder gar ein Ausfluß ihrer Gewohnheit, ihre Briefe in rasender Geschwindigkeit mit überhitzter Feder aufs Papier zu werfen, denn mehr als einmal entgleitet ihr die ziemlich selbstgefällige Bemerkung, sie habe »schreckliche Dinge« geschrieben, und stellt sie verwunderte Betrachtungen darüber an, ob ihr Briefpartner sich jemals wieder bereitfinden werde, mit ihr zu sprechen. So ist es nicht erstaunlich, daß ein geplagter Corregidor zu guter Letzt die Waffen streckt, indem er ausruft: »Mag es denn sofort geschehen! Sosehr wir uns auch dagegen sträuben, wir müssen alle nach ihrer Pfeife tanzen.«

Dem Allmächtigen gegenüber schlägt sie schon deshalb zuzeiten ganz den gleichen Ton an, weil ihre Art, wie diejenige aller starken Persönlichkeiten, überhaupt nicht zu verkennen ist; alles, was sie ausspricht, strömt aus ihrem eigensten Wesen. Darin kann man sie etwa mit Dr. Johnson oder dem Herzog von Wellington vergleichen. Wendet sie sich nun an Gott oder an irgendeinen widerborstigen Mönch? Man höre sie selber sprechen. Als der Herr ihr geboten hatte, einer gewissen Person eine Botschaft zu übermitteln, eine Mission, die ihr besonders gegen den Strich ging, erwiderte sie: »Warum machst Du mir, Herr, diese Sorge? Kannst Du nicht selbst Deine Stimme erheben, auf daß Du mit jenem Menschen sprechest?« Bei anderem Anlaß, am Ufer eines Flusses, vernahm man, wie sie Gott davon in Kenntnis setzte, Er habe deshalb so wenig Freunde, weil Er die Menschen so schlecht behandele: eine Theorie, die sich anscheinend in ihr festgesetzt hatte, weil sie auch dem Pater Gracian gegenüber äußert, daß »Gott Seinen Freunden, obwohl Er sie schlecht behandele, nichts Unrechtes antue, weil Er ja Seinen Sohn in der gleichen Weise behandelt habe«.

Wie gütig aber konnte sie sein, sobald es ihr einfiel, Liebe zu erweisen! In solchen Zeiten wird man ihr fraglos all die Peitschenhiebe vergeben haben, mit denen sie den zuckenden Leib ihrer Opfer bedachte. Von ihren vorbedachten Artigkeiten hieß es, daß ihnen stets ein Körnchen Pfeffer beigemischt gewesen wäre; in all den Fällen aber, wo die Artigkeit nicht beabsichtigt war und ihr Herz von Wärme überströmte, gab es keinen Pfeffer und keinen Stachel, sondern einzig eine Liebe, so natürlich wie die liebkosende Sonne. Etwas wahrhaft Mütterliches und Schutzgewährendes sprach aus Teresa in ihren persönlichen Beziehungen. An ihren Freunden ist ihr keine Einzelheit geringfügig genug, als daß sie nicht ihre Anteilnahme und ihre Sorge erweckt hätte. Es bekümmert sie aufs äußerste, als sie hört, daß Pater Gracian von einem Maultier gefallen sei; sie könne sich zwar keine Vorstellung von den Eigenschaften des Tieres machen und wisse auch nicht, warum er es für notwendig halte, zehn Wegmeilen am Tag zu reisen; was auf einem Packsattel hinreiche, um ihn zugrunde zu richten; auf jeden Fall aber sei sie der Meinung, daß er angeschnallt werden sollte, damit es nicht zu neuen Stürzen käme. Möge Gott geben, daß sein Sturz ihn nicht verletzt habe! Und habe er auch schon daran gedacht, daß er jetzt, wo das Wetter kalt sei, dickere Kleidung tragen müsse? – Fünf Jahre später macht sie sich immer noch über sein kleines Maultier Gedanken und fürchtet, daß es sich für ihn nicht eigne, obwohl es sie freilich weniger erschrecken würde, wenn er von dem kleinen Maultier fiele, als wenn er von einem größeren Tiere stürzen würde, das ihn möglicherweise aus dem Sattel schleudern könnte. So oder so aber ist sie der Ansicht, daß er gut daran täte, ein neues Maultier zu erstehen. Sie schickt ihm einen wundertätigen Stein, den er, als Gegenmittel gegen Gift, um den Hals tragen soll. Als er in Palencia von ihr geschieden war, sendet sie ihm einen Brief nach, in dem sie ihn fragt, ob er nicht fühle, von wie kurzer Dauer ihr Glück gewesen sei; sie hätte gehofft, ihre nächste Reise in seiner Gesellschaft machen zu können, aber: »O mein Vater! Gott sei gelobt, indem Er Euch mit so artigen Umgangsformen ausgestattet hat, daß niemand Euch ersetzen kann.« Sie ist auch imstande, ihn zu necken, freilich auf milde, herzliche Weise: »Wenn immer ich Eurer Worte gedenke, so muß ich darüber lächeln, wie feierlich Ihr erklärtet, ich dürfte nicht über meinen Oberen richten. O mein Vater, Ihr brauchtet nicht mit mir zu schimpfen, nicht einmal wie ein Heiliger, geschweige denn wie ein Maultiertreiber . . .« Vielleicht war Pater Gracian ihr Auserwählter, und wirklich hatte sie, bei Beginn ihrer Bekanntschaft, von ihm geschrieben, daß er in ihren Augen vollkommen wäre; dennoch hatten auch andere ihren Anteil an ihren Aufmerksamkeiten. Sie ist tief bekümmert über die Anfälligkeit des Paters Mariano; Pater Gracian soll acht geben, daß er tüchtig ißt, und soll ihn auf keinen Fall nach Rom reisen lassen, bevor er nicht kräftiger geworden ist. Don Francisco soll nicht so oft wiederholen, daß er alt werde, weil es ihr das Herz zerreiße. Mutter Maria von Sankt Joseph – eben jene, die mit knapper Not der Gefahr entronnen war, ausgescholten zu werden – sieht sich plötzlich mit Botschaften bestürmt, durch die sie mehr als angemessen entschädigt sein muß: »Ich kann Euch nicht sagen, warum ich Euch so sehr liebe . . . Falls Ihr mich von Herzen liebt, versichere ich Euch, daß ich Euch meinerseits liebe und daß ich dasselbe von Euch hören möchte. Wie natürlich ist für uns der Wunsch, unsere Liebe erwidert zu sehen!« Wahrlich, wie natürlich! Dennoch kommt der Ausruf etwas unerwartet aus dem Munde einer Frau, die wir uns als eine ernste, dem Jenseits vermählte Seherin zu betrachten gewöhnt haben. Dieselbe Seherin ist um Mutter Marias Kleidung besorgt; wie töricht es von ihr sei, im Sommer ein wollenes Überkleid zu tragen! Sie werde es gefälligst ablegen, sobald sie im Besitze dieses Briefes sei. Auch kann die Heilige sich nicht von einem etwas kindlichen Hang zu Leckerbissen freimachen. Sie hofft, daß Pater Gracian nicht vergessen werde, ihr den Osterkuchen zu schicken, der, mit Eiern zu Mehlklößen bereitet, etwa unserem Osterei entsprach. Als ein Freund ihr Butter geschickt hatte, schmeckt sie sehr nett, und gern will Teresa sie unter der Bedingung annehmen, daß sie noch etwas mehr davon erhält, sobald sie besonders schön geraten sein sollte. Auch die Quitten, die gleichzeitig mit der Butter kamen, waren köstlich. Sie hört, daß die »aloja« (eine Art gewürztes Mett) in Valladolid sehr gut sei, befürchtet aber, nichts davon abzubekommen. Zwischendurch ist fortgesetzt von Süßigkeiten, Sardinen, Rebhühnern, Rettich, Salaten, Äpfeln und Orangensaft die Rede; ausnahmslos also von Geschenken, die einen besonderen Wert beanspruchen konnten in den Augen einer Frau, die sich ihres Geburtsrechtes auf eine üppige Lebensweise zugunsten der äußersten Dürftigkeit begeben hatte und deren Kost zu allem Überfluß auch häufig unzureichend war. Teresa war mit einer Vorliebe für angenehme Dinge zur Welt gekommen, und wenn ihr diese auch durch ihr Gelübde nicht gestattet waren, so war sie doch viel zu sehr Mensch, als daß sie sich je in eine griesgrämige und abweisende Asketin hätte verwandeln können. Kunstgewerbliche Gegenstände machten Eindruck auf sie; sie ist »hocherfreut über die entzükkenden Sachen, die man dem Verwalter geschickt hat«; der kleine Becher ist der zierlichste, der ihr jemals zu Gesicht gekommen ist, weshalb sie auch nichts Arges darin erblickt, wenn er sich dieses winzigen, anmutigen Gefäßes bedient, obwohl sich seine Kleidung seltsam dagegen ausnimmt. Umgekehrt bemerkt sie passend, daß die Höfe Sevillas wie gefrorene Zuckertorten aussehen; wer jemals in einigen dieser Patios Sevillas gewesen ist, der weiß, wie sehr die Beschreibung das Richtige trifft. Ungeachtet ihrer Wertschätzung solcher Gegenstände war sie manchmal freilich etwas gleichgültig; sie erinnert sich nicht, wo die beiden Smaragdringe liegen könnten, und auch das große Agnus Dei wird vergebens gesucht; sie entsinnt sich einfach nicht mehr, wohin sie die Dinge gelegt hat oder ob sie ihr überhaupt gegeben wurden . . .

Teresas Verhältnis zu Kindern enthüllt uns eine der reizvollsten Seiten ihrer Natur. Wenn man sich durch ihre Briefe hindurchliest, so gewinnt man den Eindruck, daß immerfort eine Schar von kleinen Mädchen an ihren Rockschößen hing. Da waren Elenita und Isabelita und Teresita, und wo sie auch von ihnen schreibt, da geschieht es mit der lächelnden Nachsicht einer Lieblingstante oder Großmutter. Es schleicht sich dann ein wahrhaft heiterer, zärtlicher und wohlgelaunter Ton in ihre Briefe ein. An Elenita, die sie »mein kleiner Pausback« (mi gordilla) nennt, richtet sie eine scherzhafte Mitteilung: »Sag meiner Elena, daß sie nicht von mir fortbleiben soll!« Das Kind legt schnell seinen Mantel an und wollte gehen. »Nun, Señora?« rief ihre Mutter, »ist das die Art, wie Mädchen sich aus dem Haus ihrer Mutter begeben?« Elena aber gab zurück: »Die Mutter Stifterin hat nach mir ausgeschickt. Ich muß mich sputen.«

Isabelita, die kleine zehnjährige Schwester des Paters Gracian, war augenscheinlich Teresas ganze Freude. Die vielbeschäftigte Frau und große Heilige konnte sich in den seltenen Augenblicken, die sie für »meine allerliebste Bela« zu erübrigen vermochte, völlig gehenlassen, und selbst inmitten der ernstesten Fragen fließen ihr die kleinen kindlichen Anekdoten mit offenkundigem Wohlgefallen aus der Feder. »Neulich, als ich ihr eine Melonenschnitte gereicht hatte, erwiderte sie, sie wäre derart kalt, daß ihr der Hals dabei einfröre. Sie sagt die drolligsten Dinge und ist alleweil lustig . . . Das kleine Geschöpf ist außergewöhnlich begabt. Es stört mich nur etwas an ihr. Ich weiß einfach nicht, wie ich ihr sehr geziertes Mundwerk zügeln soll. Auch lacht sie sehr geziert, und dennoch lacht sie unentwegt. Manchmal heiße ich sie, den Mund zu öffnen, manchmal, ihn zu schließen, und manchmal, nicht zu lachen. Sie aber sagt, nicht ihr Fehler sei es, sondern der des Mundes, was nun freilich richtig ist. Wer immer sie gesehen hat, hegt den Wunsch, sie wiederzusehen, obwohl ich sie nichts davon wissen lasse. Es würde euch köstlich unterhalten, mich dabei zu beobachten, was alles ich mit ihrem Munde anstelle. Ich glaube übrigens, daß er sich, wenn sie heranwächst, nicht mehr so zieren wird!« Leider aber »habe ich, obwohl sie mir die größte Freude bereitet, so viel Schriftliches zu erledigen, daß ich ihr nur wenig Zeit widmen kann«. In dieser geringen Zeit, in der sie sich mit ihr beschäftigen konnte, verstand sie es allerdings, sich die Anhänglichkeit sogar des Kindes genauso wie die aller anderen zu erringen. Isabelita machte sich einen kleinen Vers zurecht, den sie zu singen pflegte, sobald sich Teresa zur Erholung einstellte:

Zu Spiel und Kurzweil naht
Die Stifterin uns allen.
Drum laßt zum Tanz uns singen,
Der Mutter zu Gefallen!

Wahrlich, eine phantasiebegabte kleine Hausgenossin des Klosters in Toledo! Teresa gibt auch eine flüchtige Beschreibung ihrer Spiele: »Sie besitzt einige armselige Figürchen von Schäfern und Nonnen sowie eine Figur Unserer Lieben Frau, und kein Festtag vergeht, ohne daß sie sich eine kleine Aufführung mit ihnen ausgedacht hätte; sie setzt Verse in Musik und singt sie uns so reizend und mit einer so hübschen Melodie vor, daß wir wirklich darüber staunen.«

Diese flatternden Kinder waren die Freude der Klöster und ihrer Stifterin. Die achtjährige Teresita, Teresas Nichte, wurde ihrer Obhut anvertraut, sobald sie in Spanien aus der Neuen Welt eingetroffen war. »Sie scheint der Kobold des Hauses zu sein und versteht, uns ausgezeichnet zu unterhalten, indem sie uns, besser als ich es je vermöchte, Geschichten über die Indianer und die Fahrt über das Meer erzählt . . . Ihr seid gerechter als Teresita, die nur für die Schwestern in Sevilla ein gutes Wort findet . . . Sie schreibt euch nicht, weil sie in Geschäften steckt: Sie sagt, sie sei die Priorin, und läßt euch herzlich grüßen.« Vermittelst solcher Pinselstriche, von denen sie schwerlich vermuten konnte, daß sie sich erhalten und in ein fernes Jahrhundert leuchten würden, zeichnet sie mit derselben Lebendigkeit, die einem Maler zu Gebote steht, die intimen Szenen mit den zutraulichen, um sie als Mittelpunkt gruppierten Kindern nach.

XIII

Es klingt etwas grausam, wenn Teresa, zum Lohn für ihre beschwerlichen Reisen, von einem unwirschen päpstlichen Nuntius als ruhelose Landstreicherin bezeichnet wurde (femina inquieta, andariega). »Erwähnt ihren Namen nicht!« so fuhr er hoch, um dann mit wohlgesetztem, ungehaltenem

Pathos fortzufahren: »Sie ist ein ungehorsames, widerspenstiges Weib, die unter der Maske der Frömmigkeit ihre schädlichen Lehren verbreitet; die ihr Kloster entgegen den Weisungen ihrer Oberen und den Dekreten des Tridentiner Konzils verläßt; die voller Ehrgeiz ist und sich, wie wenn sie Doktor der Kirche wäre, theologisch betätigt, in Mißachtung der Lehre des Heiligen Paulus, der den Frauen das Lehren untersagte.« Teresa fühlte sich geborgen in ihrer Überzeugung, daß das Reformwerk geschehen müsse; sie war sich auch bewußt, daß sie sich in der vorsorglichsten Weise die geeigneten Vollmachten gesichert hatte, und deshalb nahm sie alle derartigen Angriffe gelassen auf. »Der Plan, mich nach Indien zu schikken, erheitert mich«, so schrieb sie auf die Nachricht hin, die Barmherzigen Brüder legten es darauf an, sie auf diese Weise loszuwerden. »Gott verzeihe diesen Leuten! Es ist freilich das beste für sie, so viele Anklagen auf einmal zu erheben, da ihnen doch niemand Glauben schenken wird.« Sie war sich durchaus der Tatsache bewußt, daß sie selbst den ganzen Lärm hervorgerufen habe, was schon daraus hervorgeht, daß sie bemerkt, sie bedauere von Herzen, ein Stein des Anstoßes zu sein, und würde es deshalb für den besten Ausweg halten, daß man sie wie Jona dem Meere überantworte: Allerdings würde sie sich, solange sie ihrem Gewissen und ihrem dreimal heiligen Gehorsamsgelübde nicht zuwiderhandle, unbehelligt in Wind und Wellen behaupten können.

Im schlimmsten Drange ihrer Geschäfte und Schwierigkeiten wurde sie angewiesen, nach Avila zurückzukehren, um dort ihrem alten Kloster der Encarnacion als Priorin vorzustehen. Das Kloster war mehr und mehr auf die abschüssige Bahn geraten und lieferte nun ein trauriges Beispiel für die Notwendigkeit der mittlerweile von Teresa ins Werk gesetzten Reformen. Teresa nahm das Amt nur widerstrebend an und schrieb ihren dortigen Freunden, nicht für sie zu stimmen, da sie keine andere Sorge kenne, als ihr Werk fortzusetzen, für das sie durch eine dreijährige Verbannung nach Avila eine bedrohliche Unterbrechung befürchten mußte; indessen erhob Christus selbst seine Stimme und sagte zu ihr, es wäre sein Wille. Das Unglück wollte es aber, daß die Nonnen des Encarnacion in diesen göttlichen Plan nicht eingeweiht waren, was zur Folge hatte, daß Teresa ein ziemlich stürmischer Empfang zuteil wurde. Menschlich gesprochen, wird man ein gewisses Maß von Verständnis für diese leichtlebige Gemeinschaft aufbringen müssen: Teresas Abkehr vom Kreise der dortigen Nonnen hatte in sich schon eine Kritik an ihrer Lebensweise bedeutet, und die Begründung der Reformklöster hatte die Kritik noch vertieft; jetzt aber sollte die Entwicklung dadurch gekrönt werden, daß sie sich in ihrem Lebensabschnitt eben durch jene neue Ordensregel gefährdet sahen, von der sie ehedem in Aufregung versetzt worden waren. Als der Provinziale, von Teresa begleitet, in der Klosterkapelle das Patent mit der Bestätigung ihrer Ernennung verlesen hatte, da entrang sich der dumpfen Masse kreischender und hysterischer Frauen ein einziger Schrei der Entrüstung. Die Erregung der Gemüter, ja, die Empörung war so groß, daß manche von ihnen sogar in Ohnmacht fielen. Teresa beherrschte sich und verschaffte sich durch ihre Ruhe Gehör. Sie entschuldigte sich für ihr unerbetenes Erscheinen und brachte das Gefühl ihrer eigenen Unwürdigkeit zum Ausdruck; dadurch zwang sie die Nonnen zunächst einmal zum Schweigen, um dann in Sätzen voller Würde, Festigkeit und Versöhnlichkeit zu ihnen zu sprechen: »Meine Schwestern! Unser Herr hat mich hierher entsandt, damit ich dies Amt auf mich nehme: ein Amt, das ich ebensowenig erwartet wie verdient habe und nur aus Gehorsam antrete. Meine Erwählung hat mir großen Kummer bereitet, einmal, weil mir dadurch Pflichten auferlegt werden, die ich vielleicht nicht werde erfüllen können, dann aber auch, weil ihr eine Priorin erhaltet, die eurem Wunsch und Geschmack widerstrebt. Ich komme einzig, um euch zu dienen und euch, soweit es in meinen Kräften steht, zu erfreuen. Es besteht kein Grund, jemanden zu fürchten, der sich euch so gänzlich zugehörig fühlt. Habt keine Angst vor meinen Maßnahmen: Wenn ich auch bisher als Priorin unter reformierten Nonnen lebte, so weiß ich doch gut genug, wie nichtreformierte geleitet werden sollten.« Die schwärmerische Seherin verstand es wirklich, mit Menschenwesen umzugehen, und bald schon überreichten ihr die gebändigten Schwestern aus eigenem Antrieb die Schlüssel des Hauses. Als ernstere Sorgen sie befielen und die Inquisition ihr auf den Leib rückte, da blickte sie der neuen Lage kühn und gefaßt ins Auge. Ihre aufgeregten Freunde suchten ihr angst zu machen; sie kamen herbei und ließen sich dunkel dahin vernehmen, die Zeiten seien gefährlich, man könne ihr leicht etwas anhängen, und leicht auch könne es sich begeben, daß sie vor die Inquisitoren geschleppt würde. Teresa »hörte das belustigt an. Es brachte mich zum Lachen, weil ich Furcht davor nicht kannte. Es war mir nur zu wohl bewußt, daß ich in Glaubenssachen auch das geringfügigste Zeremoniell der Kirche beachten würde und eher tausend Tode würde erleiden wollen, als daß mich jemand dagegen oder gegen irgendeine Wahrheit der Heiligen Schrift verstoßen sähe. Ich bedeutete ihnen also, ich fürchtete mich nicht davor, weil es wirklich schlimm um meine Seele stehen müßte, wenn es etwas gäbe, um dessentwillen ich die Inquisition zu fürchten haben würde.« Das war ihre unumstößliche Haltung. Es geschah nun, daß eine widerspenstige Novize, die einzig darauf bedacht war, aus dem Kloster in Sevilla befreit zu werden, die Nonnen denunziert und der Ketzerei bezichtigt hatte; der arme Pater Gracian, der eben Teresa hatte besuchen wollen, wurde der Inquisitionskarren gewahr, die draußen bereitstanden, um die Nonnen abzuholen, während die Beamten das Kloster durchsuchten und ein Priester an der Straßenecke auf Wachtposten stand. Teresa lachte nur, indem sie sagte: »Schön und gut, Pater! Mögen sie uns denn alle um Christi willen verbrennen! Nie aber braucht Ihr zu besorgen, daß auch nur eine von uns am Glauben irre werden könnte, denn eher würden wir durch Gottes Gnade tausend Tode sterben.« Sie begnügte sich nicht damit, ihre Freunde zu beruhigen, sondern begab sich in eigener Person zum Inquisitor, um ihn darüber aufzuklären, daß sie zwar gewissen außergewöhnlichen Vorgängen während des Gebetes, wie Ekstasen, Verzückungen und Offenbarungen, unterworfen sei, daß sie aber nicht vom Satan getäuscht oder hinters Licht geführt zu werden oder etwas zu tun wünsche, was nicht absolut ungefährlich sei. Lieber würde sie ihr Schicksal dann der Inquisition anheimstellen, damit diese ihr einen Prozeß mache und ihre Lebensgewohnheiten überprüfe. Eben auf diese Erklärung hin wurde ihr vom Inquisitor aufgetragen, die Geschichte ihres Lebens niederzuschreiben und sie, nun nicht etwa der Inquisition, sondern einem unter dem Namen des Apostels von Andalusien bekannten Priester zu unterbreiten. Um der Inquisition gerecht zu werden, mag man diesen Auftrag als beispielhaft für ihr unbedingtes Streben ansehen, die Seelen eher vor der tödlichen Gefahr der Ketzerei zu schützen als sie der Verfolgung auszusetzen. Der Inquisitor machte keinerlei Versuch, Teresa zu vernichten; er wies ihr lediglich den Weg, auf dem sie selber ausfindig machen konnte, ob die »außergewöhnlichen Vorgänge in ihrem Innern« ihren Ursprung im Himmel oder in der Hölle hätten. Sie muß ihm dankbar gewesen sein, dieweil die ganze Frage ihr, infolge der Ratlosigkeit und geistigen Unzulänglichkeit ihrer Beichtväter, von jeher sehr viel Kummer bereitet hatte.

Es wird sich wohl niemals mit Sicherheit feststellen lassen, ob die Prinzessin Eboli wirklich schuld daran gewesen ist, daß eine Abschrift der Lebensbeschreibung Teresas in die Hände der Inquisition gelangte. Erwiesen ist es, daß sie die zögernde Teresa mit Hilfe ihres Gatten, des anziehenden Ruy Gomez, bestürmt hat, ihr eine Abschrift zu geben. Obwohl sie dabei vertrauliche Behandlung zugesagt hatte, wurde Teresa schon nach wenigen Tagen hinterbracht, daß die Zusage gebrochen worden sei, indem man das Buch habe herumliegen lassen, so daß die Bedienten es an sich genommen hätten; ihre Offenbarungen waren nun dem allgemeinen Gespött und Gerede ausgeliefert, sie wurde mit der betrügerischen Magdalena vom Kreuz verglichen und weidlich in den Salons von Madrid durchgehechelt. Alles das war ärgerlich genug, aber ernste Folgen hatte es glücklicherweise nicht: Obwohl nämlich die Inquisition am Ende in den Besitz einer Abschrift gelangte, von der es heißt, daß sie ihr, zusammen mit einer Anprangerung der darin enthaltenen Irrlehren, von der Prinzessin persönlich zugestellt wurde, so fiel doch der Bericht eines als Zensor bestellten Dominikanermönches so günstig aus, daß die ganze Episode Teresa schließlich mehr genützt als geschadet hat. Sie wurde nicht zur Betrügerin erklärt, und das Dutzend schon von ihr gegründeter Klöster für barfüßige Nonnen wurde als Muster der Strenge und Vollkommenheit proklamiert. Darüber hinaus empfing sie der Präsident des Obersten Gerichtshofes der Inquisition, der Kardinal Erzbischof von Toledo, in herzlicher Weise, indem er ihr sagte, es wäre ihm eine Freude, sie zu sehen, er hätte das Buch selbst gelesen, hielte dessen Lehren für stichhaltig und heilsam und würde ihr seine eben damals von ihr erbetene Zustimmung zu einer neuen Klosterstiftung erteilen. Das Manuskript des umstrittenen Buches wird jetzt, in ihrer eigenen, nur wenig veränderten Handschrift, ohne Zeichensetzung, Unterteilung und Titel, auf gelbem Papier mit den Wasserzeichen von Valladolid und Salamanca, auf Philipps des Zweiten Befehl in karmesinroten Samt gebunden, im Allerheiligsten des Escorial aufbewahrt.

XIV

Die Prinzessin Eboli war nur eine der merkwürdigen Gestalten, die sich in Teresas Leben drängten. Die Heilige besaß einen weit gespannten Kreis von Bekanntschaften, einmal nämlich, weil sie die Fähigkeit hatte, Freunde zu gewinnen und festzuhalten; zum anderen, weil ihre edle Geburt sie in die Lage versetzte, in der selbstverständlichsten Weise mit den stolzesten Namen Spaniens zu verkehren; endlich aber, weil ihre berufliche Stellung und ihre reformerische Wirksamkeit sie ebenso mit Kardinälen, Erzbischöfen und anderen hohen kirchlichen Würdenträgern wie mit den zerlumptesten Bettelmönchen in Berührung brachte. Häufig schrieb sie dem Monarchen, auf den sie mit den Worten »mein Freund der König« Bezug zu nehmen pflegte, und ist ihm auch in eigener Person begegnet, anläßlich einer Audienz, nach deren Abschluß er sie »mit der höflichsten Verbeugung, die ich jemals gesehen habe«, verabschiedete.[1] Mit dem Herzog und der Herzogin von Alba stand sie, ohne zu übertreiben, in vertrautester Beziehung; sie nahm an jeder Einzelheit ihres Familienlebens Anteil und weilte auch manchmal, auf der Durchreise nach Salamanca, bei ihnen zu Gast auf ihrem Schlosse hoch über dem Tormes. Der Gegensatz zwischen der herzoglichen Burg und den schmutzigen Gemächern der

1 Wenn man den Unterschied in der Stellung des meistgefürchteten Monarchen der Christenheit und der einfachen Nonne erwägt, so nimmt man mit einigem Vergnügen wahr, daß nicht sosehr Teresa wie Philipp ursprünglich die Bitte um eine Zusammenkunft geäußert hatte. Auf der Durchreise durch Madrid hatte sie der Schwester des Königs einen an ihn gerichteten Brief ausgehändigt, in dem sie ihm, im Zusammenhang mit seinen geheimsten Gedanken, einen Rat berichtete, der ihr von Gott erteilt worden sei. Philipp war von diesem Briefe so tief beeindruckt, daß er ausrief: »Weshalb kann ich die Frau nicht sehen? Wo hält sie sich auf?« Aber Teresa war schon nach Toledo abgereist, so daß er acht Jahre zu warten hatte, bis sie sich bei ihm einfand. Sie kam jetzt aber lediglich, um eine Gunst zu erbitten, die er ihr auch sofort gewährte, nachdem er in sie geforscht hatte, ob das denn alles wäre, was sie begehrte. Bezeichnenderweise diktierte sie damals die einzelnen Punkte ihrer Bittschrift dem Sekretär des Herzogs von Alba in dem von ihr gewünschten Wortlaut.

Es wird überliefert, daß sie ihr Gespräch mit Philipp mutig mit dem Satz begann: »Sire, Sie denken jetzt: ›Das also ist die bekannte Landstreicherin‹«, das Schimpfwort, das ihr vom päpstlichen Nuntius angehängt worden war.

Gasthöfe an den Landstraßen, in denen sie gewöhnlich übernachten mußte, macht uns Heutigen genauso zu schaffen, wie er ehedem auf Teresa eingewirkt hat. Obwohl sie der Herzogin und ihrem Gatten, diesem großen Soldaten, von Herzen zugetan war, so konnte sie sich doch nicht gänzlich mit der glänzenden Pracht ihres Haushaltes abfinden. »Stellt euch bitte das Gemach – ich glaube, man nennt es Privatmuseum – eines Königs oder Granden vor, mit zahllosen Gegenständen aus Glas und Porzellan sowie anderen Dingen, die aber so aufgestellt sind, daß man die meisten von ihnen beim Betreten des Gemachs mit einem Blick umfaßt. In solch einen Raum wurde ich während meines Besuches bei der Herzogin von Alba geführt. Ich war überwältigt, als ich hineinkam, und fragte mich vergebens, wozu dies erstaunliche Durcheinander von allem möglichen Plunder wohl gut sei. Obwohl ich eine Zeitlang darin verweilte, so hatte ich doch bald vergessen, was ich gesehen hatte; auch war es mir bei jedem Gegenstande und seiner stofflichen Beschaffenheit, als ob ich ihn überhaupt nie gesehen hätte, wenngleich ich den Anblick der Sammlung als Ganzes sehr wohl im Gedächtnis behielt.« Die Weitergabe dieser Beobachtungen geschah nicht ohne die Absicht, durch die Blume belehrend zu wirken. Wenn man die Bände ihrer Briefe durchsieht, tauchen die edlen Namen Alba, Median-Celi, Mendoza und Braganza auf . . .

Die Prinzessin Eboli aber war Teresa ein Dorn im Auge. Dies leidenschaftliche, verderbte, unverläßliche und schöne Weib mit der schwarzen Binde über dem einen erblindeten Auge; dieser große Liebhaberin, unter deren Freunden sich angeblich auch der König befinden sollte, versetzte Teresas Kloster in Pastrana in hellste Aufregung, als sie dort »mit dem Lärm ihres Kummers um den Tod ihres Gatten« einbrach. Teresa war gerade nicht anwesend; die Priorin aber, die um zwei Uhr in der Frühe mit der Nachricht aus dem Schlaf geschreckt wurde, daß die Prinzessin sich schon auf dem Wege zum Kloster befände, tat den Ausruf: »Die Prinzessin eine

Nonne? Dann gebe ich dies Haus für verloren.« Da es schon zu spät dafür war, sie von ihrem Vorhaben abzubringen, sofern dies überhaupt jemand vermocht hätte, so traf sie bald darauf schon ein, auf einem dürftigen Karren, da sie es, in einem Übermaß von Selbstkasteiung, verschmäht hatte, in ihrer Kutsche zu reisen; unverzüglich machte sie sich daran, das Kloster in heillose Verwirrung zu stürzen. Sie hatte sich bereits mit einem so schmutzigen Karmelitergewand versehen, daß die Nonnen ihr schnell ein sauberes gaben; weiter bestand sie darauf, daß die beiden Frauen, die sie mitgebracht hatte, ebenfalls das Ordenskleid erhalten und als Novizen aufgenommen werden sollten. Auf den Einwand der Oberin, daß dies nicht ohne Zustimmung des Oberen geschehen könne, schrie sie wutentbrannt: »Was haben die Bettelmönche mit meinem Kloster zu schaffen?« Schlimm hatte es begonnen, und schlimmer sollte es noch werden. Ihr Auftreten strotzte vor Widersprüchen; einmal begehrte sie, sich dadurch zu demütigen, daß sie den untersten Sitz im Refektorium einnähme; dann wieder zwang sie die Nonnen, sie auf den Knien zu bedienen und mit ihren Titeln anzureden; sie forderte auch, daß ihre eigenen Zofen ihr aufwarteten, empfing, unter gänzlicher Mißachtung der Regeln des Reformklosters, ihre Freunde und ihr Gefolge und zog sich, als ihr das verwehrt wurde, in einem Tobsuchtsanfall in eine der Gartenklausen zurück, wo sie dann eine Tür in die Mauer brechen ließ und wiederum ihre Freunde empfing, sehr zum Kummer der erzürnten Nonnen, die ihre Abgeschiedenheit schändlich verletzt sahen, aber sich gleichwohl, in einem Gefühl der Dankbarkeit, der Wohltaten zu erinnern suchten, die das Haus einst aus den Händen der Prinzessin empfangen hatte. Das Schlimmste an allem war nun freilich, daß diese Wohltaten in Zukunft eingestellt werden sollten. Die Prinzessin, die sich von ihrem Schmerz zu erholen und vielleicht auch ihre Impulsivität zu bedauern begann, siedelte gänzlich in ihren eigenen, innerhalb der Stadtmauern von Pastrana gelegenen Palast über, unterdrückte die Auszahlung weiterer Summen an die notleidende Gemeinschaft und überließ es ihr, sich nach Kräften durchzuschlagen oder erbärmlich dahinzusiechen.

Man wandte sich an Teresa, die, nach einigem ergebnislosen Verhandeln mit der Prinzessin, mit ihrer gewohnten Entschlußfreudigkeit vorging. Es entsprach nicht ihrem Wesen, sich allzu lange um Gaben zu bemühen, die nicht freudigen Herzens gereicht wurden. Sie gab Anweisung, das Kloster zu räumen, und trotz versuchter Einmischung der Prinzessin, die Wachtposten vor die Tore zu stellen und einen Boten »mit vielen mündlichen Aufträgen« zu schicken drohte, konnten sich die Nonnen, von Priestern und Bettelmönchen begleitet, zu mitternächtlicher Stunde auf fünf Karren davonmachen und sich in die schützenden Arme Teresas, in das Asyl von Segovia, begeben.

Es war charakteristisch für das Spanien Teresas, daß eine launenhafte, welterfahrene Intrigantin wie die Prinzessin Eboli auf den Gedanken verfallen konnte, ein Kloster mit Geldmitteln auszustatten und es dann, in einem Augenblick persönlicher Betrübnis, als Hausgenossin heimzusuchen; charakteristisch nämlich deshalb, weil das religiöse und weltliche Leben wirr ineinander verknotet waren. Glücklicherweise bewegten sich auch andere Gestalten von gänzlich verschiedenartiger Prägung im Bannkreis der Heiligen. Sich von der stürmischen Episode der Prinzessin Eboli, von den Kabalen, Parteikämpfen und Verdächtigungen der Kirche, von den unsauberen Schwierigkeiten, denen Teresa ständig zu begegnen hatte, von der hysterischen Selbstaufopferung und Selbstkasteiung frommer Büßer, mit ihren Gebresten und Sacktüchern, zu der abgeklärten Reinheit eines Mannes wie des Heiligen Johannes vom Kreuze hinzuwenden: Es ist dasselbe, wie wenn man plötzlich aus Sturm und Wirrnis in jene himmlische Stille gelangte, wo nichts als Licht ist und die Vögel jubilieren. Das teresianische Spanien, so überreich an bedauerlichen Beispielen einer irregegangenen religiösen Inbrunst, ließ hier einen köstlichen Jahrgang destillierten Heiligseins heranreifen, indem sich nämlich alle Phantasie eines im Grunde phantasielosen Volkes in die Mystik hineinflüchtete, die man das natürliche Erzeugnis des spanischen Bodens genannt hat. Teresa konnte zu ihren Landsleuten und Zeitgenossen rechnen: den Heiligen Peter von Alcantara, den Heiligen Ignatius Loyola, den Heiligen Thomas von Villanueva, den Heiligen Louis Bertrand, den Heiligen Francisco Borgia, den »Herzog, der zum Jesuiten wurde«; den beredsamen Apostel von Andalusien, Juan de Avila; den Prediger und Schriftsteller Luis de Granada; Luis Ponce de Leon und den liebenswürdigsten Geist von allen, Juan de Yepez, für Teresa unter dem Namen Fray Juan de la Cruz, für uns als Heiliger Johannes vom Kreuz bekannt.

Inmitten der Masse von Bettelmönchen, Beichtvätern, Priorinnen, Nonnen, Fürstlichkeiten und Edeldamen, die mit solcher Plastik durch die Chronik Teresas schreiten, leuchtet der Heilige Johannes, obwohl er uns immer wieder zu entschwinden scheint, mit einem nur ihm eigentümlichen Glanze. Wir können ihn niemals greifen; mehr als je ein Mensch besaß er das schamhafte Feingefühl, die »pudeur«, sein persönliches Menschentum den Blicken zu entziehen. Er ist nur noch das Wesen seiner selbst, ätherisch, unwägbar und in eine verdünnte Atmosphäre verflüchtigt, in der wir kaum noch zu atmen vermögen; dabei kennt er nur das eine Verlangen, unbemerkt zu bleiben, damit er sich um so besser an die einzige Tätigkeit, die überhaupt Bedeutung für ihn hatte, verlieren könnte. Der idealen Seele gleichend, von der er schreibt, ist er »frei, vollkommen, einsam und rein«. Frei, in der Tag! hatte er sich doch losgelöst von allen Neigungen »wie etwa zu Menschen, zu einem Buche, einem Beruf, einer besonderen Speise, bestimmten Gesellschaftsschichten und zur Befriedigung unseres Geschmacks an wissenschaftlichen Fragen, Neuigkeiten und ähnlichen Dingen«. Macht es denn, so fragt er, irgendeinen Unterschied, ob ein Vogel an einem dünnen Faden oder an einem Strick gefangengehalten wird, da er ja nun doch einmal festgebunden ist und nicht eher zu fliegen vermag, als bis die Leine, die ihn fesselt, zerrissen ist? Genauso würde der einsame Vogel seine Freiheit einbüßen, wenn er sich anderen Kreaturen, und wären es solche seiner eigenen Gattung, gesellte. Er, der Heilige Johannes selber, hatte sich aller Bindungen begeben:

> Fremden Blicken unerreichbar,
> Schritt ich sicher durch das Dunkel,
> Aufwärts, auf geheimem Wege,
> Und von keinem je gesichtet.
> Nacht du, trauter als des Tages Dämmern!
> Allen Dingen und mir selbst verloren,
> Warf ich dort, wo einsam Lilien
> Blühten, von mir, was mich je geplagt.

Dieser Poet, dieser Mystiker, dieses gänzlich der Welt entfremdete Wesen, das sich zu einem sublimen Mangel an Interesse für das Nächstliegende und Vergängliche verflüchtigt hatte, mußte zuzeiten mit den Fäusten gegen die Wand schlagen, um sich mit diesem kurzen heftigen Aufraffen in die Wirklichkeit zurückzuzwingen.

Teresa, die Menschen schnell durchschaute, hatte natürlich bald erkannt, daß sie sich seiner nicht so wie anderer Mönche würde bedienen können; er konnte nicht auf Botengänge geschickt oder mit organisatorischen Aufträgen versehen werden. Immerhin mag sie es versucht haben, doch ohne jeden Erfolg; wenn sie auch Verdruß mit ihm gehabt zu haben bekennt, so läßt sie sich doch nicht näher über die Gründe aus und bemerkt nur, daß sie sich »manchmal über ihn geärgert habe«. Sie, die eine so gute Beobachterin war und plastische Charakterskizzen wie die des Heiligen Peter von Alcantara, der einer Baumwurzel ähnelte, zu liefern vermochte, hat nie auch nur den Versuch unternommen, die äußere Erscheinung des Heiligen Johannes vor den Blicken ihrer Leser erstehen zu lassen. Diese ihre Zurückhaltung deutet auf ihre intuitive Anerkennung der Bedeutungslosigkeit der leiblichen Gestalt bei solch einem Geiste hin. Sie stellt lediglich fest, daß er niedrig gewachsen war, »klein an Gestalt, aber groß in Gottes Augen«, und scherzhaft pflegte sie mit besonderer Vorliebe zu sagen, sie könne über einen und einen halben Mönch verfügen – dieser sei ein Mann von ausnehmend imposanter Statur. Freilich erkannte sie auch auf den ersten Blick die Notwendigkeit, einen solchen Mann für sich und ihr Reformwerk zu gewinnen. Schon bei ihrer ersten Begegnung, die sie, wegen seines Widerwillens gegen Gespräche mit Frauen, erst nach Überwindung mancher Schwierigkeiten hatte herbeiführen können, brachte sie es in der Tat fertig, ihm seine Absicht auszureden, aus dem Karmeliterorden in den der Kartäuser überzuwechseln. Sie war sich sofort seines Wertes bewußt, wie auch er sich, bei diesem Zusammentreffen der beiden großen spanischen Mystiker, deren Namen man nicht voneinander zu trennen vermag, von ihrem Range zweifellos im gleichen Maß beeindruckt fühlte.

Man würde einen falschen Eindruck erwecken, wenn man sagen würde, daß sie von seinen Diensten überhaupt keinen Gebrauch gemacht hätte: Nachdem sie nämlich Priorin des Klosters der Encarnacion geworden war, betraute sie ihn mit dem Amte eines Beichtvaters und geistlichen Lehrers. Für diese Tätigkeit besaß er nun freilich mit seinen geistlichen Fähigkeiten, auf die sie großes Vertrauen setzte, eine besondere Eignung; sie war auch gänzlich unterschieden von den Aufgaben, die sie ihren sonstigen Anhängern zu übertragen beliebte. Ebenso verfehlt wäre es, wenn man der Ansicht Raum gäbe, daß der Heilige Johannes keinerlei Anteil an den Geschäften genommen hätte, da er doch zu verschiedenen Zeiten gewisse Ämter innegehabt hat und sogar Vikar von Andalusien wurde: eine Stellung, an der er keinen Geschmack zu finden vermochte, weil seine Abneigung gegen die Menschen jener Provinz sich mit derjenigen Teresas messen konnte – »er kann«, so schreibt sie, »die Andalusier einfach nicht ausstehen«. Man wird jedoch, ungeachtet der Verantwortung, die ihm durch äußere Umstände auferlegt wurde, und trotz des »gesunden Urteils«, das ihm Teresa zusprach, nicht das Gefühl los, daß die Berührung des Heiligen Johannes mit den Geschäften des Alltags zufälliger Natur war.

Als ernstgestimmter, einfacher Asket ist der Heilige Johannes »unter den einsam blühenden Lilien« eine viel zu zarte, ausgesuchte und poesievolle Pflanze, als daß er mit den Intrigen der Menschen noch auch, Gott sei's gelobt, mit den häufig so finsteren Auswüchsen der Religion in einen Zusammenhang gebracht werden könnte. Weder er noch Teresa waren finsteren Gemütes: Aber während man diese erfreuliche Tatsache bei ihr der guten Laune, der Menschlichkeit und einer gesunden Weltanschauung zuschreiben darf, so ist sie bei ihm die Folge einer gewissen Gebrechlichkeit und Durchsichtigkeit, die sein ganzes zartes Wesen zu bestimmen scheinen. »Die erste aller Leidenschaften der Seele und des Willens«, so schreibt er, »ist die Freude«; und er könnte es ebensowohl von sich selber sagen, wenn er dann fortfährt, einen Menschen zu beschreiben, dem sich in allen Dingen, deren er ansichtig wird, jene Gotterkenntnis offenbart, die köstlich, süß, edel, rein, durchgeistigt, fröhlich und zärtlich ist (gozosa, gustosa, casta, pura, espiritual, alegre y amorosa). Es überrascht nicht, ihn singend die Straße entlangwandeln oder nächtlich auf eine Wiese hingestreckt zu sehen, in der Nähe eines plätschernden Bächleins, tief mit irgend jemandem, der diesmal seine Gesellschaft teilt, in Gespräche über die Schönheit des Himmels, des Mondes und der Gestirne (la hermosura del cielo, luna y estrellas) oder die süße Harmonie in der Bewegung des Universums versunken (la dulce harmonia qua hacen los cielos con sus movimientos). Sogar ein Hauch von Pantheismus wehte durch sein Wesen, da er es doch liebte, seine Gebete in innigster Berührung mit der Natur zu verrichten, ganze Nächte in einem Walde zu verbringen oder kniend im Schilfgesträuch an einem Flusse. Genauso wie Teresa hatte er das Wasser gern, besonders das fließende Wasser: Wasser und Felsen und Bäume, und das mit einer Inbrunst, die eher dem Poeten in ihm als dem Heiligen entsprochen haben würde, der in einzigartiger Weise die Abkehr von allem, was nicht Gott wäre, predigte.

Denn durch den Heiligen Johannes vom Kreuze sehen wir uns, mehr noch sogar als durch die Heilige Teresa, in die Bereiche der zum Höchsten gesteigerten Abstraktion geleitet. Mit dem unzulänglichen Werkzeug der Sprache ist er bestrebt, Erkenntnisse zum Ausdruck zu bringen, von denen er weiß, daß sie im wesentlichen unausdrückbar sind. Niemanden dürfe es, so sagt er, verwundern, wenn er sein, des Heiligen Johannes, Buch etwas dunkel und rätselhaft finde, denn von den Prüfungen der Seele könne nur wissen, wer sie durchgemacht habe, und der sogar sei nicht imstande, sie zu erklären. Da er aber vom Dichter mehr in sich verspürt als Teresa, bedient er sich in noch größerem Umfang der Bildersprache: In der Tat, es hat den Anschein, daß die Verwendung dieses Hilfsmittels weniger auf Absicht beruht als auf der Tatsache, daß sie seiner Natur angemessen ist; es ist in Wahrheit die seinem Geiste eigentümliche Ausdrucksform. Zunächst und vor allem ist er der Sänger der Nacht, und als solcher unterscheidet er mit Feinheiten, die schon an Haarspaltereien grenzen, zwischen den verschiedenen Stufen der Dunkelheit. In Dunkelheit zu weilen (estar a oscuras) ist beispielsweise etwas anderes, als in äußerster Finsternis zu sein (estar in tinieblas), und das Abklingen der Nacht bedeutet ihm einen unendlich feinen Übergang, den er mit unerhörtem Zartgefühl nachzuzeichnen sich gedrungen fühlt (como la noche junto ya a los levantes de la mañana). Seine Kraft der Gleichsetzung des gedanklichen Begriffes mit dessen bildlicher Umschreibung war so ursprünglich und groß, daß die Grenzen zwischen ihnen verschwimmen und das eine unwillkürlich in das andere hinübergleitet dergestalt, daß da, wo von nächtlichem Feuer die Rede ist, die Nacht zum Feuer wird, nicht aber zur Nacht das Feuer hinzutritt: eine Vorstellung, die den Heiligen Johannes fortgesetzt erfüllte, da sich für ihn das schwärzeste Dunkel, in merkwürdigem Gegensatz zur normalen Wahrnehmung, gerade durch die Kraft seines Dunkelseins zu leuchtender Glut verdichten konnte. Dieselbe Urgewalt seiner Phantasie vermochte ihn, den Liebenden, die nachfolgende wundervolle Strophe zu widmen:

Oh noche que guiaste,
Oh noche amable mas que la alborada,
Oh noche que juntaste
Amado con amada,
Amada en el amado transformada!

O Nacht, du Weisheitslehrerin!
O Nacht du, süßer als die Dämmerung!
O Nacht, die Liebende
Mit der Geliebten eint
Und die Geliebte mit dem Liebenden,
dem Neugebornen!

Aus dem Gesagten ergibt sich mit zwingender Logik, daß das »All im Nichts«, als die Essenz seiner Weltanschauung, für einen metaphysischen Kopf, dem diese Denkweise angeboren war, ein Begriff gewesen zu sein scheint, zu dem er mit schwebender Leichtigkeit gelangte.

XV

Teresa alterte; sie war jetzt beleibt; ihre Sprechweise war undeutlich geworden; sie stützte sich beim Gehen stets auf den geschwungenen Griff eines Ebenholzstockes, den ihr der Bruder aus Westindien mitgebracht hatte. Ihre Haut war

»erdfarben«, ihr zerfallendes Gebiß hatte sich geschwärzt, und harte Borsten waren auf den drei Muttermalen gewachsen, von denen man einst gedacht hatte, sie würden ihr Antlitz pikanter gestalten. Ihr linker Arm, den der Teufel an einem Weihnachtsabend gebrochen hatte, indem er sie eine Treppe hatte hinunterstürzen lassen, und den man verschiedentlich, unter größten Schmerzen, hatte wiedereinrenken müssen, konnte kaum noch gebraucht werden, so daß sie ihn zwar bis zur Kopfhöhe emporzuheben und auch die Hand zu bewegen vermochte, aber so gut wie außerstande war, sich selber an- und auszuziehen oder auch nur ihren Schleier zurechtzurücken. Noch ehe sie das sechzigste Lebensjahr erreicht hatte, stellte sie sich selbst als alt und verbraucht hin, doch mit siebenundsechzig, schon dem Tode nahe, ist sie »alt und gebrechlich, zu wenigem noch nützlich, sehr betagt und erschöpft, obwohl meine Wünsche nach wie vor die alte Kraft besitzen«. Wenigstens aber war sie alt genug geworden, um einen großen, wenn auch späten Triumph zu erleben: den Erlaß eines Dekretes, das, nach all den Jahren des Kampfes, das Reformwerk anerkannte und seinen Anhängern erlaubte, Gott, von niemandem behelligt, nach ihrer Überzeugung zu dienen. Philipp der Zweite hatte Teresa und ihren Gefährten stets mit Wohlwollen gegenübergestanden, und dies war nun die Krönung seines Eintretens für sie. »Gott allein weiß um die Mühen, die dabei durchgestanden werden mußten«, so schreibt Teresa. »Nur Er allein versteht die Freude, die nach fünfundzwanzig Jahren der Prüfung, der Verfolgungen und Niedergeschlagenheit aus meinem Herzen strömt.« Der Lohn, der ihr endlich zuteil geworden war, bot ihr reichen Anlaß zum Dank. Groß war ihr Ruhm unter ihren Landsleuten, und manchmal machte es ihr die Masse derer, die sich danach drängten, ihren Segen zu empfangen, schwer, aus ihrem Wagen zu steigen. Wie erfreulich das alles nun aber auch sein mochte, so gab es dennoch keinen Frieden für die alte Frau, obwohl sie sich leidenschaftlich danach sehnte. Sie befand sich wieder einmal auf der Reise, als man ihr in Medina del Campo die dringende Bitte der Herzogin von Alba überbrachte, bei der Niederkunft ihrer Schwiegertochter, der Herzogin von Huescar, zugegen zu sein, und wirklich war ihr auch schon die herzogliche Kutsche geschickt worden. Teresa legte also ihre letzte Reise nicht in einem gewöhnlichen Wagen, sondern in einer der vier oder fünf Staatskutschen, die es damals im gesamten Spanien gab, zurück: in einer Karosse, die mit den Wappen und Insignien des berühmten Hauses Alba prunkte. Die treue und mannigfach erprobte Anna von San Bartolomeo war mit ihr: sie, die durch ein Wunder, damit sie Teresa nicht nur als Krankenwärterin, sondern auch als Sekretärin dienen könne, das Schreiben erlernt hatte und die uns einen denkbar genauen, zu Herzen gehenden Bericht von dieser ihrer letzten gemeinsamen Reise hinterlassen hat. Teresa war von Medina in betrübter Stimmung aufgebrochen: Nachdem sie der Priorin um irgendeines nichtigen Fehlgriffs willen hatte Vorhaltungen machen müssen, hatte diese ihr in einer für Teresas Empfinden ungehorsamen und pflichtwidrigen Weise erwidert; der Vorfall war für sie so niederdrückend, daß sie nichts zu essen und die ganze Nacht hindurch kein Auge zuzudrücken vermochte. Man hatte keinerlei Proviant mitgenommen, ein arges Versäumnis Annas, und hatte auch während der Reise keine Möglichkeit, etwas einzukaufen, nicht einmal in dem Dörfchen Peñaranda de Bracamonte, wo sie übernachten mußten. Teresa war inzwischen sehr schwach und fiebrig geworden. »Tochter«, so sprach sie, »gib mir etwas, damit ich nicht ohnmächtig werde«, aber Anna verfügte nur über einige getrocknete Feigen, und obwohl sie, des Preises nicht achtend, vier Silberlinge zum Kaufe einiger Eier herausrückte, so brachte man ihr das Geld nach kurzer Zeit zurück, weil man in dem Dorfe einfach nichts erstehen konnte. Anna sagte, es sei ihr unmöglich, ihren Kummer zu beschreiben; sie vermochte die Heilige nicht anzublicken, ohne zu weinen, denn ihr Gesicht schien halb erstorben. Teresa aber suchte sie mit all ihrer ursprünglichen Güte zu trösten, indem sie sagte, die Feigen schmeckten sehr schön und viele Arme entbehrten einer solchen Mahlzeit.

Am nächsten Tage gelang es ihnen in einem anderen Dorfe, etwas in Zwiebeln gekochtes Gemüse zu sich zu nehmen; das war alles, was sie genossen hatte, als sie am Abend Alba de Tormes erreichten. Die Ironie wollte es, daß ihnen, nach all ihrer Hast und ihren Entbehrungen, von einem Boten die Kunde überbracht wurde, die junge Herzogin sei gesund niedergekommen. »Gott sei gelobt«, so sagte Teresa, die niemals ihren Humor verlor, »die Heilige ist nicht mehr gefragt.«

Sie wohnte nicht in dem herzoglichen Schlosse, wo sie das Gemach mit dem erstaunlichen Durcheinander von allem möglichen Plunder gesehen hatte, sondern in ihrem Kloster mitten in der Stadt, das weithin den Fluß und die Ebene überschaute. Hier wurde ihr eine ganz andere Aufnahme als in Medina del Campo zuteil. Der herzliche Willkomm und die Besorgtheit ihrer Töchter rührten sie tief. Es scheint auch, daß Krankheit und Erschöpfung sie weich gestimmt hatten, denn sie erlaubte es ihnen, ihr die Hand zu küssen, was sie im allgemeinen zu verhindern pflegte; sie war auch zärtlich zu ihnen, während sie ihnen den Segen zuteil werden ließ, und als man sie zur Ruhe bettete, da sprach sie: »Gott helfe mir, meine Töchter! wie müde ich bin! Es ist mehr als zwanzig Jahre her, daß ich so früh zu Bett gegangen bin.«

Die Herzogin von Alba kam sie häufig besuchen und zeigte sich sehr besorgt um ihre alte Freundin; sie bestand darauf, ihr selbst die Speise zu reichen. Sie pflegte sich niederzulassen, Teresa zu umarmen und sie in Bettücher einzuhüllen, aber diese befürchtete, daß der widerwärtige Geruch einer Ölflasche, die zufällig über ihrem Bette umgestürzt war, der Herzogin unangenehm sein könnte, weshalb sie es gern gesehen hätte, wenn sie nicht gerade in diesem Augenblick gekommen wäre. Die Herzogin indessen, und ebenso die Nonnen, versicherten ihr, daß sie keinerlei üblen Geruch bemerken könnten; ganz im Gegenteil, das Bett sei wohl mit Engelswasser, einem Modeparfüm der damaligen Zeit, besprenkelt worden, und taktvoll fügte die Herzogin hinzu, es ängstige sie der Gedanke, daß vielleicht etwas von dem Wohlgeruch auch auf das Kleid der Kranken verspritzt wäre, was ihr unter Umständen schaden könnte. In Wahrheit war die Kranke schon weit über das Stadium der Arzneien oder auch schädigender Einwirkungen hinaus. Heftige Lungenblutungen beschleunigten das Ende. Kurz nachdem sie die Sakramente empfangen und Gott in nicht enden wollenden Gebeten angefleht hatte, das Opfer eines demütigen und zerknirschten Herzens nicht zu verschmähen, versank sie in eine vierzehn Stunden währende Bewußtlosigkeit, in der sie unverständliche Worte vor sich hin murmelte. Sie verschied am 4. Oktober 1582 in den Armen Annas von San Bartolomeo. Im Morgendämmern geboren, starb sie in den späten Abendstunden.[1]

Man hatte sie gefragt, wo sie bestattet zu werden wünsche und ob es ihr Wille sei, daß man ihren Leichnam nach Avila überführe. Sie aber hatte erwidert: »Wird man mir nicht hier ein wenig Erde gönnen?« So wurde denn der Sarg in einer Nische, die man in das Mauerwerk der Kirche zu Alba gehauen hatte, aufgebahrt und dicht mit Ziegelsteinen, Mörtel, Kalk und Bruchstein verschlossen, wobei die Nonnen gemeinsam mit den Maurern Hand anlegten, offenkundig deshalb, weil sie in Teresa schon eine Heilige erblickten und von der Sorge erfüllt waren, der Leichnam könne ihnen entrissen und nach Avila gebracht werden. Die Bestattungsfeierlichkeiten hatten, in seltsamer Mischung, halb die demütige Stellung der einfachen Nonne – denn von Amts wegen war sie nie et-

1 Die gregorianische Kalenderreform trat am nächsten Tage in Kraft, woraus sich der zehntägige Unterschied unserer Berechnung erklärt. Es ist auch der Grund, warum das Fest der Heiligen Teresa am 15. Oktober begangen wird.

was anderes gewesen – und halb den ehrenvollen Rang berücksichtigt, der von den Zeitgenossen einer Frau zuerkannt wurde, in der sie etwas Höheres erblickten. Der Bischof von Salamanca und der Herzog von Huescar waren, zusammen mit vielen Mönchen und Nonnen und edlen Herren aus Salamanca, herbeigeeilt, um ihnen beizuwohnen. Dem Brauch entsprechend, wurde sie natürlich im vollen Ordensgewand mit dem Schleier beigesetzt, und wir wissen, daß ihr Gewand mit Flicken übersät und abgetragen, ihr Schleier fadenscheinig und zerrissen war; man hatte indessen sein Mögliches getan, um diesen Merkmalen einer Armut, zu der sie sich freiwillig bekannt hatte, entgegenzuwirken, indem man ihre Bahre mit goldbestickten Tüchern bedeckt hatte.

Übernatürliche Gnadenbeweise waren dieser weltlichen Ehrung in den Stunden zwischen dem Ableben und der Bestattung bereits vorangegangen. Als die schluchzenden Nonnen an der Bahre den Totentanz versahen, da hatte der Leichnam so starke Wohlgerüche ausgeströmt, daß sie, um nicht ohnmächtig zu werden, die Fenster hatten öffnen müssen. Auch Wunder hatten sich begeben, körperliche Leiden waren geheilt und Bewußtseinsschwächen beseitigt worden, als die frommen Frauen ihrer toten Stifterin die Füße küßten oder die Hand an ihre Stirn legten. Es war nicht weiter erstaunlich, daß sie die Gegenwart der sterblichen Reste Teresas in ihrer Kirche als einen besonderen Schatz ansahen: als ein Besitztum, das man vor Plünderern in jeglicher Gestalt zu schützen habe.

Gerade deshalb konnte es allerdings geschehen, daß die Nonnen von Alba als erste den Frieden des Grabes verletzten. Neun Monate hindurch genoß Teresa die Unstete ruhig des Schlummers in ihrer Gruft, und häufig kamen ihre Töchter, um vor der zugemauerten Nische in der Kirchenwand zu beten; dann aber wollte ihnen diese Tröstung nicht mehr genügen, und das Verlangen wuchs in ihnen, die geliebten Gesichtszüge noch einmal so zu sehen, wie sie ihnen im Leben vertraut gewesen waren. Dieses schwer zu befriedigende und, für unsere Auffassung, fast schon groteske Verlangen machte sich auf die Dauer unwiderstehlich geltend. Es wurde, wenn nicht gar geweckt, so doch mindestens gesteigert durch die seltsamen Begebenheiten, die man am Grabe wahrnahm: den Duft von Lilien, Jasmin und Veilchen, die die Kirche erfüllte, und manchmal auch einen Wohlgeruch, für den man einfach keinen Namen hatte; Nonnen aber, die bei der Andacht eingenickt waren, wurden durch Töne aus der Gruft geweckt. So erwartete man dann mit wachsender Ungeduld den fälligen Besuch des Provinzialen, und als er endlich eingetroffen war, da rückte man ihm sofort auf den Leib, berichtete ihm alles, was sich zugetragen hatte, und bestürmte ihn, in eine geheime Ausgrabung einzuwilligen.

Die Szenen, die nun folgten, hätten durch El Greco unsterblich gemacht werden sollen, denn nur er hätte, vermöge seiner visionären Begabung, die Kraft dazu besessen, ihnen gerecht zu werden. Es würde uns dann als Gegenstück zum »Begräbnis des Grafen Orgaz«, nur noch um vieles phantastischer und ungleich schauerlicher, die »Exhumierung der Heiligen Teresa« geschenkt worden sein. Er lebte eben damals in dem nicht sosehr weit entfernten Toledo und arbeitete dort an seinen Gemälden; statt dessen hätte er in Alba wirken müssen. Während die anderen ihre Arbeit beim Schimmer der Kerzen verrichtet haben würden, hätte er selbst seine Skizzen von einer Ecke der finsteren Kirche aus entwerfen müssen. In diesem für uns auf ewig verlorenen, in leidenschaftliches Halbdunkel getauchten Meisterwerke würden die Gestalten des Provinzialen selbst und eines anderen Mannes, unterstützt von den Nonnen in ihren weißen Gewändern und schwarzen Schleiern, zitternd und emsig damit beschäftigt gewesen sein, die schweren Steine auf einen Haufen Stroh zu schichten, die ganze Zeit hindurch von der Angst besessen, die Kunde von ihrem Vorhaben könne bis zu den Ohren des gefürchteten Herzogs von Alba dringen. Die verlängerten Gesichter würden dabei nichts von ihrem aus Schuldgefühl, Erregung und Entsetzen gemischten Ausdruck eingebüßt haben; die Hände, indem sie sich beim Greifen der Steine gestrafft haben würden, nichts von ihrer scharf geschnitzten Fleischigkeit; die Gewänder nichts von ihren wallenden Falten, die sich nach vorn gebauscht und die gebückten Leiber der Arbeitenden behindert haben würden. Freilich hätte El Greco hier nicht den gewohnten Glanz seiner Farben, seine grünen und saphirblauen Mischungen und seine blutigroten Faltenwürfe anbringen können, es sei denn, daß er das Kirchendach geöffnet hätte, um den Blick für Gott den Vater freizugeben, wie er im Himmel schwebte, inmitten eines Schwarms von Engeln mit rosenroten Bannern und goldenen Flügeln. Aber die bernsteinfarbene, safrangelbe Beleuchtung hätte ihm schon genügen dürfen, würde sie doch die weißen Roben, im Schatten der Säulen, mit der gelblichbraunen Tönung alten Elfenbeins übergossen und die Gewänder der Bettelmönche, von der Glut der Fackeln angestrahlt, zum Nußbraun gewandelt haben. Welchen Augenblick würde der Maler, der ungesehen seine Skizzen aufs Papier geworfen hätte, für sein Werk gewählt haben? Er hätte, da die Arbeit vier Tage in Anspruch nahm, genügend Zeit, um eine ganze Serie von Studien zu vollenden. Würde es ihn zufriedengestellt haben, die beiden Männer beim Wegschaufeln des Bruchsteins festzuhalten, während die Frauen den Boden säuberten? Oder würde er die grausig weihevolle Sekunde abgewartet haben, wo endlich der Sarg aus der Gruft gehoben wurde und der aufgebrochene Deckel die erdfahlen Gesichtszüge der vor neun Monaten verschiedenen Heiligen enthüllte?

Das Gewand war zu feuchten, verschimmelten Fetzen vermodert, dagegen hatte sich der Leib in wunderbarer Unverweslichkeit erhalten. Die Nonnen unterzogen sich zunächst dem frommen Werk, die Kleider zu entfernen, mit Messern die Erde abzukratzen und Gesicht und Hände zu waschen; dann aber konnten sie sich nach Herzenslust und ohne Widerstreben in den Anblick vertiefen, bevor sie sich daranmachten, die sterblichen Überreste Teresas in ein sauberes Tuch zu hüllen und sie zum letzten Male, wie sie fälschlicherweise dachten, für ihren Ruheplatz herzurichten. Doch ehe man sich dieser Aufgabe entledigt hatte, ging noch ein weiterer Akt des heimlichen Dramas über die Bühne: ein derart gräßlicher, widerwärtiger Akt, daß der Gedanke daran die Phantasie bereits erschaudern läßt. Der Provinziale machte sich auf und schnitt die Hand von dem erstarrten linken Arm. Ihn erfüllte dabei die Verehrung vor heiligen Reliquien, und sicherlich schreckten weder er selbst noch die Anwesenden erschauernd zurück, und einzig stolze Genugtuung darüber wird sie beseelt haben, daß eine greifbare Trophäe vor der Welt von ihrer großen Stifterin würde Zeugnis ablegen können. Für uns aber wird das Maß des Entsetzens durch den Umstand voll gemacht, daß der Provinziale niemand anders als Pater Gracian war, den Teresa so herzlich geliebt hatte, indem sie sich mit der Sorge grämte, er könne sich durch den Sturz von seinem Maulesel ein Leid antun.

XVI

Man möchte meinen, daß man der wiederbeigesetzten Teresa nun endlich ihren Frieden gelassen haben würde, aber für diejenigen, die im Geruch der Heiligkeit stehen, gibt es nun einmal kaum jemals Ruhe. Durch zwei Jahre blieb das Grabmal ungestört der liebenden Sorge der Nonnen von Alba anvertraut, die sich fest im Besitz ihres Schatzes glaubten. Sie hatten nur geringe Kenntnis davon, daß Pater Gracian vor dem nach Pastrana zusammenberufenen Generalkapitel des Ordens die Ansprüche Avilas auf den Leichnam seiner heiligen Tochter zur Geltung brachte. Die Empörung, die Teresas erste Klostergründung zu San José hervorgerufen und die dazu geführt hatte, daß man ihr mit dem Gefängnis drohte, war ja mittlerweile fast in Vergessenheit geraten; mehr als das: Sie hatte ironischerweise dem Argument Platz machen müssen, daß San José das volle Recht auf ihre sterbliche Hülle besäße, da sie ja zur Zeit ihres Todes die Stellung der Priorin in diesem Kloster innegehabt habe. Niemanden würden diese Umwege alles Menschlichen mehr als Teresa belustigt haben.

Das Ordenskapitel geruhte, den Gefühlen der Nonnen von Alba jede Rücksicht widerfahren zu lassen. Man war sich klar darüber, daß diese den Verlust aufs schmerzlichste empfinden würden, und kam deshalb zu dem Entschluß, die Entführung des Sarges heimlich vornehmen zu lassen, wobei die Nonnen, bis alles vorüber wäre, keinerlei Kenntnis von dem Vorgang erhalten sollten; desgleichen sollten sie dadurch entschädigt werden, daß der Stumpf des linken Armes vom Leichnam losgetrennt und ihrer Obhut übergeben werden sollte. Das taktvolle Vorhaben ging jedoch ein wenig schief, weil man seine Rechnung ohne Teresa gemacht hatte. In demselben Augenblick, in dem der Beschluß im fernen Pastrana gefaßt wurde, wurden die Nonnen durch drei laute, zweimal wiederholte Schläge innerhalb der Gruft aufgescheucht, so daß sie vermeinten, daß jemand irrtümlich in der Kirche eingeschlossen worden sei, und eiligst die Pförtnerin aussandten, um den Gefangenen zu befreien. Ihre Ängste wurden indessen durch die Priorin beschwichtigt, die ihnen gebot, dem Vorfall keine Beachtung zu schenken, da es sich offenkundig um den Teufel handele, der sie beunruhigen wolle.

Die Priorin wurde mit zwei der älteren Nonnen ins Vertrauen gezogen, als Pater Gracian, Julian von Avila, drei Mönche und der Sekretär des Bischofs von Palencia endlich auf ihrer Mission im Kloster ankamen. So bekümmert die Frauen auch gewesen sein mögen, so konnten sie, wie sich von selbst versteht, gegen die Weisungen ihrer Oberen keine Einwendungen erheben. Man hielt es indessen für ratsam, zu der Zeit, wo die Mönche sich in Begleitung der Priorin und der beiden Nonnen an die abermalige Öffnung der Gruft machen würden, die Herde der Klosterschäflein abzulenken, indem man sie zum Nachtstundengebet auf den oberen Chor schickte. Auch diesmal breitete sich der geheimnisvolle Wohlgeruch aus, und immer noch lag der Körper, wiewohl er gegen früher ziemlich ausgetrocknet erschien, mit keinem Anzeichen von Verwesung in die wiederum vermoderten Tücher gehüllt. Man nahm jetzt aber wahr, daß der weiße Lappen, den man ihr in den Sarg mitgegeben hatte, nachdem man auf dem Totenbette damit das aus dem Munde strömende Blut gestillt hatte, nach wie vor von frischem Rot glänzte, als ob er eben erst mit Blut getränkt worden sei, und daß er außerdem die merkwürdige Eigenschaft besaß, auf Leinenstücke, die man damit betupfte, abzufärben. Ein weiteres Wunder machte sich an der Beschaffenheit des Fleisches bemerkbar: Als Pater Gregorio de Nacianceno mit dem größten Widerstreben »das schwerste Opfer, das ihm je durch den Gehorsam auferlegt worden war«, gebracht und sein Messer an den linken Armstumpf gelegt hatte, da durchschnitt ihn die Klinge mit derselben Leichtigkeit, wie wenn es sich um ein Stück Käse oder Melone gehandelt hätte.

Alles das hatte sich, wie beabsichtigt, in strengster Heimlichkeit vollzogen, bis dann derselbe liebliche und durchdringende Duft zum oberen Chor empordrang und die argwöhnischen Nonnen bestürzt herbeieilen ließ. Sie kamen zu spät; Pater Gregorio war bereits fort; so wurden sie denn, wie der Biograph berichtet, »traurig mit dem Arm der Mutter zurückgelassen«. Pater Gregorio befand sich auf der Reise nach Avila, und mit ihm war Teresa, in ihr Leichentuch gehüllt, indessen nicht für immer.

Friedlos schon zu Lebzeiten, von einem päpstlichen Nuntius als Landstreicherin bezeichnet, so hatte Teresa noch eine letzte Fahrt vor sich, die Fahrt zurück von Avila nach Alba. Ehe sie jedoch stattfinden konnte, ergoß sich eine Welle der Erregung über die Kirche und bis nach Avila. Die Überführung des Leichnams war nur wenigen bekannt geworden, da der Zorn des großen herzoglichen Hauses der Alba sehr gefürchtet war, doch hatte sich das Wunder der Unverweslichkeit gerüchtweise herumgesprochen; es drang bis nach Madrid, bis an die Ohren des Beichtvaters des Königs, bis zum Bischof von Córdoba und nahm dann endlich seinen Weg zurück bis zum Bischof von Avila, der es von diesen beiden Würdenträgern persönlich vernahm. Trotz der strengen Jahreszeit – es war Dezember – waren die beiden von Madrid aufgebrochen, um selbst die Angelegenheit zu untersuchen. In der frühen Morgenstunde des Neujahrstages empfing das kleine teresianische Kloster von San José den Bischof, den Beichtvater, zwei Ärzte und ein Gefolge von zwanzig Personen. Teresa wurde in den Torweg hinausgetragen und dort senkrecht auf einem Teppich aufgestellt. Fast alle Anwesenden hielten rotglühende Fackeln in der Hand; der Bischof lag barhäuptig auf den Knien; die meisten weinten. Glücklicherweise kann man die von ihnen gemachten Beobachtungen genauestens wiedergeben[1]: »Der Körper ist aufgerichtet, wenn auch, wie bei alten Leuten, ein wenig nach vorn gebeugt. Man kann ihn, wenn ihn jemand mit einer Hand zwischen den Schultern stützt, zum Aufrechtstehen veranlassen, und das ist auch die Stellung, in der man ihn hält, wenn man ihn, ganz als ob er lebendig wäre, bekleidet oder auszieht. Die Körperfarbe ist die von Datteln; das Gesicht dunkler, weil sich der dicht bestaubte Schleier allmählich daran festgesetzt hat; es ist ärger als der übrige Körper zugerichtet, aber dennoch unversehrt, und selbst die Nase ist unbeschädigt. Ihr Kopfhaar hat sich, wie am Tage ihres Todes, voll erhalten. Die Augen haben die Feuchtigkeit des Lebens eingebüßt und sind eingetrocknet, aber die Augenlider sind vollkommen

1 Diese Darstellung wurde, um genau zu sein, etwa zwanzig Monate später, bei einer weiteren Besichtigung des Leichnams, niedergeschrieben; doch ist es unwahrscheinlich, daß sich in der Zwischenzeit noch irgendeine Veränderung im Aussehen vollzogen hatte.

unverändert. Noch immer weisen die Muttermale auf dem Antlitz die kleinen Härchen auf. Der Mund ist dicht verschlossen und läßt sich nicht öffnen. Das Fleisch ist, besonders an den Schultern, wie bei einem beleibten Menschen. (Was den Armstumpf anbelangt, so hatte der Berichterstatter ihn schon in die Hand genommen, innig an sein Herz gedrückt und genauestens untersucht, wobei er festgestellt hatte, daß das Fleisch, wie bei abgemagerten, ehemals wohlbeleibten Menschen, runzlig geworden war.) Die Schulter, von der man den Arm abgetrennt hat, schwitzt eine Feuchtigkeit aus, die bei Berührung haftenbleibt und denselben Duft wie der Körper ausströmt.« Das unheimliche Wiedersehen mit der Frau, die er verehrt hatte, erschütterte den hingebungsvollen Mönch nicht im geringsten. Im Gegenteil, es war dies nach seinem Gefühl der schönste Tag seines Lebens, und er konnte sich nicht genug daran tun, die heiligen Überreste zu bewundern.

Solcher Art war also das irgendwie makabre Schaustück, das dem Bischof von Avila und seinem Gefolge zu San José an jenem Januarmorgen geboten wurde: ein ausgedörrtes, mumienhaftes, dattelfarbenes Standbild, das sich, durch Stützung mit der Hand zwischen den Schultern, aufrecht stellen ließ. Wenn der eine Arm fehlte, so war die Hand des anderen Armes mit segnender Gebärde ausgestreckt. Die andächtigen und phantasielosen Spanier hielten das alles natürlich durchaus nicht für makaber; es war ein Paneel, das sich nur zu gut in die mächtigen, reichverzierten Altarkompositionen des Spanien des Cinquecento einfügte; sie waren fassungslos vor Staunen, sie sanken in die Knie, sie weinten, sie beteten an, sie fühlten sich gehoben und geweiht, sie waren stolz und aufgerüttelt in ihrem fanatischen Glauben, daß ihr Vaterland eine große Heilige hervorgebracht habe: die Schutzpatronin von Spanien – so, wie sie da stand, starr und aufgerichtet und sich leicht gegen die stützende Hand neigend.

Der Bischof von Avila versuchte die Sache geheimzuhalten

und ging sogar so weit, einen jeden, der etwas verraten würde, mit Exkommunizierung zu bedrohen, da man befürchten mußte, daß die Verschleppung des Leichnams dem Herzog von Alba zu Ohren kommen könnte. Ein derart aufsehenerregender, von so vielen Zeugen miterlebter Vorfall ließ sich freilich nicht vertuschen. Die Kunde erreichte auch das Kloster in Alba, und es wird uns überliefert, daß eine Laienschwester in unerlaubter Weise eine Mitteilung in eine Torte hineingebacken habe, die zum Geschenk für die Herzogin von Alba bestimmt gewesen wäre. Die Herzogin verlor daraufhin fast ihren Verstand, und gänzlich fassungslos, von Raserei gepackt, so lief sie auf die Straße, immerfort schreiend: »Man hat mir die Heilige Teresa genommen! Man hat die Heilige von mir genommen!« Wahrlich, es war ein seltsamer Anblick für die Bürger der kleinen feudalen Stadt. Von dem großmächtigen Hause Alba aber konnte schwerlich erwartet werden, daß es eine solche Schande schlucken würde. Der Herzog weilte als erblicher Konnetabel in Navarra, doch setzte sein Onkel und Stellvertreter, der Prior von San Juan, einen Boten nach Rom in Marsch mit dem Auftrag, beim Papst eine Weisung zur sofortigen Rückführung der Leiche Teresas zu erwirken.

So geschah es. Die Weisung kam, und Teresa leistete ihr Folge. Wieder ging sie in aller Heimlichkeit bei Nacht auf Reisen, wobei es sich begab, daß sie einem Mönch am Wege auf wunderbare Weise vom Tertianfieber heilte und einige mit dem Korndreschen beschäftigte Bauern dazu verlockte, sich ihrer Dreschflegel zu entledigen und dem geheimnisvollen, verführerischen Geruch zu folgen. Die Abhaltung von Festlichkeiten war in Alba unterbunden worden, und zwar auf Anordnung des Provinzialen, der über den Verlust für Avila sehr verstimmt war und der päpstlichen Weisung nur deshalb stattgegeben hatte, weil er anders nicht wohl hätte verfahren können. Er gehorchte nach dem Buchstaben, aber nicht nach dem Geiste. Man beschränkte sich also darauf, den Leichnam in den Chor zu tragen, wo er enthüllt und illuminiert wurde, so daß die Nonnen die Echtheit und Erkennbarkeit der sterblichen Überreste ihrer Stifterin bestätigen konnten. Man ersuchte sie dann um Aushändigung einer formgerechten Empfangsbescheinigung. Aber wenn nun auch alle Kundgebungen der Freude in der Öffentlichkeit verboten worden waren, so konnten doch die leidenschaftlich bewegten Massen durch nichts daran gehindert werden, sich den lieben, langen Tag hindurch gegen die Gitter zu drängen, und deshalb war es wirklich ein glücklicher Umstand zu nennen, daß die Eisenzäune es ihnen unmöglich machten, auf der Suche nach Reliquien die Kleider der toten Heiligen in Stücke zu reißen. Und nicht die Kleider allein! Man war ernsthaft in Sorge, daß auch die Leiche selber durch diese überfrommen Hände Schaden erleiden könnte.

Teresas Biograph, Ribera von der Gesellschaft Jesu, kannte den Charakter seiner Landsleute und schwebte ständig in Angst, daß sich neue Gewalttätigkeiten an dem unglücklichen Leichnam auslassen würden. Die Ereignisse haben ihm in schauderhafter Weise recht gegeben. Je mehr sich die Legende von ihrer Heiligkeit, von zahllosen Wundern gefördert, ausbreitete, um so mehr verblaßte die Erinnerung an die lebende Teresa, und statt dessen blieb jetzt nur die armselige, ausgedörrte, fleischliche Hülle, die Stück um Stück herausgerissen werden konnte, wobei denn jedes Stück mit wundertätigen Eigenschaften ausgestattet war. Sogar ein kümmerlicher Fetzen, »und hatte er auch nur die Dicke eines Fingernagels«, erwies sich als genauso unverweslich wie ein fleischloser Knochen: Ja, nicht nur als genauso unverweslich, sondern er war auch mit demselben eigenartigen, durchdringenden Geruch behaftet. Ribera hatte persönlich, nach der Untersuchung des abgetrennten Armes, wahrgenommen, wie sich der Geruch an seinen Händen festgesetzt hatte; er hatte sich aus Angst, er könne dann verschwinden, nicht waschen wollen und hatte dann, trotz Waschens, herausgefunden, daß er etwa vierzehn Tage lang angedauert hatte. Es gab einen Novizen, der ohne jeden Geruchssinn auf die Welt gekommen war; plötzlich aber hatte er ihn, für alle Zukunft, dadurch erlangt, daß er an der von Pater Gracian abgeschnittenen Hand gerochen hatte. Diese Hand vermochte vieles. Sie konnte alle anderen, noch so starken Gerüche austilgen, sogar den Moschusgeruch, mit dem man sie, vermittelst einer Messerspitze, bestrichen hatte. Sie konnte zwanzig Jahre alte Verdauungsstörungen heilen, indem man nichts tat, als sie auf den Magen zu legen; sie beseitigte nicht zuletzt auch die tödliche Eifersucht eines betrogenen Gatten, indem man sein Herz damit bedeckte. Außerdem besaß man überall mit dem Blute Teresas angefeuchtete Lappen, die nicht weniger heilkräftig waren; sterbende Kinder waren damit ins Leben zurückgerufen worden, und auch den Schädelbruch eines Bürgers von Alba hatte man durch Auflegung von Leinentüchern geheilt, mit denen man den Körper Teresas berührt hatte. Welche Seele im abergläubischen Spanien hätte davon Abstand nehmen können, sich in den Besitz so zauberkräftiger Gegenstände zu setzen oder sich mit anderen darum zu reißen, sobald sich eine Gelegenheit dazu bot? Jedenfalls war zu der Zeit, als Teresa ihren endgültigen Ruheplatz oben am Hochaltar der vielfach umgebauten und verschönerten Kirche zu Alba gefunden hatte, also nach der fünften Öffnung des Sarges und öffentlichen Aufbahrung der Leiche (1750), von dem einst so reizvollen Mädchen oder der späteren gutgelaunten und rastlosen alten Reformerin nichts als eine schauerlich verstümmelte Ähnlichkeit geblieben. Es ist peinlich, Betrachtungen darüber anzustellen, was an ihr zu verschiedenen Zeiten im Namen der Frömmigkeit gesündigt worden ist, doch müssen wir uns, indem wir auf unser kühles Urteil Verzicht leisten und auch die grausigeren Vorstellungen eines im Norden beheimateten Einbildungsvermögens schweigen lassen, widerspruchslos in die Tatsache fügen, daß ein leidenschaftlicher, mit einem völligen Mangel an physischer Sensibilität verbundener Glaube die Menschen zu äußerst seltsamen Handlungen hinreißt. Das Verlangen, irgendein Bruchstück von heiligen Reliquien zu besitzen, war natürlich so stark und so allgemein verbreitet, daß es sich über allen menschlichen Ekel und selbst über den angeborenen Widerwillen hinwegsetzte, einen einst geliebten und verehrten Menschen zu zerstükkeln. Ein maßloses Beispiel religiöser Inbrunst bietet sich vielleicht in dem Fall der portugiesischen Dame, der man erlaubt hatte, den Fuß des Heiligen Franz Xaver zu küssen, und die dafür eine Zehe abbiß und in ihrem Mund davontrug.

Im Falle Teresas hatte dies Verlangen zu Auswüchsen geführt, in denen wir eine gänzliche Entweihung der armseligen menschlichen Hülle erblicken würden. Was hatte man nicht alles getan, seitdem Pater Gracian mit dem Abschneiden der einen Hand begonnen hatte und Pater Gregorio de Nacianceno seinem Beispiel mit der Lostrennung des restlichen Armstumpfes gefolgt war? Man hatte den rechten Fuß und auch einige Finger der noch immer zum Segen ausgestreckten Hand abgenommen; einige Rippen hatte man an der Seite herausgebrochen; man hatte Fleischfetzen zur Verteilung unter die Menge losgerissen. Was jedoch das Gräßlichste war: auch der Kopf war vom Rumpf entfernt worden; es fehlte der größte Teil des Halses, obwohl man den Rest geehrt hatte, indem man ihm eine Abbildung der Kette des Ordens vom Goldenen Vlies umhängte. Der Kopf selbst, der jetzt auf einem silberbestickten, karmesinroten Atlaskissen lag, befand sich in erbärmlicher Verfassung. Ein Teil des Kiefers war abgenommen, während das linke Auge zu einer leeren Höhle geworden war. Das andere Auge war dagegen unversehrt, und sogar die Pupille war beweglich, ganz als ob sie sich, mit glasigem Ergötzen, an den Possen der Andächtigen belustigen könnte.

Das Herz, das heiße Herz Teresas, war herausgerissen worden. Als es, im achtzehnten und noch einmal im neunzehnten Jahrhundert, von Ärzten und Chirurgen untersucht wurde, da stellte es sich heraus, daß sich mancherlei Unerklärbares mit ihm ereignet hatte, obwohl es vielleicht nicht unerklärbarer als so vieles war, was sich im Namen Gottes begibt. Beobachtungen durch die Schlitze des Reliquienkästchens mit dem Herzen hatten bereits ergeben, daß auf dem verstaubten Boden geheimnisvolle Dornen, etwa zwanzig an der Zahl, emporgekeimt waren, und man neigte zu der Ansicht, daß bei jeder Krise, derer sich die Kirche zu erwehren habe, ein neuer Dorn erscheint. Eine durch den Bischof von Salamanca eingesetzte Kommission erforschte dieses Wunder, gelangte aber, zum Unglück für die Gläubigen, zu keiner anderen Entdeckung, als daß es sich bei den Dornen tatsächlich nur um die Abfälle des Pinsels handelte, den man zum Abstäuben des Reliquienkästchens benutzte. Der Bischof hatte sie, sehr verständlicherweise, entfernen lassen, und das war eine Enttäuschung. Es blieb indessen immer noch das Herz selbst, es blieben auch die ihm eigentümlichen Phänomene, für die man keine Ursache finden konnte. Es zeigte eine eineinhalb Zoll breite Narbe, die von einem Messerstich hätte herrühren können, wobei der Wundrand wie durch glühendes Eisen verkohlt war.[1] Seltsam war es nur, daß die Augenzeugen, die uns die Exhumierungen beschrieben haben, nicht des klaffenden Loches in der Brustgegend gedachten, das bei der Entfernung des Herzens entstanden sein mußte: eine Unterlassung, die den Gedanken nahelegt, daß später irgendeine Pfuscherei stattgefunden hat, über die uns nichts berichtet wird. Wann immer aber der Diebstahl sich ereignet haben mag und welcher Art auch der fromme Eingriff gewesen ist, der dabei vorgenommen wurde, um eine einzigartige Reliquie noch eindrucksvoller erscheinen zu lassen, als sie ohnehin schon war: die Gläubigen konnten sich die dokumentarische Stütze für ihre inneren Überzeugungen in den schönen und bewegenden Worten Teresas selbst verschaffen. Wir halten uns an ihre letzte Vision, an die Vision von Crashaws Flammendem

1 Siehe Anhang.

Herzen, an die Vision, die der Kirche zum Anlaß wurde, um sie mit dem Ehrentitel der »Seraphischen«, der Engelgleichen, auszuzeichnen: kurz, an die Vision, die in ihr auch die letzten Spuren schrecklichen Erinnerns an die Anfechtungen des Teufels und ihre eigene Niederfahrt zur Hölle tilgte. Wahrlich, sie hatte Satan gesehen, jetzt aber »schaute ich nahe bei mir einen Engel, mir zur Linken, in leiblicher Gestalt. Er war nicht groß, sondern zierlichen Wuchses und unaussprechlich schön – sein Antlitz glühte von Feuer, als wäre er einer der höchsten Engel, die alle aus Flammen zu bestehen scheinen. In seiner Hand sah ich einen langen, aus Gold gefertigten Speer, an dessen Spitze ein kleines Feuer zu leuchten schien. Zuzeiten war es mir, als stieße er ihn mir ins Herz und bohrte ihn tief in meine Eingeweide; wenn er ihn wieder herauszog, so hatte ich das Gefühl, er zöge auch sie mit heraus und ich selber stände ganz in Flammen da, von großer Liebe zu Gott erfüllt. Der Schmerz war so gewaltig, daß er mich stöhnen machte, und dennoch: Die Süßigkeit dieses maßlosen Schmerzes war so selig, daß ich nicht wünschen konnte, seiner ledig zu werden. Die Seele findet jetzt an nichts Geringerem Genügen als an Gott . . .«

Der physische Aspekt der Wunder mag von nebensächlicher Bedeutung sein. Er mag auch unerklärlich sein, wiewohl sich vielleicht eine ganz einfache Erklärung finden ließe, die uns bisher auf unserer langen Reise verborgen geblieben ist. Die Schwindeleien, zu denen sich die Andächtigen zeitweilig, und mit den besten Absichten, aus Übereifer oder Eigennutz, aus Habsucht oder Fanatismus hergegeben hatten, mögen uns verächtlich dünken. Das eigentliche Wunder besteht darin, daß solche Gewißheiten in der Seele, die an nichts Geringerem Genügen findet als an Gott, lebendig sind.

DIE HEILIGE THERESE VON LISIEUX

1873–1897

I

Im Monat September 1843 erschien an der Pforte des Klosters auf dem Großen Sankt Bernhard ein junger Franzose von zwanzig Jahren und begehrte Einlaß, aber nicht als Gast für eine Übernachtung, sondern als ein Mann, der dort sein ferneres Leben zu verbringen gedächte.

Der Prior, dem das Ansuchen übermittelt wurde, entschloß sich, den Reisenden persönlich zu sprechen. Die Gründe und Papiere, die er vorzuweisen vermochte, waren für jemanden, der den klösterlichen Beruf im Zisterzienserorden erstrebte, mehr als dürftig. Nachdem er hatte zugeben müssen, daß er noch nicht einmal seine lateinischen Studien beendet habe, schickte ihn der Prior mit freundlichen und bedauernden Worten wieder auf die Reise. »Bleiben Sie unverzagt!« so fügte er hinzu, »gehen Sie in Ihr Vaterland zurück! Arbeiten Sie fleißig, und wir werden Sie dann mit offenen Armen aufnehmen!«

Der junge Mann suchte wirklich wieder sein Vaterland auf, doch kehrte er nie auf den Alpenpaß zurück, um auf die Einlösung der versprochenen Aufnahme zu pochen. Das Schicksal hatte etwas anderes mit ihm im Sinn: Es war ihm vorbestimmt, zu heiraten, gelähmt zu werden und den Verstand zu verlieren, jedoch nicht eher, bevor er nicht der Vater der sanftmütigsten und zartesten aller Heiligen geworden wäre. Therese von Lisieux verdankt ihr Leben dem Umstand, daß Louis-Joseph-Stanislaus Martin vergeblich als Postulant aufgenommen zu werden begehrte und statt dessen nach Alençon in der Normandie zurückkehrte, um Marie-Zélie Guérin zu ehelichen.

Fräulein Guérin war ein tief religiöses junges Mädchen, das für den Mann, den sie heiraten sollte, wie geschaffen war und außerdem auch schon die gleichen Enttäuschungen wie er selbst erlitten hatte. Es war ihr Wunsch gewesen, in den Orden des Heiligen Vincent de Paul einzutreten, indessen hatte ihr die Mutter Oberin, anläßlich einer Rücksprache, ganz einfach und ohne das geringste Zögern erwidert, solches wäre nicht der Wille Gottes. Fast mochte man denken, Gott selbst habe eingegriffen, um den Prior und die Oberin im Sinne einer ablehnenden Haltung zu erleuchten . . . Noch ein weiteres Walten der Vorsehung hatte wahrgenommen werden können: Die Sippen der beiden jungen Menschen waren einander nicht bekannt, wiewohl sie derselben gesellschaftlichen Schicht angehörten und Alençon nur eine kleine Provinzstadt war; sie wohnten nicht einmal in demselben Kirchspiel und wußten wirklich nicht das geringste von ihrer gegenseitigen Existenz. Für die höheren Zwecke der Vorsehung war es deshalb erforderlich, daß die beiden auf irgendeine Weise zusammengeführt wurden, und die erste Begegnung hat, so scheint es jedenfalls, nach Dantescher Manier, auf halbem Wege der die Sarthe überspannenden Sankt-Leonhard-Brücke stattgefunden, allwo er höflich vor ihr Platz machte. Es ist uns nichts von den weiteren Etappen bekannt, durch die sie schließlich, im Juli 1858, vor den Altar von Notre-Dame d'Alençon geführt wurden. Er war damals fünfunddreißig und sie achtundzwanzig Jahre alt.

Seit ihrer Abweisung durch die Mutter Oberin des Klosters von Sankt Vincent de Paul hatte Zélie ihre Gedanken mit Bedacht und unentwegt in eine andere Richtung gelenkt. Es hatte Gott nicht gefallen, daß sie Ihm so, wie ihr Herz ihr geboten haben würde, dienen sollte; sie war indessen entschlossen, sich Ihm um jeden Preis zu weihen, und nahm deshalb in ihre Gebete die ständige Bitte auf, Er möge ihr viele Kinder schenken, die alle sie zu Seinen Dienern machen wolle. Somit muß es ihr Herz ein wenig bekümmert haben, als sie ihr

Bräutigam in der Hochzeitsnacht (und offenkundig nicht vorher) von seiner Absicht in Kenntnis setzte, stets in ihr die Schwester eher als sein Weib zu sehen. Dennoch fügte sie sich seinen Wünschen in ihrer Ergebenheit, so daß die beiden viele Monate lang in Frieden mit diesem Vorsatz zusammenlebten: Herr Martin, indem er von seinem Uhrmacher- und Juweliergeschäft in Anspruch genommen wurde, und Frau Martin, indem sie sich ihrer Tätigkeit als Spitzenklöpplerin widmete. Sie führten eine friedliche und fromme Existenz. Des Sonntags blieb ihr Laden trotz des Einspruchs ihrer Freunde geschlossen. Man fragte sie, weshalb sie denn nicht wenigstens eine Seitentüre geöffnet halten könnten, um die jungen Bauern einzulassen, die aus den Nachbardörfern hereinströmten und ihren Feiertag in der Stadt verbrächten. Die Fensterläden könnten ja ruhig heruntergelassen werden, so daß das Geschäft nach außen hin geschlossen schiene, aber man würde sich doch auf diese Weise seinen Umsatz sichern. Herr Martin erwiderte auf solche Ratschläge, ohne zu erröten, er gebe dem Segen Gottes den Vorzug. Rechtschaffen und fleißig, wie er war, gestattete er sich nur die eine Erholung, sich gelegentlich der langen, geduldigen Kette von Anglern anzuschließen, deren Bild das Ufer eines jeden französischen Flusses erst vervollständigt. Indessen ließ er sich auch die Aale und Forellen, die er in der Sarthe fing, nicht persönlich zugute kommen, sondern gab sie unverzüglich an ein bedürftiges Kloster weiter.

Jeden Morgen hätte man das Paar in der Frühe gemeinsam vor dem Altar knien sehen können; die Fastentage und die Enthaltsamkeitsvorschriften der Kirche wurden in dem Hause getreulich innegehalten, und wenn man sich zerstreuen wollte, so nahm man mit Vorliebe zu frommen Büchern seine Zuflucht. Sie erfüllten nicht nur ihre Pflicht, es entsprach auch ihrer Neigung, Gott ihre Schuld zu entrichten, hatte Er doch sichtbarlich Seine Hand über jeden Abschnitt ihres Lebens ausgestreckt gehalten; Er allein hatte sie dazu befähigt, einander zu erkennen, als sie sich, einer dem anderen völlig fremd, auf der Straße begegneten; Er allein, oder vielleicht auch Unsere Liebe Frau als Sein Sprachrohr, hatte Frau Martin zu Ergreifung ihres Berufes gedrängt mit dem Befehl: »Klöppele Alençonner Spitzen!« Sie erinnerte sich noch genau des Tages und der Gelegenheit: Es war am achten Dezember, dem Fest der Unbefleckten Empfängnis; sie war mit anderen Dingen beschäftigt gewesen und hatte ihre Gedanken endlich einmal nicht bei der Ausstattung gehabt, für die sie sparen mußte, wenn sie heiraten und die Mutter von Dienern Gottes werden wollte. Gewiß hatte der Himmel ihre Wege vorausbestimmt; das einzige, was noch fehlte, waren just die Diener Gottes, nach denen sie so inbrünstig verlangt hatte.

Allmählich aber und über Umwege, auf denen zu folgen uns keinerlei Informationen gestatten, lockerte sich die persönliche Beziehung zwischen Frau Martin und ihrem Gatten, und, den taktvollen Worten eines Schriftstellers zufolge, »entsprossen diesem auserwählten Blumenbette neun weiße Blüten«. Zuerst kamen vier kleine Mädchen, Marie-Louise, Marie-Pauline, Marie-Léonie und Marie-Helene, aber all den vielen Tränen und Gebeten zum Trotz blieb der brennende Wunsch der Eltern nach einem »kleinen Priester« oder einem »kleinen Missionar« unerfüllt. Erst der Vermittlung des Heiligen Joseph, dessen Hilfe sie angerufen hatten, war es nach ihrer Überzeugung zu danken, daß ihnen ein Knabe mit Namen Marie-Joseph geboren wurde, der aber schon im Alter von fünf Monaten aus diesem Leben schied. Sein jüngerer Bruder, ein zweiter Marie-Joseph, blieb ganze neun Monate am Leben; nach diesem zweiten Verlust verstummten aber die Gebete um einen kleinen Missionar: Die Eltern hatten sich dahin entschieden, daß es offenkundig nicht im Willen Gottes läge. »Denn meine Gedanken sind nicht deine Gedanken, noch sind deine Wege meine Wege, spricht der Herr.«

Frau Martin bedurfte all der Fähigkeit zum Verzichten, die

ihr zu Gebote stand. Sie hatte nicht allein den Tod ihrer beiden kleinen Söhne zu ertragen, sondern auch den von Marie-Helene, die mit vier Jahren an Schwindsucht starb, und von Marie-Melanie, die mit einem zweiten Schub von Schwestern zur Welt kam und mit drei Monaten starb. Ihr Glaube aber und ihre lebendige Gewißheit einer anderen Welt erfüllten sie mit Kraft und hielten sie aufrecht. »Als ich meinen Kindern die Augen schloß«, so schrieb sie, »da hörte ich die Leute sagen, es wäre besser gewesen, wenn sie nie geboren worden wären. Ich vermochte dies Gerede nicht zu ertragen, da ich nicht zulassen konnte, daß unsere Sorgen und Kümmernisse wichtig genug wären, um mit der ewigen Seligkeit meiner Kinder verglichen zu werden. Sie sind auch nicht für immer verloren. Das Leben ist kurz und voller Trübsal. Ich werde sie im Himmel wiederfinden.«

Wenn nun Frau Martin auch vier Kinder beerdigt hatte, so verblieben ihr doch immer noch vier andere. Ungefähr um diese Zeit (1871) war der irdische Wohlstand Herrn Martins so weit gediehen, daß er sich aus dem Geschäftsleben zurückziehen und mit seiner Familie in ein geeigneteres, jüngst vom Vater der Frau Martin ererbtes Haus an der steilen Rue Saint-Blaise übersiedeln konnte. Herr Martin hatte sein Uhren- und Juwelengewerbe aufgegeben, aber Frau Martin blieb weiterhin bei ihren Alençonner Spitzen. Sie tat es aus Neigung, ganz abgesehen von der Tatsache, daß sie manchmal runde fünfhundert Francs für einen Meter erhielt. Am glücklichsten war sie, wie sie sagte, wenn sie die Spitzenstreifen und -stücke, die von den Arbeiterinnen nach ihren Weisungen gefertigt worden waren, am Fenster zueinanderfügte; und wirklich läßt es sich unschwer vorstellen, daß die mechanische Tätigkeit der Spitzenklöpplerin mit ihrem Kissen und ihren Klöppeln etwas sehr Besänftigendes an sich hat, etwas, was dem Beten des Rosenkranzes vergleichbar ist: etwas, was einem Leben der starken, nach innen gerichteten, frommen Betrachtung seltsam angemessen ist. Die Alençonner Spitze,

Point d'Alençon, wird übrigens ausschließlich mit der Nadel hergestellt, doch würde es auch so nicht der Bedeutsamkeit entbehrt haben, Gedanken darüber anzustellen, wie aus kleinen Fädchen allmählich ein fertiges Muster wird. Bedauerlicherweise können wir nicht wissen, ob sich dieser treffende Vergleich jemals der Einbildungskraft der Frau Martin aufgedrängt hat.

Indessen war ihr bald ein Erlebnis beschieden, das in einem auffallenden Gegensatz zu dem friedlichen Alltagsleben der Rue Saint-Blaise stand. Eines Abends saß sie allein, und behaglich las sie in den Lebensgeschichten der Heiligen, als sie ihre Schultern plötzlich von einem Etwas umkrallt fühlte, das sie später als die Klauen eines wilden Tieres beschrieben hat (une griffe de bête féroce). Da sie sich im neunten Monat schwanger wußte, war sie im ersten Augenblick nicht wenig erschreckt, und obwohl sie schnell ihr Vertrauen zu Gott wiedererlangte, war sie erst geraume Zeit hinterdrein imstande, dieses seltsame Geschehnis mit dem Zorn der Mächte der Finsternis gegen das ungeborene Kind in Verbindung zu bringen.

II

Das Baby, das gegen Mitternacht am 2. Januar 1873 geboren und zwei Tage später auf den Namen Marie-Françoise-Thérèse getauft wurde, war derart zart, daß seine Mutter fast an seiner Lebenskraft verzweifelte. Es muß zugegeben werden, daß die Mutter zum Teil selber die Schuld daran trug, weil sie den Rat des Arztes nicht befolgt hatte und ihr Kindchen keiner Amme hatte anvertrauen wollen. Jetzt aber erkannte sie, in ihrer durch Herrn Martins Abwesenheit bedingten Not, mit bitterem Schmerz ihr Unvermögen, das Kind selber zu stillen, und eine ganze qualvolle Nacht verbrachte sie über die Wiege gelehnt und in Erwartung des ersten Frühlichtes. Der Tag war kaum angebrochen, als sie sich zu Fuß auf den Weg von Alençon nach dem zwei Meilen entfernten Dörfchen Sémallé machte, um dort eine freundliche, ihr schon bekannte Bauernfrau, Rose Taillé mit Namen, ausfindig zu machen. Ihr Eintreffen rief einige Bestürzung hervor, denn in den Augen der schlichten Taillés war Frau Martin eine Dame, die zu solcher Stunde nicht unbegleitet über das flache Land wandern durfte. Sie sagten sich, daß die arme Dame, indem sie sich zu einem derart drastischen und ungebräuchlichen Entschluß aufgerafft habe, in schlimmer Verfassung gewesen sein müsse. Gemeinsam kehrten die beiden Frauen dann in aller Eile auf winterlichen Wegen nach Alençon zurück.

Therese lag augenscheinlich, als sie die Rue Saint-Blaise erreicht hatten, im Sterben; das Leben, das seither auf Millionen Einfluß gewonnen hat, hing einzig noch an einem Faden. Die Hoffnung auf eine Wendung war bereits so schwach geworden, daß die verzweifelte Mutter einmal schon ihr Zimmer aufgesucht hatte, um für das Heil einer weiteren kindlichen Seele zu beten. Rose Taillé indessen trug, als schlichtes Werkzeug, den Quell des leiblichen Lebens in ihrem Busen, und die beiden Frauen sahen, wie das Kindchen sich mit schwachen Zügen an dieser warmen natürlichen Quelle labte.

Da Rose ihre eigenen Kinder nicht sich selber überlassen konnte, mußte sie Therese nach Sémallé mitnehmen; dort mündeten dann die gefährlichen Anfänge der Kleinen nach einigen neuen Rückschlägen (im Laufe von drei Wochen wurde Therese, diesmal wegen einer Darmstörung, wiederum aufgegeben) in den normalen Gesundheitszustand eines auf dem Lande aufwachsenden Kindes. Es war eine einfache, dreiräumige, mit einem Strohdach versehene Kate, die nach Art der gewöhnlichen Bauernhäuser gleich beim Misthaufen und Kuhstall lag: ein echtes Normandiegehöft, auf dem Therese fünfzehn Monate hindurch auf einem mit Heu gefüllten Schiebkarren umhergefahren oder von Rose in der

Schürze getragen wurde, wenn diese die Kuh melken ging. Die Kuh war dick und freundlich; man nannte sie La Rousse und pflegte das Kind wohl auf ihrem Rücken reiten zu lassen. Dann wieder gab es Tage, wo Rose, die ihre Butter auf dem Alençonner Markt verkaufte, Therese mitnahm, um sie ihren Eltern zu zeigen: kurz, es war ein geregeltes und friedliches Leben, mit den Obstbäumen und Butterblumen im Hintergrund. Therese war ein dralles, fröhliches und eigenwilliges Kind, als sie nach Alençon zurückkehrte, um der Liebling von Heim und Familie zu werden.

Vielleicht hat es keine Bedeutung, daß ihr Vater, als sie geboren wurde, bereits fünfzig war; er schien sie aber wie nie ein anderes seiner Kinder verzogen zu haben. Anerkanntermaßen war das Milieu dasjenige der kleinen französischen Bourgeoisie in einem Provinzstädtchen, und dies zu einer Zeit, wo die häuslichen Tugenden und Gewohnheiten besonders hoch im Kurse standen – selbst heute noch ist das Band der französischen Familie besonders eng geknüpft, und französische Kinder werden nach englischen Begriffen von Grund auf verzogen; auch wenn man dies alles berücksichtigt, will es uns doch scheinen, daß die von Herrn Martin beliebten Kosenamen ein wenig über das Ziel hinausschossen. Therese war für ihn seine »kleine Königin«, und wenn er besonders zu Scherzen aufgelegt war, so pflegte er »von Frankreich und Navarra« hinzuzufügen. Es ist vielleicht nicht ganz fair gewesen, diese intimen Überschwenglichkeiten jemals außerhalb des Familienkreises bekannt werden zu lassen, denn auch die Klügsten unter uns sind sehr geneigt, mit Kindern und Hunden hinter den vier Wänden närrische Gespräche zu führen; dennoch darf man in ihnen ein Anzeichen der heiteren und verzärtelten Atmosphäre erblicken, die in der Rue Saint-Blaise herrschte, und endlich ist es nicht belanglos, daß derlei Bräuche und Benehmen einen beträchtlichen Einfluß auf Thereses spätere Entwicklung gehabt haben. Wie hätte es auch anders sein können? Die bevorzugten Beinamen im

Wortschatz ihrer Eltern waren »lieb« und »klein«; und Liebenswürdigkeit war die Richtschnur des Hauses. Es sind uns viele Briefe der Frau Martin erhalten geblieben, in denen sie, mit einem rührenden Hang zum Detail, die harmlosesten Taten und Aussprüche ihrer Kinder schildert, und zwar besonders Thereses, an der sie frühzeitig den Liebreiz und die Tugenden eines Engels erkennt. Die intimen Gewohnheiten des Familienlebens werden darin in ihrem ganzen Umgang sichtbar: Therese kriecht in das Bett ihrer Schwester und ruft dem Dienstmädchen zu: »Laß mich nur in Ruhe, arme Louise! Weißt du denn nicht, daß wir zwei kleine weiße Küken sind, die man nicht auseinanderbringen kann?« Oder Therese klettert mühsam die Treppe hoch, indem sie auf jeder Stufe anhält und »Mama! Mama!« schreit. Sie war zutraulich, überschwenglich und, schon im Alter von drei Jahren, rührend bemüht, gut zu sein (»Maman, je vais être bien mignonne«), zur gleichen Zeit aber auch so lebhaft und wißbegierig, daß man sie bereits mit Namen wie »kleiner Schelm« und »kleines Frettchen« bedachte, weil ihre Mutter sich ängstlich zu fragen begann, welch ein Mensch dabei wohl herauskommen würde. »So winzig ist sie, ein solcher Wildfang und so ein äußerst kluges Kind, doch dabei viel weniger gefügig als ihre Schwestern, und vor allem von einer fast unüberwindlichen Dickköpfigkeit. Wenn sie nein sagt, dann kann sie nichts zum Einlenken bewegen. Man könnte sie dann den ganzen Tag im Keller einsperren und würde doch nicht ein Ja von ihr hören; lieber würde sie dort schlafen wollen.« Sie war auch stolz. »Meine liebe Therese, wenn du jetzt den Fußboden küßt, dann will ich dir einen Sou geben.« »O nein, Mütterchen, dann will ich lieber den Sou nicht haben.« Offenkundig aber war schon die Gnade der Reue in ihr lebendig; eines Abends nämlich, als sie das Mißfallen der Mutter erregt und diese sie in ihrem Bett allein gelassen hatte, da hörte sie die Seufzer Thereses, und wirklich, da war die Kleine auch schon mit bloßen Füßen bei ihr, über ihr langes Nachthemd stolpernd und herzlich um Verzeihung bittend.

Diese zärtliche Familie sollte indessen bald auseinandergerissen werden: Erst viereinhalb Jahre alt war Therese geworden, als die arme Frau Martin in ihrem sechsundvierzigsten Lebensjahre einer Krankheit erlag, an der sie lange gelitten hatte, dem Brustkrebs. Sie hatte eine Pilgerfahrt nach Lourdes unternommen, und obwohl sie viermal bis an die Schultern in das eiskalte Wasser getaucht war, hatte sich eine Besserung nicht einstellen wollen. Sie kehrte nach Alençon zurück, um dort zu sterben. Den beiden jüngsten Kindern, Celine und Therese, wurde der Anblick der mütterlichen Leiden vorenthalten, doch als der furchtbare Augenblick der Letzten Ölung gekommen war, da wurden die beiden kleinen Mädchen in das Sterbezimmer geleitet, um der weihevollen Handlung beizuwohnen. Therese erinnerte sich ihr ganzes Leben hindurch der Ecke, in der man sie niederzuknien geheißen hatte; sie entsann sich auch, am nächsten Tage erneut hineingeführt und vom Vater hochgehoben worden zu sein, um die kalte Stirn der Toten zu küssen; sie hatte schließlich im Gedächtnis behalten, wie sie sich, allein auf dem Hausflur, dem hochgestellten Sarge gegenübergesehen hatte; obwohl sie nie dergleichen erblickt hatte, so wußte sie doch sofort, was es war, und dabei war sie noch so klein, daß sie den Sarg nur dadurch, daß sie den Kopf in die Höhe hob, in seinem ganzen Umfang erkennen konnte.

III

Herr Martin, dessen Haupthaar und Bart ergraut waren, hatte nun allein für seine fünf am Leben gebliebenen Töchter zu sorgen und faßte den Entschluß, sie nach Lisieux zu bringen, wo er sich auf die Hilfe des Bruders seiner Frau und seiner Schwägerin, Herrn Guérins, eines Chemikers, und der Frau Guérin, verlassen konnte. Bald hatte man am Rande der kleinen und hügeligen Stadt ein Haus gefunden: Les Buissonnets, zu deutsch vielleicht: »das Gebüsch«. Es lag an der Böschung eines sich von der nach Trouville führenden Landstraße heraufwindenden Weges, und zwar in dem wirklichen Gebüsch eines einsamen, stellenweise dicht mit Lorbeersträuchern, Spindelbäumen und Efeu bepflanzten Gartens. Die Bauart des Hauses war von einem grellen Backsteinrot mit Ornamenten aus gezackten, ländlich anmutenden, weißgestrichenen Holzrahmen und wurde durch ein Belvedere, einen in das Dach gebauten Aussichtserker, gekrönt, der den Blick über die Dächer von Lisieux und seine freundliche landschaftliche Umgebung schweifen ließ. Herr Martin erwählte sich dies Belvedere für seine Mußestunden zum Aufenthalt, und dabei verstand es sich für jeden, daß man ihn dort nicht stören dürfe; nur Therese, sein Verzug, seine Benjamine, seine kleine Königin, durfte stets mit der Gewißheit, willkommen zu sein, die Treppe hinaufklettern:

J'aimais encore, au belvédère,
Inondé de vive lumière,
A recevoir les doux baisers d'un père,
A caresser ses blancs cheveux
Neigeux.

So hat denn das Belvedere, obwohl es, rein ästhetisch gesprochen, den architektonischen Reizen des Hauses nichts hinzuzufügen hatte, mit seiner Abgeschlossenheit und seinen weitausladenden Fenstern etwas für den einsamen Mann und das anhängliche Kind bedeutet. Im übrigen war Les Buissonnets genau die Art von Haus, die man »auf eigenem Grund und Boden« an den Einfallstraßen unserer großen Städte stehen sieht und die nach unseren Geschmacksmaßstäben häßlich und, an ihrer Größe gemessen, überladen ist. Man hätte sich schwerlich einen Bau vorstellen können, der mit dem trutzigen, unheimlichen Palast in Avila weniger zu vergleichen gewesen wäre als dies chalet bourgeois. Das Mobiliar, das Herr Martin in Les Buissonnets aufstellte, entsprach diesem Stil natürlich aufs Haar. Schweres und glänzend poliertes Mahagoni; ein einbeiniger Rundtisch; eine Anrichte im Eßzimmer mit geschnitzten Hasen, Fasanen und Rebhühnern; eine Uhr unter einer Glasglocke auf dem Kaminsims; an den Wänden Stiche nach David. Alles das ist heute noch vorhanden, mit einer seltsamen Beredsamkeit und rührend fast in seiner Scheußlichkeit; gewisse Änderungen sind innerhalb des Hauses vorgenommen worden, und die Möbel hat man unnatürlich an die Wände gerückt, so daß der Eindruck eines Museums entsteht, in dem man sich ja auch tatsächlich befindet; der Garten aber liegt mit seinem schweren Laub, mit seinen verirrten, stacheligen Palmlilien, mit seinem in den vorderen Rasen gesetzten Blumenbeet und seinem Waschhaus, wo Therese in einer vernachlässigten Ecke ihren eigenen Garten hatte, fast noch ganz in seinem alten Zustand da. Sie pflanzte Immergrün und Farnkräuter darin; sie schmückte ihn mit Muscheln, Kieselsteinen und Aststücken; sie baute sich einen Altar und stattete ihn mit Blumen aus; man hat in jedem Augenblick das Gefühl, sie würde jetzt um die Ecke gelaufen kommen, doch werden ihre Spielsachen, anstatt auf dem Grase verstreut herumzuliegen, heutzutage als kostbare Reliquien im Innern des Hauses aufbewahrt: ihr Sprungseil, ihr winziger Backofen, ihr Miniaturpiano, ihr Kanarienvogelkäfig, ihr Damespiel, ihr Segelboot und ihre Puppe in der Korbwiege; es wird das alles genauso treu behütet wie nicht zuletzt auch ihre langen, goldenen Haarlocken, die in einem gläsernen Kasten unten in der Kirche der Stadt hängen. Gerade die Modernität der Heiligen Therese und ihre zeitliche Nähe für uns gestalten ihr materielles Vermächtnis so vielgestaltig, so persönlich und so ins einzelne gehend. Welche Zweifel auch immer hinsichtlich der Reliquien anderer Heiliger bestehen mögen, diese zum mindesten sind in ihrer Echtheit unbestritten.

Es hatte Therese nichts ausgemacht, von Alençon zu scheiden. Kinder freuen sich, wie sie selber in diesem Zusammenhange geschrieben hat, über jeden Wechsel und über alles Ungewöhnliche. Sie hielt Les Buissonnets für entzückend (cette riante habitation), und so muß es in der Tat einem Kinde erschienen sein, das, immerfort beengt, in einem an der Straße liegenden Hause gelebt hatte; und als sie älter wurde, da gab es vielerlei Genüsse für sie; sie war jetzt weit genug herangewachsen, um manchmal, selbst mit einer kleinen Angelrute bewaffnet, ihren Vater zum Angeln am Ufer des Touques zu begleiten, und jeden Nachmittag machten sie ihren gemeinsamen Spaziergang, der häufig zum Besuch des segenspendenden Sakramentes in einer Kirche oder auch zur Karmelkapelle führte. »Sieh doch, meine kleine Königin, dort hinter dem Gitter leben heilige Nonnen, die ständig zu Gott beten.« Um diese Zeit begann sie auch zur Beichte zu gehen; sie war von ihrer Schwester gut ins Bild gesetzt worden und wußte genau, was sie zu tun hatte, aber ach! als sie niedergekniet war, da reichte ihr Kopf noch nicht einmal bis an das Sims, und der Priester, der auf der Suche nach seinem Beichtkind durch das Gitter lugte, konnte sie einfach nicht sehen. Die größte aller modernen Heiligen war in diesem Augenblick auch die kleinste: Sie war zu klein, um überhaupt wahrgenommen zu werden. Wieder daheim in Les Buissonnets, hatte sie ihre Lektionen hinter sich zu bringen, und immerfort blieb es ihr erinnerlich, daß das Wort »Himmel« das erste gewesen war, das sie überhaupt zu lesen lernte; sie mußte aber auch ihren eigenen Hausaltar in Ordnung bringen, was sie vor der Verrichtung ihrer Gebete ganz für sich besorgen durfte. Sie hatte zu diesem Zwecke ihre eigenen Blumenvasen, doch war das alles so bescheiden, daß eine Anzahl mit Wachs bestrichener Dochte in den winzigen Leuchtern die Rolle von Kerzen zu versehen hatten. Manchmal vermachte ihr wohl Victoire, der Knecht, zwei Enden wirklicher Kerzen zum Geschenk, doch kam das sehr selten vor. An den Winterabenden lasen Marie oder Pauline, nach einer Runde Damespiel, im Liturgischen Jahr und dann in einem Erbauungsbuche, während Therese auf die Knie des Vaters kletterte, ihr Köpfchen an sein Herz lehnte und, halb schon schlummernd, hörte, was er ihr sang, wobei er sie in seinen Armen wiegte. Diese Beschreibung stammt von ihr selbst, denn sie erinnerte sich an jede Kleinigkeit aus dem schlichten Leben ihrer Familie und trug auch kein Bedenken, es zu Papier zu bringen; mit dem geläufigen Fluß ihrer achtlos hingeworfenen Sätze war sie zur Selbstbiographin wie geschaffen. Sogar die Kurzweil, die sie gemeinsam mit ihrer Base Maria trieb, erscheint in ihrer Darstellung, die uns davon berichtet, wie die beiden sich daran ergötzten, Hand in Hand mit geschlossenen Augen die Straße entlangzugehen und sich blind zu stellen, bis sie über einen Stapel leerer Kisten auf den Bürgersteig fielen und mit dem Lärm den Zorn des Geschäftsinhabers erregten.

Wie verschieden waren das sanfte Dasein und die Freuden dieser kleinen Mädchen von den Lebensumständen der spanischen Kinder, die nach Afrika fortliefen, um sich dort von den Mauren köpfen zu lassen, oder auch Einsiedlerhöhlen im Bereich ihres väterlichen Palastes zu bauen versuchten! Wie verschieden ihre Lektüre: das Liturgische Jahr in Les Buissonnets und die absurden mittelalterlichen Ritterromane in Avila!

Aus ihren eigenen Aussagen zu schließen, war das junge Dasein Therese Martins nun freilich nicht ganz so sanft und alltäglich, wie es an der Oberfläche wohl erscheinen könnte, hatte doch der Tod der Mutter eine tiefe Wirkung auf sie ausgeübt. Tränen hatte sie nicht viel vergossen, und ebensowenig hatte sie jemandem den Kummer ihres Herzens anvertraut. Aber »du weißt«, so schreibt sie ihrer Schwester, »daß die glückliche Veranlagung meiner Natur sich gänzlich nach dem Tode Mamas gewandelt hatte. Ich, die ich so lebhaft und überschwenglich gewesen war, wurde jetzt zart besaitet, furchtsam und überempfindlich; ein Buch schon konnte mich häufig in Tränen zerfließen lassen; niemand durfte von mir Notiz nehmen; ich konnte die Gegenwart fremder Menschen einfach nicht ertragen ... Ach! wenn Gott Seine kleine Blume nicht mit Seinen wohltuenden Strahlen erwärmt hätte, so hätte sie sich niemals an das Klima dieser Erde gewöhnen können.« Kaum vermag man es zu glauben, daß ein vierjähriges Kind so in der Tiefe aufgerüttelt werden konnte, aber Therese war nun einmal trotz ihrer Schalkhaftigkeit, ihrer Possen, ihrer Hartnäckigkeit und ihrer netten Art kein gewöhnliches Kind, und ihre einmaligen Eigenschaften begannen sich langsam bemerkbar zu machen.

Es ist uns nicht überliefert, wie Herr Martin sich mit alledem abfand, so zum Beispiel, wenn ihn Therese davon in Kenntnis setzte, ihr Name stehe im Himmel geschrieben. Sie meinte ein großes T im Sternbild des Orion entdeckt zu haben, und das war sehr verständig, wenn man bedenkt, daß es in hellen Winternächten wirklich mit aller Deutlichkeit zu erkennen ist. Auch wissen wir nicht, was ihn dabei bewegte, als sie ihre Schwester Pauline hatte veranlassen können, sie der Mutter Priorin des Karmelklosters vorzustellen, und als sie diese darum ersuchte, sie als Postulantin aufzunehmen. Die Priorin hörte sich das an, erwiderte indessen lediglich mit ernster Miene, daß sie keine neunjährigen Postulantinnen aufnehmen könne und daß Therese sich schon gedulden müsse, bis sie sechzehn Jahre alt geworden sei. Vielleicht erinnerte sich Herr Martin beim Hören dieses Vorfalls seiner eigenen vergeblichen Bemühung auf dem Großen Sankt Bernhard. Nicht das geringste aber ist uns von seinem Urteil über eine außergewöhnliche Begebenheit aus dieser Zeit bekannt, die anzuzeigen schien, daß Therese anders als er selbst für ein Leben frommer Hingabe bestimmt sei. Dies ereignete sich, kurz nachdem seine zweite Tochter Pauline den Schleier im Karmel genommen hatte. Der Verlust ihrer Schwester war für Therese ein so erschütternder Schlag, daß ihr ganzer Körper von einem seltsamen und heftigen Zittern befallen wurde: endlich aber wurde sie sterbenskrank, so daß sie in Lebensgefahr schwebte. Es wurden, wie es sich in diesem frommen Hause von selbst verstand, Gebete zum Himmel gesandt und Messen für die Genesung des geliebten Kindes gelesen, aber auch Tränen, Gebete und ärztliche Hilfe vermochten keinerlei Besserung herbeizuführen. Die kleine Therese lag stöhnend in ihrem Bette; schreckerregende Visionen suchten sie heim, in die sich ihre angsterfüllten Schreie mischten; einige in die Zimmerwände geschlagene Nägel erschienen ihr als verkohlte Fingerstümpfe; ihre Schwestern wagten sie nicht einen Augenblick allein zu lassen. Es kam dann ein Tag, an dem Therese laut nach Marie rief und dennoch nicht imstande war, sie zu erkennen. Die bestürzten Schwestern warfen sich bittflehend vor einem Standbild Unserer Lieben Frau nieder; dreimal hintereinander wiederholten sie ihr Gebet, und beim dritten Male sahen sie Therese vier oder fünf Minuten lang ihre Augen »mit strahlendem Blick, als wäre sie in Ekstase«, auf das Standbild richten; dann aber wandte sie sich Marie mit einer Geste des neuerwachten, zärtlichen Erkennens zu. Von dieser Stunde verflogen alle Anzeichen ihrer Krankheit, und schon am nächsten Tage vermochte sie ihre gewohnte Lebensweise wiederaufzunehmen.

Therese hat später ihre eigene Version ihrer Erlebnisse während jener wunderbaren Minuten niedergeschrieben. »Da ist auf Erden keine Hilfe fand und nahe daran war, Kummers zu sterben, wandte ich mich meiner Mutter im Himmel zu und flehte sie aus ganzem Herzen an, sich meiner zu erbarmen. Plötzlich erwachte das Standbild zum Leben. Die Jungfrau Maria wurde schön und so unsagbar schön, daß mir stets die Worte fehlen werden, um diese göttliche Schönheit zu beschreiben . . . Die Heilige Jungfrau näherte sich mir. Sie lächelte mir zu – und ach! wie glücklich bin ich doch! so dachte ich bei mir, doch werde ich niemandem von meinem Glück erzählen, weil es sonst zerfließen müßte.«[1]

Diese Abneigung, Einzelheiten ihrer Vision preiszugeben – eine Abneigung, die vielleicht als der überzeugendste Beweis für wirkliche Glaubwürdigkeit gelten darf, den Therese mit vielen anderen Heiligen gemein hat –, wurde von Marie überwunden, die sich als Augenzeuge der Begebenheit schon selbst eine bestimmte Vorstellung von dem Ereignis gebildet hatte. »Als ich mich«, so schreibt Therese, »allein mit ihr befand, konnte ich ihren liebevollen und eindringlichen Fragen keinen Widerstand mehr entgegensetzen. In meiner Überraschung darüber, mein Geheimnis entdeckt zu sehen, ohne daß ich ein einziges Wort gesagt hätte, zog ich sie gänzlich ins Vertrauen. Ach! ich hatte mich nicht getäuscht, mein Glücksgefühl schwand dahin und wandelte sich zu Bitterkeit . . .«

Marie eilte mit der Nachricht von einem authentischen Wunder ins Karmel, und Therese erhielt die Aufforderung, in eigener Person davon zu berichten. Die Mutter Oberin selbst empfing sie, und bald schon war sie von Nonnen umgeben, die sie mit Fragen bestürmten. Ob die Heilige Jungfrau auch das Jesuskind im Arm getragen habe? Ob sich Engel in ihrer Begleitung befunden hätten? Therese wurde durch ihre Hartnäckigkeit in tiefste Verlegenheit gebracht und gab erst nach inständigem Drängen die Antwort, die Heilige Jungfrau habe sehr schön ausgeschaut und habe sich ihr mit einem Lächeln genähert. Als sie dann bemerkte, daß die Nonnen etwas ganz anderes erwartet hatten und in der Tat enttäuscht waren, da fing sie an, sich einzubilden, sie habe sich selbst die ganze Geschichte ausgedacht. Es ist dies ein kindlicher Zug von rührender Echtheit. Andere Kinder, die den schmeichelhaften

1 Vielleicht entbehrt es nicht des Interesses, anzumerken, daß es sich bei dem fraglichen Standbild um eine Nachbildung der silbernen Statue von der Hand Bouchardons handelt, die früher einmal in der Kirche St. Sulpice zu Paris aufgestellt gewesen war. Das Original verschwand dann während der Revolution.

Begleitumständen dieses Kreuzverhörs wohl schwerlich widerstanden haben würden, würden wahrscheinlich, sobald sie die leidenschaftliche Aufmerksamkeit ihrer Zuhörer bemerkt hätten, ihr Erlebnis noch farbiger dargestellt und manches hinzugedichtet haben. Schließlich ist das Kind, sobald es sich aus seiner natürlichen Verschwiegenheit gelöst hat, ein geborener Schauspieler, der sich vom Publikum sein Stichwort geben läßt. Therese war darin anders. Viele Jahre mußten verstreichen, bevor sie diesen ihr als Verrat und Demütigung erscheinenden Vorfall zu überwinden vermochte: Jahre, in denen sie düstersten Anwandlungen der Reue anheimfiel, die nur von Menschen nachempfunden werden können, die ebenfalls die Folterqualen eines überempfindlichen und geängstigten Gewissens erduldet haben. »Ach!« so rief sie aus, »wenn ich nur mein Geheimnis gehütet hätte, so würde ich mir auch mein Glück und meine Freude erhalten haben.« Dieses Höchstmaß an Feingefühl und diese Erregbarkeit in Lust und Leid sind, seit dem Tage ihrer Geburt, ihre Begleiter gewesen und haben sie während ihres ganzen Lebens nicht verlassen; sie war eine Mischung zwischen den zielbewußten und den überfeinerten Charakteren, nie von ihrem wesentlichen Ziele abweichend und dennoch auf ihrem ganzen Wege zitternd vor Empfindlichkeit. Von Haus aus mitteilsam und freundlich, bewahrte sie sich in ihres Wesens Grunde die Zurückhaltung, die allen Naturen eignet, deren Saiten zu straff gespannt sind. »Es gibt Dinge«, so schrieb sie, »die ihren Duft verlieren, wenn man sie den Winden aussetzt; es gibt innerste Gedanken, die unmöglich in die Sprache dieser Erde übersetzt werden können, ohne sofort ihre tiefe und himmlische Bedeutung einzubüßen.« Dieser Satz ist ebensowohl auf andere Erlebnisbereiche als himmlische Visionen anwendbar.

IV

Für ein Menschenkind ihres Lebensalters – sie zählte jetzt zehn Jahre – hatte Therese bereits beträchtliche seelische Erfahrungen durchgemacht. Sie hatte ihre Mutter verloren; sie hatte, wenn auch auf andere Weise, ihre Schwester verloren; sie hatte aus sich selbst heraus den Entschluß gefaßt, ins Klosterleben einzutreten, von niemandem dazu getrieben, im vollen Bewußtsein dessen, was es damit auf sich hatte; sie hatte die Enttäuschung erlebt, ihr Gesuch abschlägig beschieden zu sehen; sie hatte auf der Schwelle des Todes gelegen; sie hatte die Erscheinung Unserer Lieben Frau gehabt; sie war im Sprechzimmer des Klosters der Mittelpunkt eines ihr höchst unwillkommenen Interesses gewesen; sie war dann einer tiefen, nicht weichen wollenden Bekümmerung verfallen, einem Herzeleid, das jetzt noch zu der Summe ihrer gehäuften Erfahrung hinzutrat. Das Leben selbst verwandelte sich für sie in das mühselige Noviziat, nach dem sie verlangt hatte. Sie war nicht das Wesen danach, um ihre Erfahrungen auf die leichte Schulter zu nehmen, und trotz des Sprungseils, des kleinen Backofens und des Segelbootes war sie jetzt so weit herangediehen, um neuen Ereignissen ins Gesicht zu sehen, die für sie, wenn auch auf andere Weise, nicht weniger erregend als das Vorangegangene waren. Sie war bereits in die Schule des Benediktinerklosters geschickt worden, auf der sie sich, obwohl sie jeden Abend nach Les Buissonnets zurückkehrte, nicht allzu glücklich fühlte. Sie zeigte bei den Leibesübungen schlechte Leistungen, so schwer es auch fallen mag, den Gedanken, daß der Schulsport irgendeine Bedeutung hätte, mit einer Klosterschule für Mädchen in dem Lisieux des Jahres 1881 in Zusammenhang zu bringen; sie verkroch sich vor ihren Mitschülerinnen, die für ihren Geschmack zu ausgelassen waren und sie ihrerseits mit Hänseleien plagten. Ihre Beliebtheit wurde weder durch ihren Fleiß in den häuslichen Aufgaben noch durch ihre Erfolge in der Schule gefördert.

Alles dies war aber nur ein Nichts, gemessen an der Gemütserregung, die ihr durch die erste Kommunion verursacht wurde. Das bisher Erlebte war nur die Vorbereitung auf diesen einen Augenblick gewesen, den sie mit dem seligen Entzücken der ersten Liebe umfing. »Oh, wie süß war der erste Kuß, den meine Seele von Jesus empfing! Jawohl, es war ein Kuß der Liebe! Ich fühlte, daß ich geliebt wurde, und auch ich sagte deshalb: ›Ich liebe Dich, ich gebe mich Dir auf immer hin.‹ Jesus begehrte nichts von mir, Er forderte keinerlei Opfer. Er und Seine kleine Therese hatten einander lange schon geschaut und einander verstanden. An jenem Tage aber war unsere Begegnung nicht mehr nur ein einfaches Schauen, es war ein *Miteinanderverschmelzen* (fusion). Wir waren nicht mehr Ich und Du, wir waren in Zukunft nicht mehr zwei getrennte Wesen.«

Dieser alles sagende Absatz, dessen Gefühle in den Blättern der Selbstdarstellung Thereses hundertfältig wiederkehren, vermittelt, so überzeugend wie genau, das Phänomen der absoluten Versenkung des Selbst in die Wesenheit eines anderen; das absolute Untertauchen in das Meer der Einheit und der Harmonie; die völlige Hingabe, das Miteinanderverschmelzen, wie Therese es, in ihrem Schrei nach dem richtigen Worte, nennt und in gesperrter Schrift heraushebt. Ob sie nun gewußt hat oder nicht, daß es das allgemein gebräuchliche und dem Erlebnis angemessene Wort wäre, die Sprache, deren sie sich bedient, ist die Sprache der menschlichen Liebe; sie ist verliebt; sie ist leidenschaftlich; sie drückt die Gefühle der Braut aus, die zum ersten Male von den Armen des Geliebten umfangen wird. Die Seele weiß von keinem andern Mittel, es in Worten wiederzugeben; und wenn auch ein Wortschatz, der uns aus den Darstellungen der menschlichen Leidenschaft so vertraut ist, schrill und vielleicht sogar abstoßend wirken mag, sofern er bei einem so die Grenzen irdischer Erfahrung überschreitenden Erlebnis Anwendung findet, so werden doch Menschen, die an sich selbst die erste Ekstase wie auch die damit verbundene peinliche Gewissenhaftigkeit der menschlichen Hingabe erfahren haben, die Genauigkeit der Metapher gerechter einzuschätzen wissen. Fürderhin fühlte sich Therese wahrlich, im mystischen Wortsinn, Jesu vermählt.[1]

Das Bedürfnis, ja, das Verlangen, ihr äußeres Dasein ihrer inneren Berufung anzugleichen, wurde aber damit nur noch stärker. Es war, wie das Geniale schlechthin, von unwiderstehlicher Gewalt; es verzehrte sie wie ein Feuer, das nicht erstickt zu werden vermochte. Der Eintritt ihrer Schwester Marie in das Karmelkloster bedeutete für sie einen neuen Schlag, der aber lediglich bewirkte, daß Therese all ihr Sinnen und Trachten mehr und mehr dem Himmel zuwandte. Wirklich, es erregt unser Mitgefühl, von den Kämpfen zu lesen, die ihre junge Seele zu bestehen hatte, hin- und hergerissen zwischen der Vision der Vollkommenheit, den Qualen der Verzögerung und der verzweifelten Hoffnungslosigkeit der »düsteren Nacht«, von der sie wiederholt befallen wurde. Was ihre charakterlichen Schwächen zu jener Zeit angeht, so schreibt sie mit der an ihr gewohnten Offenheit, daß ihre übermäßige Empfindlichkeit sie wahrhaft unausstehlich machte. Kein Zweifel, daß sie die Dinge schlimmer darstellte, als sie wirklich waren; kein Zweifel auch, daß der Hauptleidtragende ihrer Gemütsverfassung Therese selber war, die stets in Tränen zerfließen wollte und sich dessen dann derart schämte, daß sie neuerlich zu weinen anhub, darüber nämlich, daß sie geweint hatte. Die Heldin ihres Herzens, Jeanne

1 Den katholischen Lesern zuliebe, denen das späte Datum der ersten Kommunion Thereses zu denken geben mag, verdient angemerkt zu werden, daß nach der für die Diözese von Bayeux, zu der auch Therese gehörte, geltenden Bestimmung jeder erste Kommunikant während des Zulassungsjahres das Alter von elf Jahren erreicht haben mußte. Thereses Geburtstag fiel aber auf den 2. Januar, und deshalb ging sie dieses Vorrechtes um zwei Tage verlustig. Sie selbst war sehr betrübt wegen dieses Hindernisses, und ihre Schwester Marie hatte es nicht leicht damit, sie davon abzuhalten, dem Bischof von Bayeux nachzulaufen, als sie seiner auf der Straße ansichtig geworden war.

d'Arc, hatte ebenfalls sehr zu Tränen geneigt; ihre Vorgängerin aber, Teresa von Avila, war darüber stets sehr aufgebracht gewesen. Die Ursache der Tränen, so sagte Teresa in ihrer verständigen Art, läge vielleicht in einer hochgradigen Stimmungsanfälligkeit des Herzens, das sicherlich sehr viel mehr damit zu tun habe als die Liebe zu Gott.

Es ereignete sich dann etwas, von dem Therese als ihrer »völligen Bekehrung« spricht, als ob Bekehrung das richtige Wort bei einem Menschen wäre, dessen Blicke von Kindheit an beständig auf das gleiche Ziel gerichtet gewesen waren. Es war am Weihnachtstage in der ersten Morgenstunde. Therese, die jetzt fast schon vierzehn Jahre zählte, war nach der Mitternachtsmesse wieder nach Les Buissonnets heimgekehrt und wußte nur zu gut, daß in der Kaminecke die französische Entsprechung unseres Weihnachtsstrumpfes liegen würde: ihre mit Geschenken und leiblichen Genüssen gefüllten Schuhe nämlich. Bisher hatte ihr Vater stets mit herzlicher Anteilnahme ihr Entzücken gesehen, und noch mehr hatten ihn die Freudentränen erheitert, mit denen sie einen Gegenstand nach dem andern aus den verzauberten Schuhen hervorzog; heute aber hatte er, aus irgendeinem Grunde, mürrisch und gelangweilt dreingeschaut, und als Therese die Treppen hochgestürmt war, da hatte sie ihn sagen hören: »Wirklich, für ein großes Mädchen wie Therese ist das eine allzu kindliche Überraschung; ich hoffe, dies wird das letzte Jahr gewesen sein.«

Die Wirkung dieser Worte auf Therese war erstaunlich; sie trafen, wie sie sagte, mitten in ihr Herz. Celine, die ihr nachgefolgt war und sie nur zu gut kannte, flüsterte ihr zu: »Geh noch nicht gleich wieder nach unten, warte ein wenig; du wirst beim Anblick der Geschenke in Gegenwart des Vaters zu viel weinen.« Die kurze Szene ist so geringfügig wie ergreifend: die beiden an der Treppe miteinander flüsternden kleinen Mädchen, der unten wartende bärtige Vater, der schwerlich weiß, was er angerichtet hat, und die Schuhe auf dem Herd in der Nähe des Kaminfeuers; aber derlei Dinge sind nicht einmal für ein kleines Kind geringfügig. Therese fühlte sich im Innersten verletzt. Indessen verhielt sie sich gänzlich anders, als Celine erwartet hatte. Sie rannte die Treppe hinunter, lief schnurstracks auf die Schuhe zu und machte sich fröhlich an die Geschenke; Papa war nun nicht mehr gelangweilt; sein Gesicht verzog sich zum Lachen; er ahnte nicht den Sieg, den Therese über sich selbst davongetragen hatte; einen Sieg, der ihren Charakter, im Zeitraum von fünf Minuten, für alle Zukunft gebildet hatte. Sie hatte »die seelische Kraft, die ihr im Alter von viereinhalb Jahren verlorengegangen war, für immer zurückgewonnen«.

Therese stellt diese Weihnacht als den Beginn ihrer dritten und glücklichsten Lebensperiode dar. Es ist merkwürdig, wie scharf sie die einzelnen Abschnitte ihres Lebens gegeneinander abgrenzt, zumal wenn man bedenkt, daß es sich dabei um Entwicklungsjahre handelt, aber den Bergpässen gleich, durch die die Täler voneinander geschieden werden, scheinen sich vor ihrem geistigen Auge die drei ragenden Ereignisse des Todes ihrer Mutter, ihrer ersten Kommunion und ihrer »völligen Bekehrung« emporgereckt zu haben. Uns stellt sich ihr Leben, in perspektivischer Verkürzung, als eine gerade, vom Punkt A zum Punkt Z gezogene Linie dar, ohne Abweichung und ohne die Grundform verzerrende Arabesken. Therese erkannte, und zwar mit plötzlicher Allgewalt, daß ihre Kindheit hinter ihr läge, daß ihre Ängste ebenfalls ein Ende finden müßten und daß der Weg, den sie selbst für sich entdeckt hatte, in aller Klarheit vor ihr ausgebreitet läge. Sie brauchte ihm nur mit der pünktlichsten Gewissenhaftigkeit zu folgen, und eben dieser Weg würde sie zum Gipfel der Heiligkeit führen. So schrieb sie, als ob sie über die Schulter hinweg noch einmal einen Blick in die Vergangenheit würfe, ein letztes, rückschauendes Lebewohl. Therese war, wenngleich sie sich häufig in Versen ausdrückte, beileibe keine große Dichterin, und offenkundig ist sie in der Schuld Chateaubriands, doch strömen die Stanzen den reizvollen Duft der autobiographischen Schlichtheit aus[1]:

Oh! que j'aime la souvenance
Des jours bénis de mon enfance!
Pour garder la fleur de mon innocence
Le Seigneur m'entoura roujours
    D'amour.

J'aimas les champs de blé, la plaine;
J'aimais la colline lointaine;
Dans mon bonheur je respirais à peine,
En moissonnant avec mes sœures
    Les fleurs.

J'aimais la paquerette blanche,
Les promenades du dimanche,
L'oiseau léger gazouillant sur la branche
Et le bel azur radieux
    Des cieux.

O souvenir, tu me reposes . . .
Tu me rappelles bien des choses . . .
Les repas du soir, le parfum des roses,
Les Buissonnets pleins de gaieté.
    L'été.

V

Der einzige und einzigartige Widerspruch in einem Leben, dessen Folgerichtigkeit, so kurz es war, bis an sein Ende durch den Geist der Demut ausgemacht wurde, war die erklärte Überzeugung Thereses, daß sie sich eines Tages ihre Anerkennung als Heilige erzwingen würde. Im weltlichen

1 Eine wörtliche Übersetzung findet sich auf Seite 272.

Leben würde dasselbe Maß von Selbstvertrauen leicht als Anmaßung ausgelegt werden können: Ein junger Soldat wird nicht einmal vor sich selber zugeben, daß er auf dem Höhepunkte seiner Laufbahn einen Marschallstab tragen wird. Sogar Teresa von Avila, die in manchen Dingen gewiß nicht wenig Anmaßung an den Tag legte, hatte sich einer bescheideneren Haltung befleißigt; als ihr nämlich Fray Pedro de la Encarnacion gesagt hatte, ihre Gegenwart hätte, weil sie eine Heilige wäre, die Stadt Burgos davor gerettet, von einer Überschwemmung vernichtet zu werden, da gab sie ernst zurück: »Vater, im Laufe meines Lebens hat man mir gesagt, daß ich hübsch wäre, und ich habe es geglaubt; daß ich klug wäre, und ich habe es für wahr gehalten; und endlich, daß ich eine Heilige wäre, aber ich wußte von jeher, daß sich die Leute in diesem Punkte irrten.« Sie hatte auch in ihrer scherzhaften Art geschrieben, es pflege sie manchmal zu verdrießen, närrische Behauptungen zu hören wie die, daß sie eine Heilige wäre – wenn überhaupt, so wäre sie es bestenfalls halb und halb, ohne Füße und ohne Kopf (Ha de ser sin pies nie cabeza). Und wiederum war sie entzückt, wenn jemand zu ihr sagte: »Gut, Mutter, vielleicht seid Ihr eine Heilige, aber mir erscheint Ihr nicht so.« Therese Martin hingegen, deren Laufbahn der Inbegriff der Demut, des Verzichtes und der Selbstaufopferung gewesen ist, vermochte offen nach der höchsten Rangstufe in der Hierarchie der Tugend zu streben. Wenn man auch nicht übersehen darf, daß der Ausdruck »eine Heilige sein« oder »eine Heilige werden« nach weltlichen Begriffen etwas locker angewendet wird, so geht doch aus dem Nachdruck, mit dem ihn Therese gebrauchte, und aus einer Fülle ihn stützender Sätze klar hervor, daß sie ganz entschieden auch meinte, was sie sagte. Gelegentlich wurde sie von Zweifeln angekränkelt: »Wahrlich, ich bin weit davon entfernt, eine Heilige zu sein«; aber auch hier enthält die Form der Ausdrucksweise keinen Verzicht auf den Ehrgeiz als solchen, sondern lediglich das Eingeständnis, daß es noch ein recht weiter Weg bis zu seiner Befriedigung ist. Und diese schwankende Stimmung der Ungewißheit überkommt sie, um das Mindeste zu sagen, sehr selten. Ihre Gewißheit ist beständiger und macht sich in unzweideutigen Sätzen Luft: »Indem ich dann bedachte, daß ich für Glanz und Herrlichkeit geboren wäre, wurde mir im Innersten offenbar, daß meine Herrlichkeit sich sterblichen Blicken nie enthüllen, sondern darin bestehen würde, daß ich eine Heilige würde. Dies Verlangen«, so fügt sie hinzu, »erscheint vielleicht verwegen, aber ich hege noch immer dasselbe tollkühne Vertrauen darauf, daß eine *große Heilige* aus mir werden wird« (une grande sainte). Die gesperrten Buchstaben stammen von ihr selbst. Ins Innerste dringende Zweifel an ihrer Berufung waren ihr fremd, und einer der bezeichnendsten Züge an ihrer Gestalt ist vielleicht der Umstand, daß sie wirklich, ihrer Geringfügigkeit zum Trotz, geradewegs nach dem Größten strebte, insofern als es für ein frommes Menschenkind ein höheres Ziel nicht geben konnte.

Ihre Weissagungen atmen dieselbe Grundstimmung. Niemals hat sie in ihrer Auffassung geschwankt, daß ihre Wirksamkeit nicht mit ihrem Tode endigen, sondern mit ungleich größerer Kraft, von lichter Himmelshöhe her, fortdauern würde. Gott, so sagte sie, würde ihr im Himmel ihren Willen lassen, weil sie auf Erden niemals ihren Willen gefolgt sei. Sie würde, indem sie Rosen niederregnen lassen würde, einen greifbaren Beweis ihres himmlischen Daseins liefern; mehr noch, sie würde persönlich zur Erde niederfahren. Beteuerungen dieser Art fielen häufig von ihren Lippen und in ihren Schriften. Sie kannte nicht den Zweifel an ihrer Kraft, und nicht etwa aus persönlicher Großtuerei, sondern einfach, weil sie überzeugt war, daß in ihr und durch sie Gott wirke.

Der Gedanke an andere Berufe, der ihr zeitweilig durch den Sinn schoß, aber immer auch sofort ihrem festen Willen, Karmeliterin und »Mutter von Seelen« zu werden, weichen mußte, bewegte sich natürlich in der gleichen Richtung einer das eigene Selbst zum Opfer bringenden Tätigkeit. Ärztin zu sein, Apostel, Kreuzfahrerin zum Schutz der Kirche, Missionarin oder gar Märtyrerin – fürwahr, wie verlockend war es nicht für sie, dem Wesen des Märtyrertums nachzugrübeln! Sie nannte es den Traum ihrer Jugend; eine vereinzelte Folter wollte ihr indessen nicht genügen; sie mußte sich geißeln und kreuzigen lassen; sie mußte wie der Heilige Johannes in siedendes Öl geworfen werden; es mußte ihr wie der Heiligen Agnes und der Heiligen Caecilia beschieden sein, ihren Hals dem Schwerte des Scharfrichters darbieten zu dürfen; der Heiligen Jeanne d'Arc gleich mußte sie, mit dem Namen Jesu auf den Lippen, in den Flammen des Scheiterhaufens vergehen. Glücklicherweise blieb diese Art von Traumgespinsten vor Herrn Martin und ihren Schwestern verborgen; niemals erwies es sich als notwendig, den Knecht Victoire in Gassen und Winkeln von Lisieux nach einer Therese suchen zu lassen, die mit dem Wunsche, sich von den Heiden köpfen zu lassen, davongelaufen war. Obwohl nun aber Herkunft und Natur sie davon abhielten, ihre romantischen Wunschträume in die Wirklichkeit umzusetzen, so waren sie dennoch in ihrem Geiste lebendig. Nicht zufrieden damit, ihren Blick in die Vergangenheit zu richten, sah sich ihre Phantasie auch von der Zukunft in Anspruch genommen: Therese zitterte bei dem Gedanken, daß die unvorstellbaren Folterqualen, die das Heer der Gläubigen während der Herrschaft des Antichrist zu erdulden haben würde, unmöglich ihr allein vorbehalten bleiben könnten. Seltsame, rauchgeschwärzte und bluttriefende Bilder formten sich da in der freundlich-behaglichen Häuslichkeit von Les Buissonnets! Im Grunde ihres Herzens wußte Therese freilich, daß es nicht ihre Sendung sei, nach solchen Zielen zu streben: Sie mußte auf anderem Wege der Krone des Lebens teilhaftig werden. Wo aber würde sich dieser Weg entdecken? Der Heilige Paulus wies ihn ihr beim Lesen der Kapitel 12 und 13 des ersten Korintherbriefes:

Sind sie alle Apostel? Sind sie alle Propheten? Sind sie alle Lehrer? Sind sie alle Wundertäter?
Haben sie alle Gaben, gesund zu machen? Reden sie alle mit mancherlei Sprachen? Können sie alle auslegen? . . .
Und wenn ich alle meine Habe den Armen gäbe und ließe meinen Leib brennen, und hätte der Liebe nicht, so wäre mir's nichts nütze.

Die Liebe ist langmütig und freundlich, die Liebe eifert nicht, die Liebe treibt nicht Mutwillen, sie blähet sich nicht;
sie stellet sich nicht ungebärdig, sie suchet nicht das Ihre, sie läßt sich nicht erbittern, sie rechnet das Böse nicht zu . . .
sie verträgt alles, sie glaubet alles, sie hoffet alles, sie duldet alles.

Viele hatten diese Worte vor Therese gelesen, aber wenige hatten die Möglichkeit ihrer äußersten Anwendung so begriffen wie sie.

»Suchet nicht das Ihre, läßt sich nicht erbittern, verträgt alles, duldet alles . . .« So bot ihr denn die Nächstenliebe, jawohl, die Nächstenliebe und die Liebe überhaupt, den Schlüssel bei ihrem Suchen. »Meine Berufung ist die Liebe!« so rief sie aus. »Endlich habe ich es gefunden! Ich will die Liebe selbst sein! O strahlender Leuchtturm der Liebe, ich weiß, wie ich zu dir gelange . . . Die Liebe hat mich zu ihrem Opfer erwählt: mich, die schwache und unvollkommene Kreatur . . . Kein anderes Mittel gibt es für mich, meine Liebe zu beweisen, als Blumen auszustreuen, mit anderen Worten: auch nicht des kleinsten Opfers, eines Blikkes oder eines Wortes geringzuachten, sondern aus den bescheidensten Taten Nutzen zu ziehen, indem ich sie für die Liebe vollbringe. Ich wünsche durch Liebe zu leiden und auch durch Liebe froh zu werden.«

In diesem ganzen ekstatischen, fast schon an Raserei grenzenden Absatz ist das Schlüsselwort dasselbe; es ist der stetig weiter um sich greifende Bannkreis der Liebe, mit der sie Jesum das erstemal schon, daß sie Seinen Kuß empfing, überströmt hatte und die nun, was ihr auch begegnen mochte, jede Einzelheit ihres Lebens in ihre Arme schließen sollte.

Es scheint ihr nicht in den Sinn gekommen zu sein, daß sie ihre Weltanschauung auch in der Welt des Alltags würde betätigen können: Ihr brennendes Verlangen war einzig auf ihren Eintritt in das Karmelkloster gerichtet, damit sie sich dort gänzlich ihrem Geliebten würde hingeben können. Seelische Ängste und teuflische Gefahren waren in ihrem Geiste dabei weltenfern: Es lebte nichts in ihr als die verzehrende Ungeduld, sich aufzumachen, zu eilen und immer nur zu eilen, damit sie Seinem Herzen vermählt würde. Solches war ihr Ziel, indessen türmten sich ihr noch vielerlei unerträgliche Hindernisse in den Weg. Es gab da ihre Jugend, es gab auch die Notwendigkeit, die Zustimmung ihres Vaters zu erlangen. Während sie bei Celine keines Widerstandes gewärtig zu sein brauchte, konnte sie sich nicht dazu aufraffen, das Thema ihrem Vater gegenüber anzusprechen. Seine beiden ältesten Töchter hatten sich schon aus demselben Grunde von ihm getrennt; Celine war dazu bestimmt, in Kürze den Schleier zu nehmen; er selbst war nicht mehr jung; er hatte bereits einen Lähmungsanfall, der sich jeden Augenblick wiederholen konnte, hinter sich; ein giftiges Insekt hatte ihn während eines seiner Angelausflüge in den Hals gestochen und eine ebenso schmerzhafte wie augenscheinlich unheilbare Wucherung zurückgelassen. Der arme weißhaarige Witwer befand sich schwerlich in der seelischen und körperlichen Verfassung, um ein solches Ansuchen freundlich aufzunehmen. Therese zögerte und zögerte. Um Pfingsten hatte sie sich endlich dazu entschlossen, ihre Lippen zu öffnen. Herr Martin saß nichtsahnend im Garten, indem er die Schönheit der Natur erwog; Therese, die stets ein ausgeprägtes Naturempfinden hatte, beschreibt den Abend: Die untergehende Sonne rührte an die Wipfel der hohen Bäume, und die Vögel sangen ihr Abendgebet. Die

Augen voller Tränen, ging sie zu ihm und setzte sich ihm zur Seite auf die Bank.[1]

Beide weinten; Herr Martin begann mit dem Einwand, daß sie doch viel zu jung für eine derart ernste Entscheidung wäre, und endete damit, daß er eine Blume pflückte und ihr mit den Worten reichte, Gott habe sie erblühen lassen und für diese Stunde aufbewahrt. Im Gegensatz zu Don Alonso de Cepeda hatte er seine Zustimmung gegeben. Nachdem nun diese Schwierigkeit überwunden und auch die Zustimmung des Onkels nach einigem Kampfe erlangt war, kam der nächste Schlag in Gestalt einer Mitteilung vom Oberen des Karmelklosters, Herrn le Chanoine Delatroëtte, in der es hieß, daß Therese nicht vor ihrem einundzwanzigsten Lebensjahr würde zugelassen werden könne. Sie war darauf nicht gefaßt gewesen – man wird sich erinnern, daß die Mutter Oberin der Neunjährigen gesagt hatte, sie müsse warten, bis sie sechzehn wäre, und wirklich scheint Herr Delatroëtte mit seiner strengen Auffassung in einem Irrtum befangen gewesen zu sein, denn die Regeln des Karmeliterordens setzten für die Novizen keine bestimmte Altersgrenze als solche fest, sondern bestimmten lediglich, daß sie ihr feierliches Gelübde nicht vor dem siebzehnten Lebensjahre ablegen dürfte. Vergebens war die Priorin bemüht, ihn umzustimmen. Ihr Versuch erzeugte einen Zornesausbruch. »Wieder dies Mädchen!« schrie Herr Delatroëtte. »Wenn man Sie reden hört, so könnte man meinen, daß das Wohlergehen des Klosters von der Zulassung dieses Kindes abhinge. Das Institut befindet sich nicht in Gefahr. Mag sie bei ihrem Vater bleiben, bis sie erwachsen ist! Überhaupt, sind Sie etwa der Meinung, daß

1 Menschen, die für ästhetische Werte empfänglich sind und die Absicht haben, Les Buissonnets zu besuchen, sollten warnend darauf hingewiesen werden, daß die Szene zwischen Therese und ihrem Vater mittlerweile in einem Denkmal aus reinstem weißen Marmor verewigt worden ist, das die beiden, etwas größer als im Leben, nebeneinander auf ihrer Bank sitzend darstellt.

ich meine Zustimmung verweigere, ohne zuvor mit Gott zu Rate gegangen zu sein? Ich wünsche nichts mehr von dieser Angelegenheit zu hören!«

Therese setzte es bei ihrem Vater durch, daß er sie dem hinderlichen Geistlichen vorstellte, der sie eiskalt mit einem kategorischen Nein empfing. Als gewissenhafter Mann fügte er jedoch hinzu, daß er schließlich nur der Bevollmächtigte des Bischofs von Bayeux wäre und seinerseits nichts mehr zu sagen haben würde, wenn es Monsignore beliebe, seine Zustimmung zu erteilen. Der Bischof war nun wirklich von großer Freundlichkeit, als Therese, von ihrem Vater begleitet, den bischöflichen Palast betreten hatte. Sie wurden zunächst durch den Generalvikar, den Herrn Abbé Révérony, begrüßt, und obwohl er selbst die Audienz in die Wege geleitet hatte, schien er ein wenig überrascht darüber, sie zu sehen. Auch er aber war sehr leutselig. Als er die Tränen in Thereses Augen bemerkte, sagte er: »Oh! ich sehe Edelsteine. Sie dürfen sie aber Monsignore nicht zeigen.« Therese war im Angesicht von so viel Glanz und Größe äußerst eingeschüchtert und meinte, sie habe sich bei der Führung durch all die riesigen Staatsräume wie eine winzige Ameise gefühlt; ihre Verwirrung wollte sich auch dann nicht legen, als Herr Révérony sie, vor dem hellen Kaminfeuer, auf einem gewaltigen Sessel sich niederlassen hieß, der vier Menschen ihrer Größe Platz gewährt haben würde. Sie hatte gehofft, daß ihr Vater für sie sprechen würde, aber nein, sie mußte selbst für ihre Sache eintreten und endete damit, daß sie dem Bischof sagte, sie hätte schon seit ihrem dritten Lebensjahr den Wunsch gehegt, ihr Dasein Gott zu weihen.

Es ist klar, daß der Bischof überrascht, gerührt und vielleicht auch ein wenig belustigt war, zumal als ihm Herr Martin auseinandersetzte, daß Therese an diesem Morgen, um sich älter erscheinen zu lassen, zum ersten Male ihr Haar hochgesteckt hatte. Therese wurde durch diese Enthüllung außer Fassung gebracht und hätte gewünscht, daß ihr Vater diskreter gewesen wäre, aber der Bischof zeigte ein gütiges Verständnis; er streichelte sie, als er, trotz der Warnung des Herrn Révérony, Tränen in ihren Augen entdeckte; er stellte ihr in Aussicht, daß er mit Herrn Delatroëtte sprechen würde, und verursachte dadurch ein Absinken der Hoffnung Thereses, der es nur zu gut bekannt war, wie die Antwort lauten würde; er geleitete sie sogar hinunter bis an seinen Garten, sprach von seiner Freude über ihre Absicht, zusammen mit ihrem Vater eine Pilgerfahrt nach Rom zu unternehmen, und sagte ihr zu, daß sie bei ihrer Rückkehr aus Italien im Besitz seiner Antwort sein würde. Sie verabschiedete sich, ohne sich recht befriedigt zu fühlen, doch war schon ein anderer Gedanke in ihr emporgekeimt.

VI

Therese war natürlich von den Eindrücken ihrer Reise – den Pariser Herrlichkeiten, der wilden schweizerischen Landschaft, der Mailänder Kathedrale, den Rufen der venezianischen Gondolieri, der Zunge des Heiligen Antonius in Padua und dem Leichnam der Heiligen Catharina von Bologna – hingerissen, aber gleichwohl blieb sie klar in ihrem Kopf und ihrem Urteil. »Wie interessant es ist«, bemerkte die Vierzehnjährige, »diese Welt zu erforschen, wenn man im Begriff steht, sie für immer zu verlassen!« Rom war dennoch unerhört erregend. All ihre Sehnsucht nach dem Martyrium flammte auf, als sie niederkniete, um den Staub zu küssen, der mit dem Blut der ersten Christen getränkt war; und in der Kirche von Sankt Agnes begab sich ein kleines Wunder, das sie mit tiefer Freude erfüllte. Vergebens hatte sie den Führer angefleht, ihr für ihre Schwester Pauline, die den Namen Sankt Agnus Jesu angenommen hatte, irgendeine kleine Reliquie der Heiligen auszuhändigen, als sich plötzlich ein Stückchen roten Marmors aus dem Mosaik löste und ihr zu Füßen fiel. »War das nicht himmlisch?« so schreibt sie. In der Tat, es war himmlisch, doch der großartigste Augenblick stand noch bevor. Therese war noch aufgeregter als vor ihrem Besuch beim Bischof von Bayeux, zugleich aber war sie felsenfest entschlossen, nicht wankend zu werden, war ihr doch bewußt, daß es nirgendwo auf Erden eine höhere Stelle gäbe, falls sie scheitern würde. Die Mutter Oberin, Herr Delatroëtte, der Bischof und jetzt der Papst . . .

Die von den Herrlichkeiten des Vatikans übergoldete Szene machte einen tiefen Eindruck auf das Kind aus Les Buissonnets. Leo XIII. thronte mit seinem feingeschnittenen Adlerkopf, in weißer, pelzbesetzter Soutane, hoch auf einem Sessel. Priester und kirchliche Würdenträger standen ihm zur Seite. Niemand redete; die Pilger zogen in Einerreihe vorüber, indem ein jeder zunächst den Fuß und dann die Hand des Papstes küßte, um schließlich den Segen zu empfangen. Zwei Angehörige der päpstlichen Leibgarde veranlaßten ihn danach zum Weitergehen, damit der Platz für den nächsten Pilger frei gemacht würde.

Therese hatte den erstaunlichen Entschluß gefaßt, das Schweigen zu brechen, sobald die Reihe an sie kommen würde, und gab damit einen nicht geringen Beweis von ihrer Unerschrockenheit, sofern man nämlich den Ort, den Anlaß und die scheue Ehrerbietigkeit bedenkt, mit der sie das oberste Haupt der weltlichen Kirche erblickte. Glücklicherweise war Papa, der vorangegangen war, bereits im nächsten Raum und damit außer Sicht; weniger günstig war es hingegen, daß der Herr Abbé Révérony, der Generalvikar von Bayeux, zur Rechten des Papstes stand und, da er Therese schon kannte, eine dunkle Ahnung von dem Vorhaben des Kindes und seiner Entschlossenheit hatte. Während sie sich dem Throne näherte, flüsterte er ebenso unvermittelt wie deutlich, daß es streng verboten sei, den Heiligen Vater anzureden. Therese wandte sich hilfesuchend nach Celine um, die hinter ihr die nächste war.

»Rede!« sagte Celine.

Der Schluß der Szene läßt sich in Thereses eigenen Worten wiedergeben. »Im nächsten Augenblick lag ich vor dem Papst auf den Knien. Während ich seinen Pantoffel küßte, bot er mir seine Hand dar. Als er dann meine Augen, die in Tränen schwammen, zu ihm emporrichtete, da flehte ich ihn mit diesen Worten an: ›Heiliger Vater, ich habe Sie um eine große Gunst zu bitten.‹

Sofort beugte er sein Haupt zu mir hernieder, so daß sein Antlitz fast das meine berührte; seine schwarzen, tiefgründigen Augen schienen mich bis in die verborgensten Winkel meiner Seele durchdringen zu wollen.

›Heiligster Vater‹, so wiederholte ich, ›gestatten Sie mir, zu Ehren Ihres Jubiläums, daß ich in das Karmelkloster schon mit fünfzehn Jahren eintrete!‹

Überrumpelt und ungehalten, mischte sich der Generalvikar von Bayeux ein: ›Heiligster Vater, dies Kind trägt Verlangen nach dem Leben im Karmel; die Behörden sind aber mit der Frage bereits befaßt.‹

›Wohlan denn, mein Kind‹, so wandte sich Seine Heiligkeit zu mir, ›richte dich nach dem, was die Behörden befinden.‹ Als er mir dann die Hände drückte und auf seine Knie legte, da schickte ich mich zu einem letzten Versuch an.

›O Heiligster Vater, wenn nur Sie selbst ja sagen würden, so würde ein jeder danach verfahren.‹

Er sah mich sehr lange und fest an und äußerte sich dann, indem er jede Silbe nachdrücklich betonte, mit diesen Worten: ›Laß es nur gut sein . . . Laß es gut sein . . . du wirst in das Kloster eintreten, wenn es Gottes Wille ist.‹«

Therese wollte gerade erneut zu sprechen anheben, als die päpstlichen Leibgardisten sie ermahnten, sich zu erheben, und da sie sich noch immer nicht rührte, waren sie schließlich genötigt, sie jeder an einem Arme zu fassen. Der Generalvikar kam ihnen zu Hilfe, da sie, die Hände auf den Knien des Papstes gefaltet, unbeweglich verharrte. Man führte sie aus seiner

Nähe, aber dann erst, nachdem er seine Hand an ihre Lippen gedrückt, sie gesegnet und ihr nachgeschaut hatte, bis sie seinem Blick entschwunden war. So sind der greise Papst und die kleine Heilige einmal in ihrem Leben einander begegnet, auf einen Augenblick nur, um dann für immer getrennt zu sein.

VII

De la Suisse et de l'Italie,
Ciel bleu, fruits d'or, m'avaient ravie,
J'aimai surtout le regard plein de vie
Du saint vieillard, Pontife-Roi,
Sur moi.

Es hatte Therese verstimmt, daß sie bei ihrer Rückkehr nach der Normandie nicht eine Zeile des Bischofs von Bayeux vorgefunden hatte, und deshalb hatte sie auch nicht versäumt, ihm einen kurzen, mahnenden Brief zu schicken. Dennoch war der Bischof mittlerweile sehr in ihrer Angelegenheit bemüht gewesen, so daß sie endlich, im April 1888, in das Karmelkloster eintreten konnte. Nach all dem inneren Aufruhr und den Kämpfen wirkt die Zulassung fast wie eine Entspannung, und bemerkenswerterweise spielt sie selbst, die sonst so unermüdlich alles aufzuzeichnen und zu deuten pflegt, verhältnismäßig kurz auf das Ereignis an. Gerade bei ihr würde man erwarten, daß sie, ihrer Gewohnheit gemäß, in den zartesten Schattierungen die Gefühle wiedergegeben hätte, die auf sie eindrangen, als sie sich dem feierlichen Ritual der Aufnahme unterziehen mußte: der Umarmung durch jede einzelne Nonne; den wenigen Minuten, die sie allein mit sich in ihrer Zelle verbringen durfte; dem gemeinsamen Gebet für sie im Postulantenzimmer; dem Anlegen des schwarzen Gewandes und des Schleiers; der Schließung des Tores zur vertrauten Welt. Dies Ritual war gewiß nicht so furchterregend wie die Feierlichkeiten, die später noch folgen würden, indessen hätte schon der Umstand, daß sie endlich zur Mitbewohnerin der heiligen Mauern geworden war, genügen sollen, um Therese zu verschiedenen Seiten ihrer lyrischen Ausbrüche zu ermuntern. Nichts dergleichen. Sie scheint das alles als etwas Selbstverständliches, als das Unvermeidliche schlechthin, aufgefaßt zu haben. Sie vermerkt den stechenden Schmerz, der dem Menschen in ihr zugefügt wurde: »Ich warf einen letzten Blick auf Les Buissonnets ... Tränen vergoß ich nicht, doch während ich auf die Klosterpforte zuschritt, schlug mein Herz so heftig, daß ich mich fragte, ob es dem Tode entgegenginge. Ach! was war das für ein Augenblick! Und welche Seelenqual! Man muß es erlebt haben, um es glauben zu können.« Weiter sagt sie nichts. Im übrigen hatte sie nun den Hafen erreicht und wurde von den beiden Schwestern umarmt, die dort bereits vor Anker gegangen waren.

Herr Delatroëtte hatte es für seine Pflicht erachtet, zugegen zu sein, doch hätte er sich bei aller Liebenswürdigkeit, die er nach außen zeigte, die Mühe sparen können. Er hatte den kürzeren gezogen, und eben das gefiel ihm nicht. Indem er nicht einmal versuchte, seine Niederlage mit Anstand hinzunehmen oder die versöhnliche Haltung zu offenbaren, die seiner Stellung angemessen gewesen wäre, richtete er an die versammelten Nonnen die folgende Ansprache: »Wohlan, meine ehrwürdigen Mütter! Sie können jetzt ein Tedeum singen! Als Vertreter des Herrn Bischofs stelle ich Ihnen hiermit dieses Kind von fünfzehn Jahren vor, dessen Eintritt von Ihnen begehrt wurde. Ich hege die Zuversicht, daß sie Ihre Hoffnungen nicht enttäuschen wird, doch warne ich Sie, daß Sie allein die Verantwortung zu tragen haben werden, wenn es anders kommen sollte.« Therese selber war zu gütig, als daß sie diese Bemerkungen in ihrer Autobiographie verzeichnet haben würde.

Ihr »prise d'habit« fand neun Monate später statt; Herr Martin hatte sich wider alles Erwarten rechtzeitig von einem zweiten Schlaganfall erholt, so daß er zugegen sein konnte; Therese betrat die Kapelle an seinem Arm. Sie war auf seinen Wunsch in weißen, mit Schwanendaunen und Alençonner Spitzen besetzten Samt gekleidet, trug einen Kranz aus weißen Lilien in der Hand, und ihre langen Locken fielen ihr lose über die Schultern. Obwohl diese zweite Feierlichkeit ergreifend und eindrucksvoll genug gewesen sein muß, so wird sie von Therese wiederum nicht erwähnt und mit den Worten »nach der Feierlichkeit« abgetan. Wir wissen, was sich dabei zugetragen hat. Die Novize wird von einer Prozession, die das Magnificat singt, in das Kloster geleitet; vor sich sieht sie eine Gasse, die von Nonnen in weißen Gewändern mit brennenden Kerzen gebildet wird; man bietet ihr das Kreuz zum Kusse dar; vor einem Gitter kniend, vernimmt sie die Stimme des Priesters, der sich über das strenge Dasein verbreitet, dessen sie gewärtig sein muß: den Verzicht auf alle sinnlichen Freuden und selbst auf die unschuldigsten menschlichen Vergnügungen, die harte Arbeit, die noch härteren Entbehrungen, die Schweigsamkeit, die Kälte und, von jetzt an bis zum Tode, die Verlassenheit. Sie wird dann fortgeführt, damit ihr das Haar kurzgeschoren werde, und man legt ihr das braune Gewand, den weißen Schleier sowie die Sandalen an; desgleichen den schwarzen Gürtel als Sinnbild der Knechtschaft; das Skapulier als Sinnbild der Leiden Christi; und endlich den großen weißen Umhang als Sinnbild der Redlichkeit und Keuschheit des Herzens. An alledem wird sich nun nichts mehr ändern, außer daß der weiße Schleier, sobald sie das Noviziat beendet und ihr endgültiges Gelübde abgelegt hat, durch einen schwarzen ersetzt und ihr der lange Rosenkranz mit dem Kruzifix ausgehändigt wird. Als Novize eingekleidet, wirft sie sich zur Erde nieder, indem sie ihre Arme symbolisch in Gestalt des Kreuzes ausbreitet.

Nicht Herr Delatroëtte, sondern der Bischof von Bayeux

persönlich ehrte die Zeremonie durch seine Gegenwart, und wieder erwies er Therese ein wahrhaft väterliches Wohlwollen. Er muß ein Mann von sehr gewinnender Art gewesen sein. Während alle zuschauten, neckte er sie scherzhaft, erinnerte sie an ihren Besuch in seinem Palast und nicht zuletzt auch daran, wie sie, um älter zu erscheinen, an jenem Morgen zum erstenmal ihr Haar hochgesteckt hatte; dann umfaßte er mit beiden Händen ihr geschorenes Haupt und streichelte es sanft. Er hätte schwerlich voraussehen können, daß sein Nachfolger auf dem bischöflichen Stuhle vierunddreißig Jahre später, in Gegenwart von fünfundvierzig Erzbischöfen und Bischöfen, von allen beim Vatikan akkreditierten Botschaftern und einer unübersehbaren Volksmenge, an der Feier der Heiligsprechung dieses Kindes im Dome von St. Peter teilnehmen würde.

So könnte es denn scheinen, daß es nichts mehr zu berichten gäbe; als ob sich der Vorhang langsam vor Therese senkte, die in ihrer kahlen Zelle zurückbliebe und nur noch des Tages wartete, an dem ihr Beruf sich vollenden würde. Es war unwahrscheinlich, daß sie von der letzten ihr noch belassenen Freiheit Gebrauch machen, ihrem Beruf entsagen und in die Welt zurückkehren würde. Weitere Ereignisse konnten ihr, im weltlichen Sinne des Wortes, nicht mehr begegnen, es sei denn jenes größte Ereignis von allen, das im Krankensaal des Klosters beginnen und auf dem von ihr ersehnten Gipfel der Vollkommenheit enden würde. Die Härten des Karmeliterdaseins, das dem Laien um seiner Strenge willen so abschrekkend erscheint, verdienen hier wenigstens andeutungsweise gestreift zu werden, schon damit man sich eine Vorstellung vom Alltag Thereses zu bilden vermag. Man muß jedoch stets dabei im Auge behalten, daß Therese an ein behagliches Heim gewöhnt gewesen war: an die leuchtenden Kaminfeuer und weichen Betten von Les Buissonnets; an die anheimelnde Bequemlichkeit der wohlsituierten Bourgeoisie; an den solide gearbeiteten Tisch des Speisezimmers mit seinen guten und reichlichen Mahlzeiten; an das Kommen und Gehen ihrer geschwätzigen Schwestern und Basen; an die freie Luft des Gartens; an das gütige Wohlwollen ihres dem Hause vorstehenden Vaters und den freundlichen Knecht, der einem ein Kerzenende als besonderes Geschenk vermachte; an die Sicherheit, deren ein jedes Kind bedürftig ist. Dementsprechend war Therese stets verzogen worden. Auch als man ihr auftrug, um den Lohn eines Sous den Fußboden zu küssen, da hatte sie sich nicht dazu zwingen lassen. Alles dies wurde nun für die düstere Strenge der Regel des Karmeliterordens dahingegeben. Die lockere Frivolität, die in der Zeit, als Teresa von Avila in das Kloster der Encarnacion eingetreten war, den Alltag der Nonnen gemildert hatte, war längst dahin – dahin auch die galanten Zirkel und Gespräche im Empfangszimmer; das Äugen durch die Türschlitze und der Empfang pikanter Mitteilungen. Um fünf Uhr[1] in der Frühe wird die Einsiedlerin durch das hohle Klappern der Kastagnetten – ein unverkennbar spanisches Geräusch, das zwangsläufig die Gestalt der großen Reformerin von Avila beschwören muß – aus dem Schlaf geweckt, und ihre Augen fallen auf die nackten Zellenwände. Sie darf dabei, da jeder persönliche Besitz verboten ist, noch nicht einmal an »meine Zelle«, sondern allenfalls an »unsere Zelle« denken. Die Wände sind gekalkt und die Fenster vergittert. Das Bett besteht aus einem über zwei Böcke gelegten Brett mit einem Strohsack ohne Leinenbezug, aus wollenen Laken, einem wollenen Kissen und einer groben Filzdecke. Stuhl und Waschständer gibt es nicht, doch äußerste Sauberkeit ist Vorschrift, und deshalb stehen ein Wasserkrug und ein Waschbecken auf dem Fußboden. Auf dem Schreibtisch befindet sich ein Nähkorb nebst einigen Andachtsbüchern. An den Wänden hängen Kruzifix, ein Weihwasserbecken, ein frommes Bild und endlich auch eine Tafel

1 Die Stunde des Aufstehens war von Ostern bis zum 14. September auf fünf Uhr und während der übrigen Monate auf sechs Uhr früh festgesetzt.

mit der ständig mahnenden Inschrift: »Meine Tochter, was tust du hier?« Eine schmale Holzbank, und damit erschöpft sich die Einrichtung der Zelle, die in der Fläche dreimal drei Meter mißt. Die Einsiedlerin muß das Bett in dem Augenblick, wo sie die Augen öffnet, verlasssen; sie legt das Skapulier, das sie während der Nacht getragen hat, und ebenso den Schleier, mit dem sie ihren Kopf bedeckt hielt, ab und ersetzt sie durch Gewand und Überhang sowie auf dem Kopf durch die von Teresa von Avila eingeführte Toque. Diese besteht aus einfachem Leinen und hält das Haupt und den Hals umhüllt, so daß nur die Stirn frei bleibt, denn die Erfinderin dieser Tracht besaß vor allem Geistigen eine solche Hochachtung, daß sie nichts von einer verdeckten Stirn wissen wollte. Über die Toque ist ein Schleier gelegt, der aber keinesfalls mit mehr als fünf Nadeln befestigt werden darf. An den Füßen werden Alpargates getragen, und nichts ist spanischer als diese althergebrachten Sandalen des spanischen Landmanns, die mit Streifen geflochtenen Hanfes befestigt werden. Dergestalt erwachte das Spanien des Cinquecento mit seinen klappernden Kastagnetten und seinen schlürfenden Sandalen im Lisieux des neunzehnten Jahrhunderts zu neuem Leben, und täglich beim Morgendämmern legte die vornehme Kastilianerin Teresa ihre unsichtbare Hand auf die kleine Französin Therese.

Die Hausordnung des Klosters ist streng. Ob bei der Arbeit oder bei den Mahlzeiten, stets muß Schweigen beobachtet werden. Bei der Arbeit darf es nur in solchen Fällen gebrochen werden, wo es unpraktisch wäre, sich durch Zeichen verständlich zu machen. Die Mahlzeiten werden durch Glokkengeläut angekündigt, das zur Gewissenseinkehr aufruft; in Zweierreihen hintereinander begibt sich die Prozession, die das De Profundis anstimmt, in das Refektorium, wo man sich ständig von einem Totenschädel an der Wand gemahnt fühlt und nur die Stimme erheben darf, sofern man irgendein Vergehen öffentlich bekennen muß. Wenn das Vergehen irgendeinen Gegenstand betrifft, so muß das Beweismittel, eine zerbrochene Tasse oder ein gesprungener Teller, vorgezeigt werden; wenn Faulheit die Sünde ist und die Sünderin sich schuldig fühlt, beim Frühwecken nicht unversehens aus dem Bett gesprungen zu sein, so muß symbolisch ein Kissen oder eine Decke vorgewiesen werden.[1] Unpünktliches Erscheinen bei den Mahlzeiten wird dadurch bestraft, daß die Missetäterin, mit einem Glöckchen um den Hals, dreimal die Runde im Refektorium zu machen hat. Die Priorin gibt das Zeichen zum Essen, und wie auf militärisches Kommando entfalten die Nonnen nun, nachdem sie, ebenfalls auf einen Ruck, die Ärmel zurückgeschlagen haben, ihre Mundtücher, deren Enden sie an Brust und Tisch befestigen, so daß nicht eine Krumme auf den Boden fallen und das Armutsgelübde nicht übertreten werden kann; jede Krumme auf dem Mundtuch muß am Schluß der Mahlzeit aufgelesen und gegessen werden, weil Christus gesagt hat: »Sammele die Brosamen, auf daß nichts verlorengehe.« Enthaltsamkeit ist immerfort gegenwärtig; Fleisch wird niemals gereicht; Milch, Butter und Eier sind ebenfalls in jeglicher Gestalt in der Zeit von Neujahr bis Ostern, an jedem Freitag und natürlich auch an den vorgeschriebenen Fastentagen verpönt; Karfreitags darf nur ein wenig trocken Brot und Wasser genossen werden, aber nicht am Tische, sondern in kniender Haltung auf dem Fußboden. Kein Wunder, daß Teresa, die in anstrengenden Reisen einige Erfahrung besaß, den praktischen Vergleich gezogen hatte: »Was bedeutet schon unser entsagungsvolles Leben, gemessen an einer in einem schlechten Gasthof verbrachten Nacht? Das sagt alles.«

Ob man nun aber freiwillig dazu gekommen ist oder nicht, auch die zimperlichsten Menschenkinder können sich, den guten Willen vorausgesetzt, an eine herbe, ja sogar an eine strenge Lebensweise gewöhnen. Wenn ein solches Dasein nämlich zum Gesamtbild eines frei gewollten Glaubens ge-

1 Diese Regel ist heutzutage meist nicht mehr in Übung.

hört und wenn es zum Symbol einer Selbstverleugnung wird, die einem unverhältnismäßig größeren Beispiel nachlebt, so wandelt sich eine jede Entbehrung in ein Vorrecht und ein jeder Verlust in einen Gewinn. Die landläufige Einstellung zum Leben kehrt sich dann tatsächlich in ihr Gegenteil; die grundlegende Unterscheidung zwischen dem Bekenntnis zu einem frommen Lebenswandel und dem Leben, wie es die meisten von uns führen, wird sichtbar: Leiden und Drangsal werden nicht umgangen, sondern als gottgesandter Zuwachs für den Wert der Seele willkommen geheißen; sie sind kein Anlaß der Trauer, sondern der Freude; Armut erfüllt mit Stolz, und Reichtum wird zur Schande, wenn er nicht dem höheren Ruhme Gottes gewidmet wird; je größer die Prüfung, um so größer auch der Segen. So gesehen, werden die sonst so empörenden Ungerechtigkeiten, die das Los des endlos duldenden Hiob waren, verständlich. Teresa war es in ihren Briefen niemals müde geworden, ihren betrübten Mönchen und Priorinnen zu schreiben, welches Glück ihnen widerfahren sei und daß sie Gott die Gnade ihres Kummers danken sollten. Therese gewann es über sich, im Hinblick auf ihren vom Leid verfolgten Vater auszusprechen, daß die drei Jahre, die er gelähmt und geistig umnachtet in einem Irrenhaus habe zubringen müssen, die erfreulichsten und fruchtbarsten Jahre ihres Lebens gewesen seien, die sie nicht einmal für die herrlichsten Ekstasen dahingeben möchte. Und wenn schon Prüfungen, die wir normalerweise als ernste Schicksalsschläge ansehen würden, als Grund zur Freude empfunden werden sollen, um wieviel bedeutungsloser, aber immer noch willkommen müssen dann geringfügige Nöte erscheinen.

Man wird sich überdies auch stets das hohe Maß an Stärkung und Hilfe vor Augen halten müssen, das jedes Glied einer Gemeinschaft aus einem dem gleichen Ideal geweihten und dem gleichen Grad von Unbedingheit geführten Leben schöpfen darf. Die Geistesverfassung der meisten Nonnen weist eine gewisse, vielleicht beneidenswerte Einfalt auf, die ihre Freude an der strengen Regel findet; es ist das Verlangen des Kindes nach einer starken Hand und nach überlegener Erfahrung. Schließlich ist die katholische Kirche mit ihrer stolzen Starrheit die totalitärste und unnachgiebigste aller Institutionen: ja, als solche ist sie wie geschaffen für den Menschentypus, dessen Anlagen eher dem Herdengehorsam als der zweifelsüchtigen Widersetzlichkeit des individualistischen Zeitalters entsprechen. Für die Ungebärdigen hat sie keine Stätte vorgesehen; den Gefügigen aber steht an ihrem ewigdauernden Korridor eine endlose Folge dreimal drei Meter großer Zellen offen. Das Schlüsselwort heißt Hinnahme des Dogmas, und wahrlich, wie süß ist der Friede, sobald man sich einmal zu dieser Hinnahme durchgerungen hat! Nur der Mißratene, der Rebell, der einsam in eine Welt ihm fremder Werte verschlagen ist, vermag vielleicht die Tröstung abzuschätzen, die es bedeutet, plötzlich in eine Gemeinschaft Einlaß zu finden, deren Ziele sich völlig mit seinen eigenen decken. Nicht mehr ein von Sturm zerzauster Baum, dessen gefährdete Wurzeln sich lockern, während er ungestüm hin und her schwankt, wird er jetzt von einem starken Pfahl gestützt, und Drähte halten die Ranken fest umwikkelt, während ein satter, jahrhundertalter Belag von Dung und Stroh ihn oberhalb der Wurzeln nährt und kühlt. Und was die Zelle angeht, so mag es zutreffen, daß solch einem Menschen räumliche Beschränkungen auferlegt werden, die bildlich gesprochen härter als eine Betonmauer sind, und dennoch kann hier von echtem Zwange kaum die Rede sein: Das Fenster öffnet sich auf eine Landschaft von unvorstellbarer Schönheit, auf eine selbst der Lerche unbekannte Freiheit des Geistes – nein, noch mehr als das, für solche Menschen erschließen sich die unbegrenzten, visionären Höhen ihres eigenen und persönlichen Himmels.

Nirgendwo erwähnt Therese auch nur die kleineren Nöte und Unbequemlichkeiten, obwohl sie es gewohnt war, alles zu vermerken, was ihr in den Sinn kam. Sie, die sich selber als so überschwenglich beschrieben hatte, unterwarf sich jetzt der Disziplin einer täglichen, nur wenige Augenblicke währenden Gesprächspause, die eingeleitet wurde durch ein Gebet des Inhalts, daß diese Augenblicke nützlich im Rahmen der erlaubten Gesprächsgegenstände verbracht würden; dreimal wurde die Unterhaltung durch Kastagnettenschläge, die an die göttliche Allgegenwart gemahnten, und endlich durch das Geläut einer Glocke unterbrochen, die den Faden des Gespräches, und sei es mitten in einem Worte, abriß. Im Erholungszimmer gibt es keinerlei Möbelstücke, weil die Ordensregel der Karmeliter vorschreibt, daß man nur in Kauerstellung auf den Hacken sitzen darf. Auch dies wird von Therese nie erwähnt, und erst auf dem Sterbebett ließ sie sich darüber aus, wie sehr sie unter der letzten und schlimmsten Härte, der Kälte, zu leiden gehabt hat. Bei den Karmelitern ist nämlich Heizen in jeder Form verboten. Wie feucht und bitterkalt der Winter auch sein mag, selbst bei nördlichem Klima werden keinerlei Zugeständnisse gemacht, ein einziger Raum ausgenommen, der bei strengster Kälte bis zu zehn Grad (50 Grad Fahrenheit) geheizt werden darf. Finger, die so gefühllos geworden sind, daß sie nicht mehr die Nadel handhaben können, dürfen dann wärmesuchend an den freundlichen Ofen gehalten werden. Die zarte und schwindsüchtige Therese war gegen Kälte besonders empfindlich. Auch wenn sie sich vor dem Schlafengehen ein wenig aufgewärmt hatte – und wir dürfen gewiß sein, daß sie dieser kleinen Schwäche nur im äußersten Falle nachgab –, mußte sie, um in ihre Zelle zu gelangen, noch einmal ins Freie, durch das zugige Kloster und durch eiserstarrte Korridore gehen. Dem Klima der Normandie sind die Extreme des kastilianischen Klimas fremd, und keine schneidenden Böen wehen von frostigen Sierras hernieder; freilich kann es in jener nordfranzösischen Provinz, die einige Verwandtschaft mit den englischen Klima aufweist, kalt, feucht und nebeldunstig sein. In manchen Nächten, wenn Therese nicht einmal einzuschlafen vermochte, lag sie fröstelnd auf ihrem Lager, bis sie beim Klang der Kastagnetten den armseligen Schutz ihrer Decke abstreifte, doch erst der Sterbenden vermochte man das bemitleidenswerte Eingeständnis abzugewinnen: »Am meisten habe ich während meines frommen Lebens körperlich unter der Kälte gelitten; ich habe so sehr darunter gelitten, daß ich häufig glaubte, daran sterben zu müssen.«

Wenn Therese sich das Fleisch zu unterjochen vermochte und ihre Prüfungen nicht bewußt als Marter, sondern freudig hinnahm, so besteht auch kein Grund für uns, uns übermäßig lange dabei aufzuhalten. Sehr viel eher dürfen wir glauben, daß ihre Kämpfe auf die Unterjochung ihres geistigen und seelischen Selbst gerichtet waren. Sie hatte das Wesentliche mit ins Kloster gebracht: den glühenden Kern ihres Verlangens nach der mystischen Vereinigung; sie hatte auch die in dem Brief des Heiligen Paulus entdeckte Botschaft mitgebracht, die Botschaft einer Nächstenliebe, die besser noch vielleicht als Liebe übersetzt würde. Es blieb ihr nun nichts mehr zu tun, als ihren Plan in seinen Einzelheiten festzulegen und ein gemeinverständliches Rezept für ihren berühmten »Kleinen Weg« zu finden. Nie auch in den kleinsten Kleinigkeiten zu versagen; nie in seiner Wachsamkeit nur im geringsten zu erschlaffen; sofort auch die winzigste Abirrung vom selbstgewollten Wege zu berichtigen und das Gleichgewicht wiederherzustellen; nicht aus Pflichtgefühl, sondern freudigen Herzens zu handeln; seinen Charakter durch ständige Übung so lange auszurichten, bis die Überwindung des Selbst zur zweiten Natur geworden ist: Gewiß, es klingt das alles so, als ob es selbstverständlich wäre. Mögen sich Spötter einmal, und sei es nur für eine Woche oder selbst für einen Tag, bewußt diesem Versuch unterziehen, und sie werden dann begreifen, daß der »Kleine Weg« beileibe nicht so selbstverständlich und auch nicht so leicht ist, wie es ausschaut.

Thereses Ziele erscheinen dem Geiste des Durchschnittsmenschen sehr viel verständlicher als die mystische Gottesgelehrtheit Teresas. Unzweifelhaft hat sie, vermöge ihrer heftigen Liebe zu Jesus, die mystische Vereinigung ersehnt und manchmal auch erlangt; in den übrigen Bereichen ihres Glaubens aber herschte jener Ehrgeiz, den man am besten in die denkbar schlichten und kindlichen Worte kleidet: »Ich will gut sein.« Die verschiedenen Gebetszustände, deren man fast einen Stammbaum verfertigen könnte; die stattlichen, sich stufenweise folgenden Behausungen der Seele; der Unterschied zwischen körperlicher Sicht und der Vision des Intellektes; zwischen dem Intellekt, dem Willen und dem Gedächtnis; zwischen Vereinigung und Ekstase; zwischen Ekstase und Entrücktsein; zwischen Entzückungen und Leidenschaften: alles das erweckte Thereses Anteilnahme nicht und hatte auch auf ihre Art, sich Gott zu nähern, keinen Einfluß. Ihr war, so scheint es, der weniger verwickelte und geradere Weg auf einen Mittelpunkt hin beschieden, den andere nur auf dem Umweg über die Gewundenheiten und Unterbrechungen eines Irrgartens erreichen konnten. Die Frage wurde hier bereits gestellt: Aus welchem Grunde soll sich ein Instinkt mit technischen Kniffen belasten, der in seinen letzten Mitteln von einer großartigen und strahlenden Schlichtheit ist? Und wiederum kann die Antwort nur dahin lauten, daß sich die Wege der Seele unter allem, was sonst dem Menschen noch eignet, am meisten der Lenkungsmöglichkeit entziehen und daß es niemanden gibt, der zu sagen vermöchte, woher der Auftrag kommen wird. Therese beispielsweise weihte sich Christus von Anbeginn und, ohne zu zögern oder wankend zu werden, so daß der Rest sich ganz natürlich und folgerichtig daraus ergab; Teresa hingegen wurde von gänzlich anderen Motiven getrieben, hatte sich zum Dienst an Ihm zu zwingen und mußte sich Ihm, nachdem sie soweit gelangt war, mit sehr verschiedenartigen und weitaus aufregenderen Mitteln nähern. Auf ein derart tiefgründiges Mysterium sind starre Regeln nicht anwendbar, und dem bescheidenen Genius Thereses war es beschieden, seine Erfüllung in den

Worten des Gebetes ihrer frühesten Kindheit zu finden: »Möge es Gott gefallen, mich gut zu machen.«

Pius XI. hat das auf geschmackvolle Weise ausgedrückt, indem er sie als »ein ungemein köstliches Miniaturgemälde vollkommener Heiligkeit« beschrieb.

VIII

Ohne unehrerbietig oder frivol sein zu wollen, darf man vielleicht die Behauptung wagen, daß Teresa von Avila die Intellektuelle (»highbrow«) unter den Heiligen ist, wogegen Therese von Lisieux sich mit der gegenteiligen Rolle (»lowbrow«) zu begnügen hat; es ist, als wolle man einen echten Velasquez mit einem Öldruck vergleichen. Nicht zufällig hat man die beiden mit den Beinamen »die Große« und »die Kleine« versehen. Die Spanierin erfreute sich des doppelten Adels der Geburt und des Intellektes, während die Französin durch Geburt der Bourgeoisie und intellektuell den unkomplizierten und schlichten Volksklassen angehörte. Es wird uns von dem Gespräch Teresas von Avila mit einer Mutter berichtet, deren Wunsch es war, ihre Tochter als Bewerberin für das Karmelkloster angenommen zu sehen. »Sie ist sehr fromm«, sagte die Mutter. »Hat sie aber auch Verstand?« entgegnete die Heilige. »Wir können die Menschen hier in der Frömmigkeit unterweisen, doch kennen wir kein Mittel, ihnen Verstand zu verleihen.« Therese von Lisieux würde etwas Derartiges niemals gesagt haben. Die eigentliche Begabung dieser nicht unnachahmlichen, sondern nachahmbaren Heiligen lag in ihrer Fähigkeit, die täglichen Bedürfnisse des einfachen Volkes bildlich zum Ausdruck zu bringen; ihr Denken war nicht neu und ursprünglich, ihr Verhalten nicht vom Ehrgeiz bestimmt, es sei denn von jenem höchsten in seiner Kühnheit, Einfachheit und Anwendung erstaunlichen Ehrgeiz, sich in die Gemeinschaft der Heiligen einzureihen. Das

Bemerkenswerteste an ihrer Methode aber war nun, abgesehen von ihrem persönlichen Erfolge bei der Ausführung, daß nie zuvor ein anderer daran gedacht hatte, diese Methode in Gestalt von Glaubensregeln niederzulegen. »In meinem ›Kleinen Weg‹«, so sagt sie, »gibt es nichts als alltägliche Dinge; auch schlichte Seelen müssen alles, was ich selber tue, vollbringen können.« Sie hatte in der Tat das Kolumbus-Ei des praktischen Christentums gefunden: »Nicht das Außergewöhnliche, sondern das Gewöhnliche außergewöhnlich gut zu vollbringen.« Der »Kleine Weg« war ein Seitenpfad, der neben der Hauptstraße des Heroischen herlief. Es war ein bescheidener Weg, der dessenungeachtet auf nichts weniger als Vollkommenheit zusteuerte. Ohne Aufregungen, weder von Schwertern noch von Pfeilen durchbohrt, auf keiner Wagenachse, die zusammenbrechen würde, auf keinem Höllenrost gebraten: so hätte Therese ihren Weg genauso gründlich »in der Welt« wie in der strengen Atmosphäre des Karmel verfolgen können. Das Leben einer eng beieinander wohnenden Familie, die häuslichen Sorgen, die herzlichen, unausgesprochenen Opfer der Liebe, die Nöte der Armut, die Enttäuschungen der Konkurrenz, die geschäftlichen Vertrauensbrüche, die Mißverständnisse und Mißdeutungen der Motive, die kleinen Bitterkeiten im Verkehr der Menschen untereinander: alles würde in dem System der täglichen Vorschriften berücksichtigt werden; und es war mehr als ein System: Es war eine Routine, die in jedem Augenblick befolgt zu werden verlangte. Auf diese Weise brauchte man nicht nach Karmel zu gehen, auf der Suche nach einer ungerechten Oberin, einer kranken, nörgelnden Greisin oder nach einer Nonne, die an ihrem Rosenkranz mit einer Nervosität herumfingerte, die einen wahnsinnig machen konnte. Der Gegenwert für all das konnte und mußte anderswo gefunden werden.

Unter denen, die »in der Welt« leben, gibt es in der Tat viele, die ihrer Plackerei, ihren Schwierigkeiten, ihren Ängsten, ihren ethischen Verwicklungen, ihren ermüdenden Anforderungen an die Pflichterfüllung, ihrem Ruf nach Opferung des eigenen Behagens in der Sorge für andere, ihrer Forderung nach Nächstenliebe und der praktischen Hilfsbereitschaft auf Kosten ihrer selbst unterworfen sind: und viele in der Tat, die nichts von der Idee eines beschaulichen Lebenswandels wissen wollen. Sie erscheint ihnen als eine Form der Flucht vor der Wirklichkeit; fast als eine Form der Genußsucht und der Selbstsucht, als ein Ausweichen vor der Verantwortung und als Abkehr von der Widerwärtigkeit einer Welt, die dennoch jeder von uns beauftragt ist, innerhalb der ihr gesteckten Grenzen in Bewegung zu halten. Anders denken sie über die Orden, die sich dem Schulwesen, der Krankenpflege oder dem Missionswesen widmen. Solchen Bestrebungen kann man bereitwillig Verständnis und Hochachtung entgegenbringen, weil sie den Geboten, die an unsere eigene Menschlichkeit und an unsere täglichen Pflichten gestellt werden, näherkommen und sogar erkennbar höherwertig sind. Das angewandte Heldentum eines Pater Damien und des Heiligen Peter Clave sind für uns alle bewunderungswürdig. Für Menschen dieser Denkart – und sie befinden sich in der großen Mehrheit – ist unsere Pflicht dem Nachbarn gegenüber drängender und unmittelbarer als unsere Pflicht gegenüber Gott; die eine Pflicht schließt die andere nicht aus und sollte es auch nicht; indessen sollte man Gott durch das Medium unserer Hingabe an die Gemeinschaft unserer menschlichen Brüder, nicht hingegen im Frieden einer kerzenstrahlenden Kapelle oder in der Abgeschiedenheit einer Klosterzelle dienen. Sich der Last des Lebens zu entfremden, gehört nicht zu den uns allen gemeinsamen Bürgerpflichten; die Gebete, die sich mit dem Bösen in der Menschenseele auseinandersetzen, würden besser auf die Sorge für das gemeine Wohl gerichtet werden. Auf derlei Darlegungen gibt es keine einleuchtende Erwiderung. Die einzige Antwort ist die, daß nicht jeder Kopf das Problem auf die gleiche Weise sieht und daß man über die Methoden, deren sich unsere

Mitmenschen bei der Lösung bedienen, ebensowenig wie über ihre Gründe zu Gericht sitzen kann. Die einzige Stätte, wo wir niemals sein können, ist der Geist eines anderen, und die Antwort auf die vielfältigen Rätsel, die uns bedrängen, ist nicht eindeutig, sondern vielgestaltig. Wenn sogar schon der hölzerne Boden, auf dem wir so vertrauensselig einherschreiten, keinesfalls solide, sondern genauer gesprochen eine Aneinanderreihung von Löchern ist, durch die wir, wenn wir es nur etwas anders ansähen, zu fallen fürchten müßten, um wieviel vorsichtiger sollte dann unser Urteil über Bereiche sein, die nicht einmal den Anspruch erheben, erkannt oder gefühlt werden zu können! Jedem muß die Erfüllung seines eigenen Schicksals überlassen bleiben, und manche Menschen mag es auf Grund der Gnaden, deren gerade sie teilhaftig geworden sind, durchaus von höchster Wichtigkeit erscheinen, jene seltene Verbindung zwischen der Menschheit, deren Vertreter sie sind, und ihrem Schöpfer herzustellen. Möglicherweise ist ihre Natur so beschaffen, daß sie jede andere Form des Dienstes ausschließt. Berufung ist ein Wort, und überdies auch ein schönes Wort; und niemals hat ein Wort in die menschliche Sprache Eingang gefunden, wenn nicht ein Wirkliches ausgedrückt werden mußte, für das eine Benennung notwendig geworden war. Am Anfang ist das Wirkliche, und die Benennung folgt ihm nach. Soviel wir auch an dem scheinbaren Energieverlust, an dem Leerlauf von Kräften, die möglicherweise nützliche Dienste leisten könnten, und der Vergeudung einer, wie es uns scheint, lebendig begrabenen Tugend auszusetzen finden; sosehr uns die Verlassenheit, ja, das Herzeleid derer erzürnen mögen, die in einer kalten Welt zurückbleiben müssen, während sich die Klosterpforten vor ihren Augen schließen; so empört wir vielleicht auch sind über den Verlust an Fähigkeiten für eine Gesellschaft, die ihrer dringend bedarf, über den Verlust an Talent, das greifbaren Zielen dienstbar gemacht werden könnte, und über das Leugnen jeder nützlichen Verwendbarkeit in

Fällen, wo sie sicherlich gegeben wäre: Nicht einer dieser Gesichtspunkte, nicht eine dieser verdrießlichen Betrachtungen können und sollten Platz greifen, sobald wir uns einmal zu der für uns seltsamen, aber gewichtigen Grundeinsicht bekehrt haben, daß die irdischen und vergänglichen Werte vollkommen in ihr Gegenteil gekehrt werden können.

Zum Zwecke der Verdeutlichung sollte hier vielleicht die Geschichte einer Spanierin eingeführt werden. Soweit uns bekannt ist, und man darf es gewiß als Tatsache hinnehmen, hat Therese von Lisieux die erlesenen, wenn auch bestürzenden Wonnen menschlicher Leidenschaften niemals, auch im jungfräulichsten Sinne nicht, erfahren. Ihr Erwachen zur Liebe war ausschließlich dem himmlischen Bräutigam vorbehalten. Sie hatte nie von einem anderen Brautgemach als ihrer Klosterzelle geträumt und nie von einem anderen Hochzeitsbett als dem in einsamer Nacht über zwei Böcke gelegten Brett. Mit Doña Casilda de Padilla hatte es eine andere Bewandtnis. Da ihr Bruder und ihre ältere Schwester bereits auf die Welt verzichtet hatten, blieb sie als die einzige Erbin eines reichen und edlen Hauses zurück; als solche wurde sie in aller Eile mit einem Verwandten verlobt, dem sie weit über ihre Jahre hinaus mit inniger Neigung zugetan war und mit dem sie, weil sie ihn so herzlich lieb hatte, zu ihrer großen Freude den Tag zu verbringen pflegte, wenn immer sich die Gelegenheit dazu bot. Am Ende eines jeden solchen Tages aber verfiel sie tiefem Kummer, indem sie bedachte, wie der Tag zur Neige gegangen war und wie auch jeder weitere Tag auf gleiche Weise zur Neige gehen müßte. Das erfüllte sie mit solcher Trauer, daß sie es nicht vermochte, sie vor ihrem Bräutigam verborgen zu halten; ebensowenig aber war sie zunächst imstande, sich Rechenschaft darüber abzulegen, obwohl er sie bedrängte, ihm den Grund ihrer Betrübnis zu offenbaren. An den Gewändern und dem Zierat ihres Ranges, mit denen man sie nach der Verlobungsfeier geschmückt hatte, fand sie nicht die Freude, die bei einem Mädchen ihres

Alters nur natürlich gewesen wäre, und allmählich begann sie zu begreifen, daß Gott sie für Sich Selbst bestimmt habe und die menschliche Liebe, die sie empfände, aus ihrem Herzen risse. Ihr Bräutigam war bedeutend älter als sie und sah die Sache ernst an; zu allem Überfluß war er genötigt, eine Reise zu machen und seine verstörte Verlobte ihren Grübeleien zu überlassen. Sie fand den Mut nicht, um ihm offen ihre Unentschlossenheit darzulegen, wohl aber sprach sie sich vor ihrer Schwester und Mutter aus, indem sie die Frage aufwarf, wie es denn, wenn man sie zur Ehe für alt genug erachte, möglich wäre, daß man sie nicht für reif genug ansehe, um ihr Leben Gott zu weihen. Um die Geschichte zu einem Ende zu bringen, sie hielt es für gescheiter, nicht erst die Rückkehr ihres Bräutigams abzuwarten, sondern unter dem Vorwand, ihre Großmutter sehen zu wollen, ein Kloster aufzusuchen; auf dem Wege dorthin entledigte sie sich ihrer Dueña und ihres Gesindes (naturgemäß hätte keine Spanierin ihres Standes sich ohne vielköpfige Begleitung auf die Landstraße wagen dürfen), indem sie die eine ein Reisigbündel einkaufen hieß und die andere nach einem Glase Wasser aussandte, während sie selbst den übrigen zu entwischen vermochte und tränenden Auges in das Kloster einbrach, die Priorin anflehend, sie nicht wieder heimzuschicken.

Ihre weiblichen Bedienten lamentierten am Klostergitter; die Großmutter kam, ein Onkel kam, und schließlich traf auch der Bräutigam persönlich ein, doch nichts vermochte sie zu rühren. Sie sagte bloß, daß sie selbst für ihr Seelenheil verantwortlich sei, und um den armen, zerrütteten Mann zu trösten, fügte sie noch hinzu, sie scheide einzig Gott zuliebe von ihm und deshalb habe er auch keinen Anlaß zur Klage, doch »als sie sah, wie wenig ihm dies genügte, stand sie auf und ließ ihn zurück«. Es bedurfte eines königlichen Befehls, um sie mit Zwang aus ihrer Einsamkeit zurückzuholen. Innerlich unbesiegt, verstand sie es jedoch ein zweitesmal, ihrer Mutter das Nachsehen zu geben. Eines Tages waren sie gemeinsam zur Messe gegangen, und da sie ihre Mutter in den Beichtstuhl geleitet hatte, durfte sie sich vor ihr sicher fühlen. Sich ihrer Holzschuhe[1] zu entledigen, sie unter dem Ärmel zu verstecken und ihre langen Röcke hochzuschürzen, war das Werk eines Augenblicks, und dann lief Casilda mit Windeseile in das Kloster zurück, verfolgt von einer Dueña, die mehr und mehr zurückblieb und einem Manne zurief, sie festzuhalten. Es war indessen Gottes Wille, daß der Mann sich nicht vom Fleck zu bewegen vermochte, während Casilda die Pforte hinter sich verriegelte und die Nonnen ihr sofort das Ordensgewand überreichten. So gab sie, für alle Ewigkeit mit seelischem Lohn begnadet, »ihre reichen und kostbaren Kleider für ein armseliges Gewand aus Serge« dahin.

Wenn sogar eine verliebte Jungfrau diesen Drang empfinden konnte, eine Jungfrau, vor der sich die zartesten Verheißungen der Welt breiteten, für die der Verzicht nicht nur die Abkehr von allen süßen und verlockenden Aussichten auf Liebe, Kinder, Häuslichkeit, Ehre und Reichtum, sondern auch die schmerzliche Verpflichtung bedeutete, das Herz des Mannes zu verwunden, dem sie ihr eigenes geschenkt hatte: um wieviel verständlicher wird dann der Entschluß einer in ihrem Herzen freien Therese, die Zuflucht des Klosters aufzusuchen! Der einzige Mensch, der vielleicht hätte verletzt werden können, war ihr alter Vater; und mochte sie ihn auch noch so innig lieben, so durfte doch sein Anrecht auf sie (sofern er es hätte geltend machen wollen) nicht zwischen ihr und dem hallenden Rufe stehen, den sie von Christus vernommen hatte. Alle anderen denkbaren Erfordernisse des Dienstes an Menschen, die sie nicht einmal kannte, entbehrten der Klarheit und waren deshalb von ihrem Standpunkt aus nicht vorhanden. Das eingefriedete Dasein gewährte die Möglichkeit zu völligem Versunkensein, zur gänzlichen

1 Es überrascht nicht, daß Casilda sich ihrer Holzschuhe (chapines) entledigte, um ungehindert laufen zu können, denn diese waren manchmal derart hoch, daß selbst das Gehen in ihnen Schwierigkeiten machte.

Selbstentäußerung, zu jenem Miteinanderverschmelzen, das sie erleben mußte, wenn sie überhaupt jemals ihrer Bestimmung gerecht werden sollte. Wie Casilda hatte sie, nur bei weniger Hindernissen, selbst ihr Seelenheil zu vollbringen.

IX

Obwohl das Dasein im Karmel in mancher Hinsicht ein tätiges, keineswegs unausgefülltes Leben war, so war es doch ein beschauliches Leben, und als solches erlaubte es Therese, ihre Weltanschauung auf das vollkommenste abzurunden. Um diesen Punkt noch etwas gründlicher zu behandeln und deutlicher zu machen, erscheint es notwendig, ein wenig über die Ziele der Karmeliter auszusagen und aufzuzeigen, inwieweit sie mit dem doppelten Vorhaben Thereses übereinstimmten, ein ganz nach innen gerichtetes Leben und gleichzeitig im Bereich des Alltags ein makellos christliches Leben zu führen. Eine Handschrift aus dem dreizehnten Jahrhundert erklärt, daß die Lebensweise der Karmeliter einem zweifachen Ziele dient. Das Erreichen des ersten Zieles, das durch Gottes Gnade vermittelst unserer Mühen und der Betätigung unserer Tugend bewerkstelligt werden kann, schenkt Gott ein Herz, das frei von sündiger Verderbtheit ist, und setzt die Nächstenliebe voraus, die alle Verfehlungen überstrahlt. Das zweite Ziel ist eine Gabe, die von Gott verliehen wird, und besteht darin, auf Erden schon die Gewalt der göttlichen Gegenwart zu erleben. Aus alledem ergibt sich also, daß, während das erste Ziel sich durch die Anstrengung unseres sterblichen Willens bewältigen läßt, das zweite sich unserer Einwirkungsmöglichkeit entzieht, so daß unser Beitrag sich in der ständigen Ausrichtung unserer Sehnsucht auf dieses Ziel erschöpfen muß. Das übrige steht bei Gott. Teresa von Avila war sich dessen wohl bewußt, daß nicht alle ihre Schülerinnen die letzte Offenbarung empfangen, sondern viele trotz ihrer Opfer und Gebete immer nur auf der zweiten Stufe zurückbleiben würden. Sie lehrte, daß der Weg zur wahren Gottbetrachtung in der hingebenden, sich selbst zum Opfer bringenden Liebe läge, daß die mystische Vereinigung jedoch, als möglicher und ebenso wunderbarer wie unermeßlicher Lohn, erst weit in der Ferne winke. Der Heilige Johannes vom Kreuze hat denselben Gedanken etwas anders ausgedrückt:

Para venir a gustarlo todo
No quieras tener gusto en nada.
Para venir a poseerlo todo
No quieras poseer algo en nada.

Um alles genießen zu können,
Muß man nichts genießen dürfen.
Um alles besitzen zu können,
Muß man nichts besitzen dürfen.

Er hatte sich auch über die Ideale verbreitet, denen die Seele nachleben sollte:

Nicht das Leichteste, sondern das Schwierigste.
Nicht das Schmackhafteste, sondern das Schalste.
Nicht, was gefällt, sondern das, was verletzt.
Nicht der Wunsch nach dem Größten, sondern dem Geringsten.
Nicht alles begehren, sondern nichts begehren.
Um dorthin zu gelangen, wo man nichts beachtet, muß man dem Wege folgen, auf dem man nichts beachtet.
Um zu dem zu gelangen, was man nicht hat, muß man dem Wege folgen, auf dem man nichts hat.
Um zu dem zu gelangen, was man nicht ist, muß man dem Wege folgen, auf dem man nichts ist.
Um das All zu gewinnen, muß man alles preisgeben,
und wenn es dir gelingt, das All zu besitzen, so halte es fest, ohne das Geringste zu wollen.

Sobald man sich einmal zur Prämisse dieser letzten Werte bekannt hat, kann man sich der Logik dieser Anschauungsweise einfach nicht mehr entziehen. Die Wasser der Mystik sind tief, und ebenso hoch sind die Gipfel, die sich vor ihrem Streben türmen; im Angesicht von solchen Tiefen und solchen Höhen wird alles andere bedeutungslos. Vielleicht ist kein Thema schwieriger zu erörtern oder in Worten zu deuten, insofern als nämlich das so wesentliche Eingeweihtsein mangelt, das eine, was notwendig wäre, nicht gegeben ist und Worte im besten Falle nur wenig sagende Symbole sind, sofern das innere Erleben nicht das unerläßliche Element der inneren Erkenntnis beisteuert. Sogar in anderen und weniger verborgenen Bereichen vermag die visuelle Beschreibung nicht mehr als eine umrißartige Vorstellung des geschauten Gegenstandes hervorzubringen, doch ist bei dieser visuellen Beschreibung irgendein vertrautes, das Verständnis förderndes Element – eine Landschaft, ein Lichteffekt, eine Blume oder menschliche Gesichtszüge – bereits gegeben. Und dennoch! Wie weit entfernt sich die Schilderung selbst so noch von der Wirklichkeit! Und wenn man dies schon als wahr, als unleugbar wahr unterstellen muß, um wieviel mühseliger ist dann die Aufgabe, durch die Scheidemünze von Worten einen Eindruck von dem Eingeweihtsein zu vermitteln, das so wenigen nur gewährt wird! Die Banknote läßt nur wenig von den in den Tresors versteckten Goldvorräten oder von dem unermeßlich verwickelten Gewebe des wirtschaftlichen Kreislaufs in Industrie und Handel ahnen. Genauso schwierig wäre der Versuch, einem Bettler den Wert seines Penny oder einem blind geborenen Menschen die Beschaffenheit der Farben auseinanderzusetzen.

Wir bewegen uns hier auf einer Ebene, die mit dem irdischen Dasein in keinerlei Berührung steht. Am nächsten steht ihr noch der Künstler in jenen Augenblicken, die man undeutlich als »inspiriert« bezeichnet.

Wenn das Licht der Sinne
Erlischt mit einem Blitze, der die Welt
Des Unsichtbaren anstrahlt . . .;

denn zwischen dem schöpferischen Künstler und dem Mystiker besteht eine innigere Verwandtschaft als zwischen jeder anderen Gattung von Menschen. Vielleicht trifft es zu, daß der Künstler in solchen Augenblicken auf einem straff zwischen den weltlichen und außerweltlichen Dingen gespannten Seil wandelt; der Vergleich ist oft gezogen worden; obwohl aber das innere Rauschgefühl – das Gefühl, über sich hinausgesteigert, vom Geiste ergriffen, mit Schaffenskraft erfüllt und von einer nicht etwa täuschenden, sondern das Letzte offenbarenden, intuitiven Sicht durchdrungen zu sein; obwohl dies Gefühl vielleicht etwas Ähnliches wie das des Mystikers ist, so darf doch nie vergessen werden, daß die Ziele bewußt nicht dieselben sind und sich nicht einmal in der Rückschau ähneln, es sei denn, daß der Schönheitssucher wirklich auf Wegen wandelt, die denen des Gottsuchers parallel laufen. Was im übrigen durchaus der Fall sein mag. Sicherlich hat man es mit einem Wunsch nach letzter Vollendung zu tun: mit einem Verlangen, die wirren, kaleidoskopartigen Fragmente des Erlebten zu einer Gesamtform zu gestalten, die irgendwo gegeben sein muß – mit jener Sehnsucht, der einige Seelen ihr irdisches Sein geopfert haben. Es gibt nichts dergleichen wie ein angeborenes Mysterium; es gibt lediglich das Mysterium von etwas, was wir nur bruchstückhaft begreifen.

»Es gibt kurze und unvorhersehbare Augenblicke, in denen der Mensch das Gefühl hat, in unmittelbare Berührung mit einer unermeßlich großen Kraft des Guten zu treten . . . mit einer gleichsam auf Erfahrung gegründeten, aber an Tiefe und Deutlichkeit sehr unterschiedlichen Gottschau . . . Begriffe können einen so neuartigen, außergewöhnlichen und mächtigen Eindruck überhaupt nicht wiedergeben . . . es ist wie eine Bürgschaft, die einem gegeben wurde, wie ein Lichtstrahl, der auf eine lebenerfüllte Wirklichkeit fällt und sie in ihre tiefsten Tiefen hinein durchleuchtet.«

Es ist hier im Hinblick auf die höhere Mystik bereits dargelegt worden, daß das Subjekt oder fast auch könnte man sagen: das Opfer ekstatischer, von psychischen Phänomenen begleiteter Zustände eine vorsichtige und mißtrauische Haltung einnimmt: die Schweißausbrüche, die Fieberanfälle, die Schmerzen, das Zittern, der Bewußtseinsschwund und das Gefühl des körperlichen Schwebens – es sind das nicht Erscheinungen, auf die man als Zeichen einer göttlichen Begnadung stolz sein dürfte, sondern eher ist man schon geneigt, vor ihnen zu erschrecken, sie mit Argwohn zu betrachten und nach Möglichkeit geheimzuhalten. So merkwürdig und womöglich eindrucksvoll sie dem beiläufigen Beobacher als Abweichungen von den Naturgesetzen erscheinen, so gelten sie doch dem Eingeweihten nur als sekundäre und belanglose Phänomene, die sich auf einer niedrigeren Stufe des seelischen Lebens abspielen. Die echte und ins Letzte hinein geläuterte Vereinigung der Seele mit Gott darf keinerlei körperliche Begleiterscheinungen aufweisen, sobald erst einmal das erste Stadium, in dem das Bewußtsein und selbst die Sinne noch eine Rolle spielen, durchschritten ist. In den Sprüchen Salomos »bedrängt der verwesliche Körper die Seele und das irdische Dach drückt auf den Geist, der über vielerlei grübelt«. Der Heilige Johannes vom Kreuze pflegte diese Erscheinungen, in der verdünnten Luft seines Denkens, schnell und mit einem leichten Anflug von Verachtung abzutun: Für ihn waren die körperlichen Schwächen und Gebrechen, die Knochenverrenkungen und sonstigen physischen Störungen lediglich das Ergebnis von Ekstasen und Zuständen, bei denen die Verbindung nicht nur im rein Seelischen bestanden hatte, war doch der sinnliche Teil der Seele schwach und besaß er doch nicht die Bereitschaft für die großen Offenbarungen des Geistes. Wenn die Verehrer der Therese von Lisieux sich diese Beweisführung zu eigen machen würden, so könnten sie geltend machen, daß deren Geistigkeit von Anbeginn höherwertiger als diejenige der Teresa von Avila gewesen sei, indem sie mit ihrer klaren Einsicht sowie mit der Schlichtheit und Offenheit ihrer Seele den kürzesten Weg zu dem Ziele eingeschlagen habe, wo des Heiligen Johannes »Strahl erhabener Gottbetrachtung« die Seele mit seinem blendenden, aufhellenden Lichte zu erleuchten vermochte. Niemals war sie von den »physischen Störungen«, denen Teresa von Avila unterworfen gewesen war, heimgesucht worden. Sie waren ihr zwar nicht gänzlich fremd, doch scheint aus ihrer eigenen Schilderung klar hervorzugehen, daß sie weder häufig noch übermäßig waren. Teresa von Avila war vom Teufel umhergeschleudert worden; er hatte sie gegen eine Mauer geworfen; er hatte sie die Treppe hinuntergestürzt, wobei sie sich einen Arm gebrochen hatte; ihre Gliedmaßen waren erfroren und erstarrt gewesen; sie hatte sich »wie von einem riesenhaften Geier« in die Luft gerissen gefühlt. Therese von Lisieux hat niemals Prüfungen durchgemacht, die diesen auch nur von fern her vergleichbar wären. Wie bescheiden ist, an solchen Maßstäben gemessen, ihre Schilderung eines solchen Vorfalls: »Ich fühlte mich plötzlich von einem derart glühenden Feuerstrahl versengt, daß ich vermeinte, daran sterben zu müssen . . . eine unsichtbare Kraft schien mich gänzlich in Feuer zu tauchen. Oh, welch ein Feuer, welche Süßigkeit . . . Ich schien mich in einer geborgten Gestalt zu bewegen, als ob ein Schleier über alle irdischen Dinge ausgebreitet gewesen wäre. Ich wurde aber von keiner wirklichen Flamme versengt.« Sie ging sogar der Versuchung aus dem Wege, sich anderen körperlichen Kasteiungen und Bußen als denen zu unterwerfen, die ihr schon durch die Ordensregel auferlegt worden waren; sie gab nämlich den Kasteiungen den Vorzug, mit denen sie fortgesetzt ihre Seele bedachte, und fast wie eine Überraschung wirkt die Entdeckung, daß sie sich einst eine Krankheit zugezogen hatte, indem sie ein metallenes

Kreuz trug, dessen scharfe Spitzen sich in ihr Fleisch eingruben. Heldenhafte Posen erschienen ihr wertlos, weil ihr Leben einer anderen Art von Opferbereitschaft gewidmet war. Allen Ekstasen, so schrieb sie, ziehe sie die Eintönigkeit einer unauffälligen Hingabe vor. Wenn der Ausdruck gestattet ist, so mag man sagen, daß ihre Frömmigkeit mit beiden Füßen auf der Erde stand, und auch da, wo von ihrem leidenschaftlichen Gefühl des Einsseins mit ihrem Schöpfer die Rede ist, sucht sie ihre Empfindung stets in Begriffen auszudrücken, die sie selbst und ihre Hörerschaft soweit wie möglich in die Nachbarschaft der entsprechenden menschlichen Vorgänge rücken. Um das Wort in seiner nettesten Bedeutung zu gebrauchen: immer war sie zu »verniedlichen« bemüht. Jesus ist ihr Vertrauter; Jesus der Vermittler; Jesus der Gütige und Mitleidsvolle; Jesus das Bindeglied zwischen unserer schwachen Menschlichkeit und der allzu erhabenen Vorstellung von Gott dem Allmächtigen. Teresa de Ahumada nannte ihn mit großartiger Einfalt »Seine Majestät«, wie jemanden, dessen Gewohnheit es ist, mit Königen zu verkehren; Therese zieht die Bezeichnung »le petit Jésus«, Christkind, blonder Buhle, vor. War die Spanierin nicht frei und offen zur »Teresa de Jesus« geworden, wogegen die kleine französische Nonne sich in die mildere »Thérèse de l'Enfand Jésus« verwandelt hatte?

Obwohl sich die Verehrer der Heiligen Therese vielleicht darüber entsetzen werden, so muß man doch die Frage aufwerfen, ob sie in dem Sinne, in dem es Teresa von Avila und der Heilige Johannes vom Kreuze waren, eine echte Mystikerin gewesen ist. Ich glaube nicht. Nicht ganz. Zugegeben, daß sie die Mutter Gottes auf sich zuschreiten und lächeln sah (wenngleich man selbst in diesem Falle zu berücksichtigen hat, daß sie zu der Zeit mit hohem Fieber bettlägerig war und die Suggestion eines Standbildes vor Augen hatte); zugegeben auch, daß sie Weissagungen ausstieß, wundertätige Werke vollbrachte und das Wissen um die Gegenwart Christi in sich fühlte. Beruhte aber ihr Erlebnis dieser Gnade nicht eher auf Überlegung als auf übernatürlichen Ursachen? Sie hatte stets bewußt darnach verlangt; es hatte sie nicht unausweichlich von innen wie von außen übermächtigt. Man kann sich unschwer zu etwas überreden, wenn man mit ganzem Herzen und mit ganzem Willen darnach strebt. Indem wir das sagen, dürfen wir nicht die überall geteilte Auffassung aus dem Auge verlieren, daß die Vereinigung – das »Gefühl« der Gegenwart – durch bewußte Bemühungen nicht erzwungen werden kann; und zu behaupten, daß Therese den göttlichen Gast ganz einfach dadurch empfangen habe, daß sie Ihm die Pforten zu ihrer Seele geöffnet hätte, würde leicht als offenkundig widerspruchsvoll empfunden werden können. Doch hat man sich auch dessen zu erinnern, daß die Hysterie, die eng mit der Mystik verschwägert ist, in manchen Fällen als eine Übertragung des Liebesinstinktes auftritt, die allen geläufig ist, sich bei einigen Temperamenten aber heftiger und verzehrender als bei anderen geltend macht. Die Psychologen gehen soweit, das Wort Erotomanie in Anwendung zu bringen. Nun braucht dieses Wort nicht notwendigerweise in einem abträglichen Sinne aufgefaßt zu werden. Man darf es im Gegenteil als denkbar keuschestes Verlangen nach einer Idealgestalt deuten, bei dem »die Seele nichts als Glut und Liebe ist«: als ein Sehnen, das mit dem menschlichen Wunsch nach Abhängigkeit, Führung und Schutz gepaart ist und das sich in der machtvollsten ihm geläufigen Vorstellung, der Vorstellung einer überwältigenden Gottheit, zu erfüllen sucht. Solch eine Lenkung entbindet die Seele von allem Schwanken und nicht zuletzt auch von aller Verantwortlichkeit; die Probleme werden einer stärkeren Treuhänderschaft anvertraut, und das Geheimnis allen Seins wird ein für allemal gelöst; Konflikte außer jenem, der mit dem starken Festhalten an der entdeckten Wahrheit verknüpft ist, werden nicht mehr ausgetragen; auf alle Fragen ist die Antwort gefunden. Diese Erklärung mag wie alle Deutungen nur teilweise befriedigen, aber wenn sie wirklich die Erklärung für die Frömmigkeit Thereses darstellt, so kann es schwerlich überraschen, daß sie sich ihren »Kleinen Weg« als »erstes Ziel« zurechtlegte, kraft dessen sie dann hoffen durfte, möglicherweise zu einem gelegentlichen Besuch in jene lichttrunkenen Bereiche entführt zu werden. In seiner ganzen Bescheidenheit stellte dies Ziel in gewissem Sinne den natürlichen Widerschein ihrer Erziehung und Lebensverhältnisse, wenn auch nicht ihres Charakters dar. Darin lag ihr Heldentum begründet. Sie hatte sich auf ihren »Kleinen Weg« durchaus nicht mit Eigenschaften begeben, die seinen Schwierigkeiten angepaßt gewesen wären. Würden Uneigennützigkeit und Selbstauslöschung, wie es bei einigen seltenen Seelen schon in der Luft, in der sie atmen, der Fall ist, gänzlich ihrer Natur entsprochen haben, so würde es weniger notwendig gewesen sein, darüber zu reden; sie würden ihr dann einfach nicht als ungewöhnlich aufgestoßen sein, und sehr wohl hätte es dann sein können, daß sie nie den »Kleinen Weg« mit solcher Ausführlichkeit kodifiziert haben würde. Sie war indessen eigenwillig, starrköpfig, leicht erregbar, begeisterungsfähig und mutig zur Welt gekommen; es lag ihr nicht im Instinkte, anderen nachzugeben oder vollends aufzugeben. Als sie einmal um eine Begriffsbestimmung der Allmacht Gottes befragt worden war, da gab sie zurück: »Das Wort bedeutet, daß Er tut, was immer Ihm beliebt« – augenscheinlich eine für ihr kindliches Gemüt beneidenswerte Eigenschaft. Bei anderem Anlaß wurde es ihr und ihrer Schwester Celine freigestellt, sich aus einem Korb von Puppenkleidern, Stoffresten und Borten – Dingen also, die jedes kleine Mädchenherz mit Leidenschaft begehrt – das Gewünschte herauszusuchen; Celine wählte für sich bescheiden eine Rolle mit Borten, wogegen Therese alles miteinander einheimste und mit den Worten entführte: »Ich will alles haben!« Wenn dies für uns die natürliche Regung eines normalen, habsüchtigen Kindes ist, so erblickte Therese darin eine tiefere Bedeutung. Sie bemerkt nämlich, daß dieser Vorfall aus ihren Kindheitstagen ihr ganzes Leben spiegelt und daß sie später erst, um eine Heilige zu werden, die Unerläßlichkeit des Viel-Erleiden-Könnens, der steten Bemühungen um die eigene Vervollkommnung und des völligen Sichselbstvergessens, nicht zuletzt auch des Wunsches, alles haben zu wollen, was Gott ihr schicken möge, begriffen habe. Sobald der Augenblick für die praktische Erprobung des »Kleinen Weges« gekommen war, da sollten sich die unermüdliche Selbsterziehung, die endlose Zahl der unscheinbaren Gewöhnungen und der aufgespeicherte Widerstand gegen die Versuchungen menschlicher Schwäche in der Stunde der Prüfung als ein wohldiszipliniertes, in jedem seiner Teile verläßliches Heer erweisen.

Bevor Therese Martin zur Thérèse de l'Enfant Jésus geworden war, hatte sie sich tastend um die Verwirklichung ihres Ideals bemüht. Da war der Vorfall mit den Schuhen am Weihnachtsabend gewesen; es war ihr auch die plötzliche Erleuchtung ihrer persönlichen Auslegung des Korintherbriefes gekommen. Jeder von uns kennt aus anderen Lebensbereichen Augenblicke, die vergleichsweise dieselbe Bedeutung besitzen, zunächst vielleicht nicht gewürdigt werden, später aber, in der Fernsicht von der Hügelkette unseres Lebens, als hochragende Gipfel erkannt werden. Dabei ist es freilich das Merkwürdige, daß Therese die Lehre des Karmel in Wahrheit noch einmal aus sich selbst heraus erobert hat. Es kommt schwerlich in Betracht, daß sie als Kind die Werke der Heiligen Teresa oder des Heiligen Johannes vom Kreuze gelesen haben sollte; sicher wird sie ihre Lebensbeschreibungen, sei es durch eigene Lektüre oder dadurch, daß man sie ihr vorlas, gekannt haben, doch müssen die tiefsinnigen und schwierigen metaphysischen Eigentümlichkeiten dieser Darstellungen völlig außerhalb ihres Begriffsvermögens gelegen haben; sie macht sogar die Bemerkung, daß »sichtbare Engel«, womit sie ihre älteren Schwestern meint, mit großer Sorgfalt die für das begrenzte Verständnis ihres Lebensalters geeigneten Bücher ausgewählt hätten. Wahrscheinlich hatte sie das »Schloß der Seele« gelesen oder es laut im Refektorium des Klosters vorlesen hören, zumal dies ein Werk war, das sich die Anleitung von Nonnen in den schwierigen Fragen des Gebetes zum Ziel gesetzt hatte; dasselbe mochte für den »Weg der Vollendung« gelten, der unter allen Schriften der Heiligen Teresa einer Zusammenfassung der Grundsätze Thereses am nächsten kommt; wenn dem aber auch so ist, so erwähnt sie doch niemals eines dieser Werke, und in jedem Falle hatte sie sich, noch ehe sie ins Kloster eintreten würde, die Grundlagen ihrer eigenen Lehren erarbeitet: Dabei war sie erst dreizehn Jahre alt, als sie eine Regel für ihr Leben aufzustellen begann, die völlig mit den zur göttlichen Vereinigung, zum »Nada« und zum »Todo«, zum Nichts und zum All, führenden Liebes- und Verzichtslehren des Heiligen Johannes und der Heiligen Teresa übereinstimmte. Sogar in geringfügigen Fragen hatte Teresa Äußerungen fallenlassen, die denen des »Kleinen Weges« eng verwandt sind: »In dieser wichtigsten aller Angelegenheiten (der in der Liebe zu Gott begründeten Liebe zu unserem Nächsten) sollten wir auch in geringfügigen Dingen äußerst wachsam sein . . . Der Herr erwartet *Werke* von uns. Wenn du einer kranken Schwester ansichtig wirst, der du Erleichterung bringen kannst, so fürchte nie, deiner Hingabe verlustig zu gehen; habe Mitleid mit ihr; sofern sie Schmerzen hat, so fühle mit ihr, als ob es deine eigenen wären . . . Dies ist die wahre Vereinigung unseres Willens mit dem Willen Gottes. Wenn man gut von jemandem spricht, so freue dich mehr daran, als wenn es von dir selbst geschähe . . . Es ist ergötzlich, Seelen zu beobachten, die sich im Gebete einbilden, sie würden verachtet und öffentlich geschmäht, und doch . . . wenn jemand sie ungerecht einer Verirrung bezichtigt, so möge uns Gott vor ihrem Aufschrei bewahren! Alle, die derlei Dinge nicht ertragen können, sollten nicht an die großartigen Phantasien erinnert werden, denen sie selbst sich hingaben, sobald sie mit sich alleine waren.« Immer menschlich, hatte sie in einem Stil, der auf Thereses Art besonders anwendbar gewesen wäre, dies geschrieben: »Manchmal werden einem Menschen durch einen geringfügigen Anlaß dieselben Schmerzen wie einem anderen durch ein schweres Kreuz verursacht. Empfindsame Naturen haben schon für leichten Verdruß ein hochentwickeltes Feingefühl.« Dennoch ist Teresa zu keiner Zeit ein Lieblingsautor Thereses geworden. In Wahrheit spricht diese selten von ihrer Lektüre, und da man, bei unserer genauen Kenntnis ihres Wesens, mit gutem Grunde annehmen darf, daß starke literarische Einflüsse irgendwelcher Art ihren Niederschlag in ihrer Autobiographie gefunden haben würden, so darf man ebenso begründet vermuten, daß derartige Einflüsse ihren Lebensweg nicht gekreuzt haben. Deshalb ist es vielleicht ungerecht, ihr jede Ursprünglichkeit des Denkens abzustreiten, insofern nämlich, als sie ohne fremde Hilfe zu ihren Schlußfolgerungen gelangte und nicht wissen konnte, daß andere schon vorher zu denselben Schlüssen gelangt waren.

Das Ergreifende daran ist dies, daß sie gern las, aber wenig Zeit dafür erübrigte; Lektüre galt ihr als genießerisch, weshalb sie sich daran gewöhnte, sich beim Lesen auf eine bestimmte Zeit zu beschränken; wenn dann die Stunde überschritten war, so pflegte sie in der Mitte selbst der interessantesten Stelle abzubrechen. Während wir uns dessen erinnern, wie Teresa in dem rauhen Avila ihrer Kindheit mit Ritterromanen aufgewachsen war und sogar, gemeinsam mit ihrem kleinen Bruder, selbst dergleichen zu schreiben versucht hatte, lesen wir bei Therese das Geständnis, daß sie in gewissen »récits chevaleresques« nicht habe verstehen können, was sie die positiven Seiten des Lebens nennt. Trotz dieser angeborenen Lebensfremdheit hegte sie eine große Bewunderung für alle französischen Nationalheldinnen, besonders aber für Jeanne d'Arc, der sie eine lange Folge von Gedichten und nicht zuletzt auch ein Gebet geweiht hat, das durch eine bildliche Darstellung der kriegerischen Heiligen inspiriert worden ist (wer kennt nicht diese Darstellungen Johannes! Diejenige, auf die der Blick Thereses gefallen ist, war zweifellos ganz nach ihrem Geschmack). Johanna war für Therese natürlich nicht die Heilige Johanna, und unseren Ohren klingt es etwas überraschend, etwas ungewohnt, ihr in den Blättern Thereses lediglich als der Verehrungswürdigen zu begegnen, da dies doch ein Beiname ist, der, abgesehen von seiner sonstigen und gebräuchlicheren Verbindung mit der Würde des Greisenalters, unserem Geschmack als seltsam ungeeignet für das jugendliche Ungestüm der Jungfrau von Orleans erscheint. Eines ihrer Gedichte ist einem Aufruf zur Heiligsprechung Johannas gewidmet. Arglose Therese! All ihre Kraft der Hellsicht hatte ihr nicht den lichterschimmernden Glanz von Sankt Peter, die Menschenmengen und die Prozessionen gewiesen, die, fünf Jahre nach der Heiligsprechung der Jeanne d'Arc, fast auf den Tag, ihr selbst zu Ehren Wirklichkeit werden würden.[1] Auch hatten sie alle ihre prophetischen Gaben nicht vorausahnen lassen, daß der Schrein und die Standbilder ihrer selbst in den Dorfkirchen und Kathedralen Frankreichs eines Tages die Huldigung frischer, weil ständig erneuerter Blumensträuße erfahren würden, während Johanna die allzu Heldenhafte, mit einer verstaubten Standarte über verwelkten Lorbeerzweigen, nach wie vor auf ihrem Sockel stehen würde. Das unwirtliche Dörfchen Domrémy hat allen Anlaß, dankbar zu sein, daß ihm die Kitschläden und der Ansichtskartenplunder von Lisieux erspart geblieben sind. Selbst die Soldaten des Krieges von 1914/18 sollten der erhabenen Heiligen, gegenüber der anderen, ein wenig überlebensgroßen Heiligen, den Vorzug geben.

Außer ihrer offenkundigen Aufrichtigkeit können die Gedichte Thereses keinerlei besonderen Wert beanspruchen, indessen verdient ihr »Prière de la France à Jeanne d'Arc«[2] im

1 Jeanne d'Arc wurde am 16. Mai 1920 und Therese am 17. Mai 1925 heiliggesprochen.

2 Eine wörtliche Übersetzung befindet sich auf Seite 273.

Hinblick auf die Bedeutung des Themas zitiert zu werden. Einige Verehrer mögen sogar geneigt sein, dies Gedicht als prophetisch anzusehen, wobei sie allerdings die Tatsache unberücksichtigt lassen, daß es sich auf die religiösen Verfolgungen bezieht, die damals in Frankreich vorherrschten:

Oh! souviens-toi, Jeanne de ta patrie,
De tes vallons tout émaillés de fleurs.
Rappelle-toi la riante prairie
Que tu quittas pour essuyer mes pleurs.
O Jeanne, souviens-toi que tu sauvas la France.
Comme un ange du ciel tu guéris ma souffrance,
Ecoute dans la nuit
La France qui gémit:
Rappelle-toi!

Rappelle-toi tes brillantes victoires,
Les jours bénis de Reims et d'Orléans;
Rappelle-toi que tu couvris de gloire.
Au nom de Dieu, le royaume des Frances.
Maintenant, loin de toi, je souffre et je soupire.
Viens encore me sauver, Jeanne, douce martyre!
Daigne briser mes fers . . .
Des maux que j'ái soufferts,
Oh! souviens-toi!

Je viens à toi, les bras charges de chaînes,
Le front voilé, les yeux baignés de pleurs;
Je ne suis plus grande entre les reines,
Et mes enfants m'abreuvent de douleurs.
Dieu n'est plus rien pour eux! Ils délaissent leur Mère!
O Jeanne, prends pitié de ma tristesse amère!
Reviens, fille au grand cœur,
Ange libérateur,
J'espère en toi.

X

Was aber läßt sich von ihren anderen Schriften sagen, die in dem einen, einzigen und aufschlußreichen Dokument enthalten sind, das den Titel »Geschichten einer Seele« (Histoire d'une âme) trägt? Getreu ihrer Überzeugung, daß es »gewisse Dinge gibt, die ihren Duft verlieren, wenn man sie den Winden aussetzt«, hatte sie diese Gedanken nicht niederschreiben wollen; nur aus Gehorsam zu ihrer Mutter Oberin, die damals zufällig ihre Schwester Pauline war, nahm sie die Feder zur Hand, um es unter den schwierigen Verhältnissen ständiger Unterbrechung durch ihre anderen Arbeiten und Pflichten doch zu tun. Darin zum mindesten erging es ihr ähnlich wie Teresa, die derart viel unter Unterbrechungen zu leiden gehabt hatte, daß sie spät in die Nacht hinein schreiben mußte, wenn die Stille in dem Kloster eingekehrt war; harmlos freilich erscheinen die Therese auferlegten Pausen, verglichen mit denen der vielbeschäftigten Frau, die nicht nur ihren religiösen Pflichten obzuliegen hatte, sondern auch die riesenhafte Aufgabe der Durchführung ihrer Klostergründungen wahrnehmen und die unübersehbare Zahl von Briefen schreiben mußte, die, von ihrer jagenden Feder entworfen, in alle Teile Spaniens, in Paläste und Klöster und sogar in die Neue Welt enteilten. Therese aber, der die geistigen Kräfte der Spanierin nicht zur Verfügung standen, hatte sich, wenn man diesen Unterschied in Rücksicht stellt, über den gleichen Mangel an der für anhaltende Konzentration erforderlichen Zeit zu beklagen: über einen Zeitmangel also, der das Verständnis eines jeden Schriftstellers finden wird. Jegliche Konzentration wird unmöglich, wenn die Stimmung beständig durch belanglose Ablenkung zerstört wird. So ist es denn kein Wunder, daß die Darstellung Thereses ein wenig zusammenhanglos ausgefallen ist und der zeitliche Ablauf der Erzählung, so als ob der Autor nicht die Zeit zur Überprüfung des Stoffes habe erübrigen können, bald nach rückwärts und bald in die

Zukunft ausgleitet; es ist das nur von nebensächlichster Bedeutung. Denn der Reiz des Buches liegt ja zum nicht geringen Teil gerade in seiner Kunstlosigkeit, in seiner Atemlosigkeit, die den Eindruck erweckt, als habe die Verfasserin sich ängstlich beeilen müssen, ihre Gedanken aufs Papier zu werfen und den Inhalt ihres Gedächtnisses, wie er sich darbot, in Gemäßheit mit den ihr erteilten Weisungen und zum Besten anderer, auszuschütten. Nachdem sie sich einmal zu ihrer Aufgabe bekannt hatte, hegte sie – und wie richtig war sie doch beraten! – nicht den geringsten Zweifel daran, daß ihr Buch, obwohl es erst nach ihrem Tode erscheinen würde, eines Tages die höchste Bedeutung erlangen müßte. Als ihr die Schwester aufgetragen hatte, eine unzureichende Stelle zu vertiefen, und sie dann in Tränen zerfließen sah, da rief Therese aus, es drücke das alles so wahrheitsgetreu ihre Seele aus; es würde von den Seiten so viel Gutes für die Welt ausgehen; sie selbst aber sei überzeugt, daß jedermann sie lieben werde. Ihre Gewißheit in diesem Punkte scheint mit ihrer Gewißheit, eine Heilige zu werden, gewetteifert zu haben. Doch um sogleich das Schlimmste auszusprechen und mit ganzem Nachdruck auszusprechen: für anders organisierte Gemüter ist »L'Histoire d'une âme« zugegebenermaßen unerträglich. Der Infantilismus Thereses, ihre salbungsvolle Süßlichkeit und ihre Art, die schwierigsten Gegenstände auf den einfachsten Nenner zu bringen: all die Eigentümlichkeiten, die in manchen Menschen ein solches Übermaß an begeisterter Hingabe und Empfänglichkeit erwecken, rufen in anderen den gleichen Grad von verärgerter Abneigung hervor. Schon der Untertitel auf den ersten Seiten läßt uns ahnen, wessen wir gewärtig sein müssen: Die Springflutgeschichte eines weißen Blümleins (Histoire printanière d'une petite fleur blanche).[1] Für das Empfinden mancher Leute sind der Stil

1 Dies ist zweifellos der Grund dafür, daß die Heilige Therese im Englischen, wenn auch, soweit ich unterrichtet bin, in keiner anderen Sprache, häufig mit dem Namen »The Little Flower« bezeichnet wird.

dieser Sprache und die von ihr benutzten Bilder beleidigend und widerwärtig wie der Ekel, den die Süßigkeit der Eibischwurzel hervorruft. Die unübersetzbaren Wörter »mièvrerie« und sogar »niaiserie«, vor deren Benutzung einer ihrer ergebensten Bewunderer unter ihren Landsleuten keineswegs zurückschreckte, lassen sich im Englischen nur durch Eigenschaftswörter wie süßlich, abgeschmackt und albern wiedergeben (sugary, namby-pampy and silly). Und wahrlich sind wir weit von den metaphysischen Phantasien der Teresa von Avila entfernt, weit von dem Otterngezücht und dem Edelstein, der größer als die ganze Welt ist; weit auch von der dunklen Helligkeit des Heiligen Johannes vom Kreuze: so weit entfernt in der Tat wie die Heiligenfiguren aus Gips von den Herrlichkeiten, die einst von der Kunst zur Ehre Gottes in verschwenderischer Fülle geschaffen wurde. Es ist merkwürdig, daß dieselbe Frömmigkeit, die der Schöpferkraft des Menschen einst die edelsten Werke entlockt hat, später in Kitsch und Flittergold ihren Ausdruck finden sollte; in künstlichen Blumen; in grellen Farben; in mit zuckersüßem Rosa und Blau bemalten Figuren; in gezierter, mit der Fadheit einer abstoßenden Empfindsamkeit gemischter Vulgarität. Wo sind die edelsteinbesetzten Fenster von Burgos und Auxerre? die gestickten Gewänder des Peregrino Tibaldo, jene Schätze so mancher spanischen Sakristei? die Fresken Assisis, Paduas und der Sixtinischen Kapelle? die Engel des Fra Angelico? die hintergründigen, unerhört verfeinerten Bildnisse Leonardos? die Bronzen Ghibertis? Diese Schöpfungen waren kraftvoll, reich und schön. Es erhebt sich die Frage, ob sie den gültigen Geschmack ihrer Zeit spiegelten und ob es Geschlechter waren, die wirklich ein anderes Gepräge trugen. Oder gab es auch damals einen primitiveren, roheren Geschmack, dessen flitterhafte Erzeugnisse seither, schon um ihrer Zerbrechlichkeit willen, längst, und ohne eine Spur zu hinterlassen, verschwunden sind? Wir können darüber nichts aussagen, obwohl das Fehlen billiger und serienweise hergestellter Ornamente derart ausgeprägt ist, daß es wesentlich dazu beigetragen haben müßte, die Verunstaltung der Kirchen und Seitenkapellen durch ungebildete, wenn auch liebevolle Hände zu verhindern. Obwohl Lisieux die schlimmsten Greuel von Lourdes erspart geblieben sind, so ist doch in einer seiner Straßen eine ganze Reihe von Geschäften emporgeschossen, in denen der Vergnügungsreisende für wenige Francs Gegenstände wie von einer Figur Thereses gekrönte Tintenbehälter in rostfarbener »art nouveau«, nach Tausenden zählende Medaillons und Bijouteriewaren, farbige Steindrucke, Miniaturausgaben der Marmorgruppe in Les Buissonnets und künstliche Zweige von »Les Roses de Lisieux« erstehen kann, die auch in Gestalt von Girlanden zu fünfunddreißig Francs den Meter erhältlich sind. Es gibt dort auch ein Kabinett mit lebensgroßen Wachsfiguren; der Besucher wandert zwischen den bildlichen Darstellungen aus dem Leben Thereses umher, indem er nacheinander alle Etappen miterlebt, von der Entdeckung des großen T am Himmel durch die sechsjährige Therese bis zur letzten Szene an dem Sterbebett im Kloster; ist er damit fertig, so stößt er draußen wieder auf die unerschöpflichen Vorräte von Kitscherzeugnissen.

Vielleicht ist es unvermeidlich, daß dieser Geschmack dem anspruchslosen Sinn einer kindlichen Bevölkerung und sogar der niederen Art von Priester genau wie seiner Gemeinde zusagt. Kinder finden an grellen Farben und prunkhaften Ornamenten ihr helles Entzücken; sie interessieren sich mehr für die kunstvolle Herstellung einer bemalten Zinnblume als für die echte Blume selbst; und schließlich würden nicht alle Priester dem geistigen Niveau der Gesellschaft Jesu genügen können und wenn sie mit einem noch so gültigen Passierschein zur Überschreitung der vom Heiligen Petrus bewachten Grenze ausgestattet wären. Vielleicht wird das Königreich des Himmels gerade von solchen Menschen bewohnt, und sicherlich war Thérèse de l'Enfant Jésus mit ihrem »Kleinen Weg« ein Mitglied dieser Gemeinschaft. Wiewohl aber ihre seelischen Errungenschaften sich mit denen ihrer hohen kastilianischen Namensschwester messen durften, so sprach sie doch in ihrer alltäglichen und volkstümlichen Art zu der und für die Masse der anspruchslosen Männer und Frauen, die mit Sorgen beladen waren, die nicht aus noch ein wußten und weder von der Hierarchie des Gebetes mit ihren sieben Palästen noch von erworbener oder eingegebener Gottbetrachtung eine Ahnung hatten; die nichts als »gut sein« wollten und eine verständliche Auslegung für das dumpfe Ahnen in ihrer Brust begehrten; die, alles in allem, nach einer Elementarschule zur Einführung in die unermeßlichen und schwierigen Bereiche der Verheißung verlangten, von denen sie fühlten, daß sie irgendwo im Jenseits lägen. Thereses Lehre war aber nicht nur verständlich und vor allem auf das schlichte Alltagsleben, sogar in gemilderten Dosen, anwendbar; sie war auch in einer Sprache enthalten, deren Beispiele und Gleichnisse der jedermann erreichbaren Erfahrung entstammten. Es gab Zeiten, wo ihre Gleichnisse von reizender Frische und Naivität sein konnten; so bemerkt sie, wenn sie von ihrem »so geraden, kurzen und neuartigen« kleinen Wege spricht, mit gewichtiger Miene, sie lebe jetzt in einem Zeitalter der Erfindungen, wo es nicht mehr nötig sei, sich Stufe um Stufe eine Treppe hinaufzubemühen; in den Häusern der reichen Leute, so meint sie, sei diese veraltete Methode auf das vorteilhafteste durch die Benutzung eines Fahrstuhls (un ascenseur) ersetzt worden und sie, Therese, müsse sich in den Besitz eines Fahrstuhls setzen, um dergestalt zu Jesus emporgetragen zu werden. Das Kaleidoskop, mit dem sie als Kind zu spielen pflegte, muß ebenfalls zur Erläuterung herhalten: Als sie nämlich seine Einrichtung untersuchte, da hatte sie bald herausgefunden, daß die hübschen Formen von nichts als unregelmäßigen Papier- und Wollstückchen herrührten, und endlich gab es dabei noch eine weitere Entdeckung: einen dreiseitigen Spiegel nach der Mitte zu, die Heilige Dreieinigkeit natürlich, die das sinnlose Durcheinander in lautere

Schönheit verwandelte. Sie konnte wohl auch guter Laune sein – sie war ein heiteres Kind gewesen – und heilte eine Novize von ihren allzuleicht fließenden Tränen, indem sie ihr auftrug, diese mit einer Schale aufzufangen, die sie unter die Augen halten sollte. Die Novize erzählt, die Folge sei gewesen, daß sie sich, sobald sie sich dem Weinen nahe fühlte, mit diesem erbarmungslosen Instrument bewaffnet habe und völlig damit beschäftigt gewesen sei, es hurtig vom einen zum anderen Auge wandern zu lassen, so daß sie den Grund ihres Kummers bald vergessen und zu lachen angefangen habe.

Das ist nun alles gut und schön, doch auch beim besten Willen von der Welt sind wir genötigt, zuzugeben, daß Therese oft den Punkt überschritt, an dem sie von der gefährlichen Messerspitze ihrer Naivität ins Lächerliche hinabkippte. In solchen Augenblicken muß man, auch wenn man ihr die ganze Einfalt des keuschesten und kindlichsten Gemütes zugesteht, seine Meinung ändern und erklären, daß sie völlig humorlos gewesen sein muß. Zwei Beispiele sollen genügen. Das erste ist der »lettre de faire part«, in diesem Falle eine von ihr zur Unterhaltung der Novizen verfaßte Heiratsanzeige. Die Einleitungssätze lassen sich folgendermaßen vernehmen:

»Gott der Allmächtige, Schöpfer des Himmels und der Erden, souveräner Beherrscher des Weltalls, und die ruhmreichste Jungfrau Maria, Königin des himmlischen Hofes, geben sich die Ehre, Sie von der Seelenheirat ihres erhabenen Sohnes Jesus, Königs der Könige und Herrn der Heerscharen, mit der kleinen Therese Martin, nunmehr Dame und Prinzessin der von ihrem göttlichen Bräutigam in ihre Mitgift eingebrachten Reiche, in Kenntnis zu setzen.«

Das zweite ist das Wappen, das sie für sich und Jesus entworfen hat. Es ist mit außerordentlichem Fleiß gezeichnet und ausgeschmückt; über den zwei nebeneinander ruhenden Schildern sind die Initialen J. H. S. und M. F. T. (Marie Françoise Thérèse) angebracht. Das Heilige Kind liegt auf einem Kissen gebetet und spielt mit einer Rebe Weintrauben, die einmal Seinen Durst zu löschen vermag und außerdem ihren Wunsch versinnbildlicht, sich jeder Seiner Launen als Spielzeug darzubieten. Auf Thereses Schild erscheint neben anderen Symbolen auch das unvermeidliche Blümlein, das sein Antlitz irgendwelchen Lichtstrahlen zuwendet. Unter der Inschrift »Tage der Gnade, die der Herr seinem kleinen Weib gewährte« sind die wichtigsten Daten ihres kurzen Daseins aufgeführt: Lächeln der Heiligen Jungfrau, 13. Mai 1883; erste Kommunion, 8. Mai 1884; Konfirmation, 14. Juni 1884; Bekehrung, 25. Dezember 1886; Audienz bei Leo XIII., 20. November 1887; Eintritt ins Karmel, 9. April 1888.

Unzweifelhaft hat Therese ihre Zeichnung voll tiefster Bewegung und mit der größten Aufrichtigkeit entworfen, wobei sich ihre Phantasie nun freilich allzu kühn und spielerisch betätigt hat. Es bedeutete wirklich etwas für sie, als sie fleißig zeichnete und malte, erläuternde Bemerkungen dazu niederschrieb und dann das Ganze zwischen den Seiten der »Histoire d'une âme« verschwinden ließ, wo es schließlich nach ihrem Tode aufgefunden wurde. Es ist unmöglich, über dies unschuldige Spiel zu lachen; man wundert sich nur darüber, daß so viel »niaiserie« und so viel heroische Ernsthaftigkeit in derselben Seele beieinander zu wohnen vermochten. Genauso schwierig ist es für den kritisch eingestellten Geist, sich mit dem ständig wiederkehrenden Motiv der Bräutlichkeit und des Verlobungsstandes abzufinden; es war dies gewiß keine Besonderheit Thereses im Vergleich mit anderen frommen Frauen, sicherlich aber ist es von ihr bis an die Grenzen der Erträglichkeit für unsere Vernunft getrieben worden. Teresa von Avila hat ihrerseits an diesen Gefühlen teilgehabt und ist auch immerfort auf das Thema zu sprechen gekommen. Dessenungeachtet besteht jedoch ein Unterschied zwischen ihren leidenschaftlichen Anrufen und der Sentimentalität Thereses; ihre Liebe ist reifer; sie spricht wie eine Frau und mit dem Wissen einer Frau, hingegen nicht wie ein junges Mädchen, das von seiner ersten Liebe gepackt und erschüttert wird. Sie ist überdies auch imstande, so weit zu gehen, daß sie sich für die Benutzung dieser Analogie entschuldigt: »Es ist gewiß ein unschöner Vergleich, und dennoch kann ich, was ich sagen will, nicht deutlicher ausdrücken, als indem ich mich des Sakraments der Ehe bediene, wiewohl es sich dabei um zwei ganz verschiedene Dinge handelt.« Auch mag man vergleichsweise, und nicht um einen Gegensatz herauszustellen, einwenden, daß Teresa eine Christuspuppe gehegt und gepflegt hat, die sie auf ihren Reisen mitzunehmen gewohnt war, und daß auch Therese sehr gern eine Puppe besessen haben würde; sie würde genau ihren verspielten Einfällen entsprochen haben. Wir dürfen indessen unterstellen, daß die Puppe Thereses sicherlich in weißen, mit blauen Bändern aufgeputzten Musselin gekleidet gewesen wäre, wogegen Teresas Puppe eher zur Gattung der Prozessionsbilder gehört haben dürfte, die an Festtagen, mit all ihrer förmlich starren brokatenen und edelsteinglitzernden Pracht, hoch über den Schultern der Menge schaukelnd, durch die Straßen spanischer Städte getragen werden; aus dieser Tradition war sie hervorgegangen, einer Tradition des steifen Zeremoniells und nicht der Kinderstube. Zeit und Landschaft mögen unser Urteil beeinflussen: So oder so besteht jedoch ein wirklicher Unterschied zwischen dem ziemlich oberflächlichen Wappenentwurf Thereses aus dem Lisieux der Zeit um 1880 und der beherrschenden Gestalt, die auf ihrem Planwagen, die feierlich stilisierte Puppe umklammert haltend, mit finsterer Wachsamkeit die wilden Einöden Spaniens bereiste.

Therese mißt sich nie die gleichsam mütterliche Rolle der Beschützerin bei; sie sieht sich einzig als die Braut, als die Verlobte und das Spielzeug. »Ich bedeutete dem Jesuskinde«, so sagt sie, »mich nicht als wertvolles Spielzeug zu behandeln, als eines, bei dem die Kinder schon glücklich sind, es anzuschauen, auch wenn sie es nicht berühren dürfen, sondern als einen billigen, kleinen Ball, den Es ganz nach Belieben auf den Boden werfen, mit dem Fuße umherstoßen, zerbeulen und in die Ecke legen oder an Sein Herz drücken möchte. Mit einem Satz, es wäre mein Wunsch, mein Jesulein zu ergötzen und mich all Seinen kindischen Einfällen zu überlassen ... In Rom hat Es wirklich ein Loch in Sein kleines Spielzeug hineingebeult; kein Zweifel, daß Es sehen wollte, was wohl darin wäre; dann aber, als Es Seinen Entdeckerdrang befriedigt hatte, ließ Es Seinen kleinen Ball fallen und legte sich schlafen.« Nicht immer ist sie ein Ball, nicht einmal immer ein »mit zahllosen Nadelstichen durchlöcherter« Ball; manchmal ist sie auch ein kleiner Malpinsel, der dazu benutzt wird, um auf dem großen Weltgemälde Einzelheiten nachzutragen; dann wieder ein kleiner, von Gott mit Leckerbissen angefüllter Napf, zu dem die Kätzchen kommen, um sich daran zu erquicken: Und oft ist sie natürlich Sein kleines Blümlein (Sa petite fleurette), oder es gibt sogar Gelegenheiten, wo Er ihr einen netten, kleinen Salat (une bonne petite salade) darreicht, herb und streng, weil mit sehr viel Essig und Gewürzen durchsetzt, aber leider ohne Öl. Es ist alles sehr häuslich und alles aus der Kinderstube und der Küche von Les Buissonnets abgeleitet. Kreisel, Kegel, Kinderlätzchen und zerzauste Haare werden ebenfalls für illustrative Zwecke bemüht. In der Zelle einer Novize hinterlegt sie einen Brief, der angeblich von »deinem Brüderchen Jesus« kommt und sie auffordert, ihre bisherigen Spiele durch ein neues zu ersetzen, an dem Er jetzt mehr Freude habe. Sie klärte die Novizen darüber auf, wie man es anstellen müsse, wenn man nicht habgierig erscheinen wolle, indem sie ihnen eine von ihr selbst erdichtete Geschichte zum besten gab, und zwar eine Geschichte, die den jungen Französinnen, die etwas vom Kochen verstanden, besonders zugesagt haben muß: »Ich nehme jetzt einmal an, daß ich mich zu Nazareth im Hause der Heiligen Familie befände. Wenn man mir Salate, kalten Fisch, Wein oder andere Dinge mit einem kräftigen Geschmack reichen würde, so würde ich sie dem guten Heiligen Joseph anbieten. Der Heiligen Jungfrau würde ich die warmen Speisen und die reifsten Früchte geben. Das Jesuskind erhielte von mir die den Festtagen vorbehaltenen Mahlzeiten, vornehmlich also Suppe, Reis und Marmelade. Wenn man mir aber schlechtes Essen anböte, so würde ich freudigen Herzens zu mir selbst sagen: ›Das alles ist heute für dich bestimmt, mein kleines Mädchen!‹« Therese griff alles ihr Bekannte auf, und da es sich so ergab, daß Millionen anderer Menschen es ebenfalls kannten, gestaltete es sich zu einem ebenso verständlichen wie brauchbaren Bindeglied zwischen der Masse der Menschen und den höheren Formen der Offenbarung.

So schlägt Er Seinen Wohnsitz auf
Und baut Sein Schloß so hoch und weit
Im sanften Herzen einer Maid.

So schrieb Crashaw von Teresa – wieviel eher aber trifft es auf Therese zu.

Die Verlobte und die Braut werden gewöhnlich von ihr mit denselben empfindsamen Eigenschaftswörtern bedacht. Sie erscheint grundsätzlich nicht anders denn als die niedliche Verlobte, und als sie dann am Hochzeitstage endlich den Schleier nimmt, da löst dies Ereignis eine wahre Rhapsodie von Niedlichkeit in Kursivschrift aus: »Die *niedliche* Heilige Jungfrau überreichte dem *niedlichen* Jesus ihre *niedliche* Blume. Alles war *niedlich* an jenem Tage«, so sagt sie, um dann freilich hinzuzufügen: »außer den Gnaden, die mir zuteil geworden waren, außer dem Frieden und der Freude, die ich dann am Abend bei Betrachtung der schönen Sterne am Firmament empfand – empfand in dem Bewußtsein, daß ich bald zum Himmel emporschweben würde, um mich meinem göttlichen Gemahl in ewiger Glückseligkeit zu vereinen«.

Es würde indessen von seichter Oberflächlichkeit zeugen, wenn man sich darauf beschränken würde, mit wegwerfender Gereiztheit bei den Manieriertheiten Thereses zu verweilen, ist doch ein kräftiger Kern von Heroismus vorhanden, auch wenn man ihn erst aus dicken Wattepolstern hervorwühlen muß. Dieser Heroismus setzte sich natürlich aus offenkundigen Geringfügigkeiten zusammen, aber aus Geringfügigkeiten von so gehäufter Zahl, daß sie ihr schließlich die Statur für das körperliche Martyrium verliehen, das zu ertragen sie später berufen sein sollte. Sie hatte sich seit langem dazu erzogen, niemals eine Klage auszustoßen, nie sich zu erklären, wo sie ungerecht beschuldigt worden war, auch niemals die Geduld zu verlieren, wenn andere sich ihre Habe angeeignet hatten, sich stets der lästigsten Aufgabe zu unterziehen und sich einzureden, daß es doch die angenehmste wäre. Hatte man ihr zu Unrecht vorgeworfen, daß sie eine Vase gefährlich an der Kante aufgestellt hätte, so sagte sie nichts zu ihrer Rechtfertigung; sie versprach nur, für die Zukunft weniger nachlässig zu verfahren. Gab es da eine alte, gebrechliche und nörgelnde Nonne, so nahm sie sich ihrer an und brachte es mit ihrer grenzenlosen Geduld allmählich fertig, ihr, wo alle anderen gescheitert waren, zu gefallen. Wenn sie etwa von der Oberin oder der Vorsteherin der Novizen hart behandelt worden war, so ließ sie deren strenge Worte ohne einen Laut der Erwiderung über sich ergehen. Man schalt sie aus, weil sie in den Klosterräumen ein Spinngewebe übersehen hatte; man schalt sie auch, weil sie im Garten Unkraut ausgejätet hatte, obwohl dies auf Geheiß geschehen war; sie litt mit ihrem empfindlichen Wesen darüber, aber dennoch würde sie sich niemals eine Einwendung gestattet haben. Wenn die Versuchung an sie herantrat, sich in die Gesellschaft ihrer beiden Schwestern unter den Nonnen zu begeben, so versagte sie sich diese Freude, obwohl doch die Familienanhänglichkeit gerade für sie so viel bedeutet hatte. Eine ihrer schlimmsten Prüfungen erwuchs ihr zur Gebetszeit aus der Nachbarschaft jener zappligen Nonne, die unaufhörlich mit ihrem Rosenkranz klapperte oder etwas anderes rascheln ließ; Therese war mit einem ungewöhnlich feinen Gehör begabt und meinte, daß wahrscheinlich niemand außer ihr selbst das Geräusch wahrnähme; für sie aber war es eine solche Ablenkung und Qual, daß sie kaum die Worte dafür finden konnte. Sie hätte sich gern mit einem vorwurfsvollen Blick umgewandt, einer hinreichend milden Geste, so sollte man denken, für jemanden, der infolge der Störung buchstäblich in Schweiß gebadet war – statt dessen aber, und statt das Rascheln zu ignorieren, was nach ihren Worten schwerlich möglich gewesen wäre, zwang sie sich zum aufmerksamen Hinhören, »so als ob das unangenehme kleine Geräusch ein hinreißendes Konzert gewesen wäre«. Auf ähnliche Weise überwand sie ihren Widerwillen dagegen, daß ihr bei der Wäsche das schmutzige Wasser aus den Tubben ins Gesicht spritzte; sie wischte es ab und redete sich mit so viel Bereitwilligkeit ein, sie hätte Vergnügen daran, daß sie wirklich Geschmack an »dieser neuen Art von Dusche« gefunden zu haben glaubte.

Immer hatte sie hübsche Gegenstände oder besser: Gegenstände, die sie für hübsch hielt, gern gehabt; allmählich aber hatte sie sich in eine Vorliebe für Gegenstände, die nicht nur häßlich, sondern auch schwerfällig zu handhaben waren, hineingeredet. So hatte der Wasserkrug in ihrer Zelle mit seiner Zierlichkeit ihr Wohlgefallen gefunden; doch hatte sie sich jetzt derart in der Gewalt, daß sie glücklich darüber sein konnte, ihn entfernt und durch einen anderen Krug ersetzt zu sehen, der nicht nur abstoßend, sondern auch gesprungen war. Vielleicht unbewußt befolgte sie Teresas Regel, die in Fällen, wo eine Nonne irgendeinen Gegenstand besonders gern zu haben schien, verlangte, daß man ihn sofort aus ihrer Nähe brächte.

Es hat den Anschein, daß sie ihr Gebot der äußersten Enthaltsamkeit geheimnisvoll sogar auf Menschen auszudehnen vermochte, die ihr nicht direkt erreichbar waren. Als ihr eines Tages zu Ohren gekommen war, daß ihre noch immer »in der Welt« lebende Schwester Celine die Absicht hätte, mit ihren Vettern an einer Gesellschaft teilzunehmen, da wurde Therese von schrecklichem Kummer heimgesucht, so daß sie unter vielen Tränen den Herrn anflehte, Celine am Tanzen zu hindern. Celine, die von Haus aus eine gute Tänzerin war, vermochte nicht einen Schritt auszuführen, und weitaus merkwürdiger ist es noch, daß ihr Partner ebenfalls die Fähigkeit eingebüßt hatte, etwas anderes zu tun als »mit frommer Miene, zur großen Überraschung der ganzen Gesellschaft, an der Seite von Mademoiselle« einherzuschreiten, »woraufhin dann der bedauernswerte junge Herr sich schamerfüllt verdrückte (ce pauvre monsieur s'esquiva), ohne es zu wagen, sich noch einmal für den Rest des Abends zu zeigen«. Teresa hatte ihrerseits die Erholungsstunde oft damit verbracht, in der Kühle des spanischen Abends zum Klange ihres Tamburins zu tanzen, während die Nonnen mit ihren Kastagnetten den Takt dazu schlugen.

Dennoch dürfen wir nicht glauben, daß Thereses klösterliches Dasein jedes harmlosen Vergnügens bar gewesen wäre. Zu ihrem Wesen gehörte eine Lieblichkeit, die stets danach verlangte, mit Vöglein und Blumen zu verkehren, und den schwersten Verzicht bei ihrem Eintritt in das Karmelkloster bedeutete ihr der Gedanke, daß sie sich nun nicht mehr nach Herzenslust in den Wiesen würde tummeln können, um ihre Blumensträuße zu pflücken. Es war ihr deshalb eine große Freude, daß sie in diesem Punkt nicht völlig zu entsagen brauchte, weil ihr nämlich die Sorge für einen Altar übertragen wurde, den sie mit den in großer Zahl von andächtigen Menschen gespendeten Kornblumen, Mohnblumen und Marienblumen schmücken durfte. Gerade diesen wild in der Landschaft wachsenden Blumen hatte stets ihre ganze Liebe gegolten. Bei den Vögeln mußte sie immer an ihren Kanarienvogel und an ihren Hänfling denken, weshalb sie es zu ihrer besonderen Aufgabe machte, jedes tote Vögelchen, das irgendwo auf der Erde lag, aufzulesen und liebevoll auf einem winzigen Friedhof in einer abgelegenen Ecke des Gartens zu bestatten. Wenn das vielleicht auch keine sonderlich frohe Beschäftigung gewesen ist, so scheint ihr doch große Befriedigung daraus erwachsen zu sein. Auch der Schnee ist eine der Freuden gewesen, die ihr das eingefriedete Dasein im Kloster nicht nehmen konnte. Ungeachtet ihrer Furcht vor Kälte hatte sie Schnee sogar schon als Kind geliebt: vielleicht, so sagt sie, weil ihr Geburtstag in den Januar fiel und sie selber somit ein »Winterblümlein« war. Um so größer war jetzt ihr Entzücken, weil sie Gedanken darüber anstellen konnte, wie nie ein sterblicher Liebhaber die Macht besessen habe, auch nur eine einzige Schneeflocke vom Himmel zu lösen, um damit seine Geliebte zu erfreuen.

Darüber hinaus aber gab es drei Tage im Jahr, an denen die Klosterregel gelockert wurde, damit den Insassen, besonders jedoch den jungen Nonnen, Gelegenheit geboten würde, ihren verdrängten Gefühlen freien Lauf zu lassen. Schließlich befanden sich viele noch im Alter von Schülerinnen; auch darf man wohl mit gutem Grunde sagen, daß die Luft derartiger Gemeinschaften, die jeder natürlichen Berührung mit dem Leben entbehren; die, menschlich gesprochen, in eine unnatürliche Existenzführung hineingezwungen worden sind; die eingeweiht sind in ein Geheimnis und eine Zielstrebigkeit, von der die in die Netze einer wirren Welt verstrickten Menschen schwerlich etwas ahnen; und die dennoch eine seltene Unkenntnis von dem befreienden Schaffensdrang der menschlichen Energie besitzen: daß die Luft derartiger Gemeinschaften mit einer unschuldigen und unreifen Ausgelassenheit geschwängert ist, die sich jederzeit bereitwillig in primitiven Späßen und verstohlenem, harmlosem Gelächter entlädt. Teresa, die das Innenleben ihrer Töchter gründlich kannte und sich keinen Illusionen über ihre mehr oder weniger unschädlichen Schwächen hingab, hatte mit ihrer Weisheit erkannt, daß ein wenig Ablenkung zur Milderung des Druckes einer seelisch angespannten Lebensweise wohl erwünscht wäre. Wir erinnern uns, wie sie sich in der Absicht, sich für den Rest des Abends dem Gebete und der frommen Betrachtung zu widmen, in ihre Zelle zurückgezogen und dann in guter Laune ihre Bücher beiseite gelegt hatte, um einer fröhlichen und etwas gewaltsamen Aufforderung der Schwestern nachzukommen und sie mit ihrem Gespräche zu unterhalten; und ebenso wissen wir, daß sie, weit davon entfernt, beim Tanzen ein langes Gesicht zu ziehen, sich selbst sogar daran beteiligte und keineswegs auf ihre Würde pochte, war sie doch, bei all ihrer Strenge, die am wenigsten verdrießliche oder gezierte unter allen Oberinnen. So war es denn der Brauch im Karmel, drei Tage der Entspannung vorzubehalten, einmal das Fest der Unschuldigen Kinder (28. Dezember), dann das Fest des Heiligen Namens einige Tage später und endlich das Fest der Heiligen Martha (29. Juli). Das Fest der Unschuldigen Kinder ist in passender Weise für die Novizen bestimmt, die im Mittelpunkt des Tages stehen. Vom frühen Morgen an wird das Gebäude der Autorität auf den Kopf gestellt; in allem, was nicht die heiligen Amtswaltungen angeht, legen die Priorin, ihre Stellvertreterin und die Vorsteherin der Novizen ihre Würde nieder, um sie durch junge ausgelassene Nonnen wahrnehmen zu lassen, die von ihrem kurzen Regiment den ausgiebigsten Gebrauch machen. Was tut es schon, daß die Wahl ein wenig gefälscht wird, damit sie auf Personen fällt, bei denen man erwarten darf, daß sie keinen Mißbrauch mit ihrer verantwortlichen Rolle treiben werden? Ein beträchtliches Maß von Freiheit ist nun einmal eingeräumt, und die Oberinnen machen gute Miene zum bösen Spiel, da es der Sitte entspricht, daß der schüchterne, harmlose Spaß auf ihre Kosten geht. Des ungehemmten Lachens ist kein Ende, jenes hellen Lachens junger Mädchen über all den Wirrwarr und die Aufgeregtheit, die sie anrichten; die Arbeit bleibt liegen; niemand bessert Löcher aus, und niemand scheuert die Flure, beugt sich über den dampfenden Waschkessel oder fegt den Staub aus dem Kloster. Der Gipfel der Freuden, für den man schon heimlich am vorhergehenden Tag geprobt hat, kommt am Abend. Es handelt sich um eine Art von Rätselraten voller Anspielungen auf das Leben im Karmel, wobei die Novizen zum Besten der älteren Schwestern die Hauptrolle spielen; man hat ihnen erlaubt, die Geschirr- und Kleiderschränke nach alten Fetzen und Gegenständen durchzuwühlen, und ihre Ausbeute in einer der Armut geweihten Anstalt ist mager genug: Sie besteht aus ein paar an das braune Gewand genähten Lappen; dennoch kommt alles auf den Geist an, und bei den engen Schranken, die dem Frohsinn hier gezogen sind, wirkt diese Unterhaltung ganz so übermütig wie ein Karneval.

Die nächste Feier, die zu Ehren des Heiligen Namens, wird maßvoller begangen und gilt vornehmlich der gründlichen Vertiefung in die Wesenheit des Christuskindes; der einzige Genuß im weltlichen Sinne des Wortes ist eine gewisse Lokkerung des Schweigsamkeitsgebotes.

Im Hochsommer jedoch, um Ende Juli, dürfen sich die Novizen wieder auf ihre Weise vergnügen. Es ist das Fest der Heiligen Martha, jener freundlich anheimelnden Gestalt, die eilfertig, mit ihrem großen Schlüsselbund am Gürtel und einem Löffel in der Hand, als Schutzpatronin aller guten Hausfrauen herumscharwenzelt. (Man findet es ein wenig erstaunlich, daß sich auch ein gefangener Drache in ihrer Begleitung befindet, den sie sich in Marseille zugelegt haben soll.) Dieser Tag ist äußerst sinnvoll, als ihr einziger Feiertag im Jahre, den »sœurs converses« oder Laienschwestern gewidmet, von denen sich drei oder vier in einem Karmeliterkloster befinden und deren tägliche Pflichten sich auf die Küche, die Gartenpflege und den Geflügelstall sowie auf das Flicken der »alpargates« erstrekken; in Kürze: Während sie stets sonst über irgendeine Arbeit gebeugt sind, dürfen sie sich am 29. Juli aufrichten, die Schultern strecken und sich einen Tag Ruhe gönnen, während jüngere Hände sich ihrer Aufgaben annehmen. Sie sind die Heldinnen des Tages; eigens gedichtete Verse werden ihnen zu Ehren hergesagt, und bei den Mahlzeiten werden Blumen auf ihren Platz gestellt; sie werden mit Fleiß bedient, und die jungen Behelfsköchinnen wetteifern miteinander bei der Zubereitung von Speisen, die, bei aller Rücksichtnahme auf die Enthaltsamkeitsvorschriften und auf die armseligen Vorräte des Klosters, dennoch etwas Leckeres und eine kleine Abweichung von der Eintönigkeit des sonstigen Speisezettels bieten sollen. Arme »sœurs converses«! Das ganze Jahr hindurch seid ihr eine Stunde früher als das übrige Kloster aufgestanden; unaufhörlich habt ihr geschafft und eure Gebete bei der Arbeit gemurmelt; ihr seid ordnungsliebend und genügsam gewesen; deshalb ist es nur recht und billig, daß die gute Heilige Martha sich einmal im Jahr euer erinnert und euch Ruhe gönnt!

Therese macht keinerlei Anspielung auf diese Belustigungen, obwohl man nicht daran zu zweifeln braucht, daß ihr das obrigkeitlich gutgeheißene Vergnügen den größten Genuß bereitet hat und daß sie, sei es nun als Novize, als Nonne oder als Vorsteherin der Novizen (denn trotz ihrer jungen Jahre wurde sie in diese Stellung berufen), den Spaß so fröhlich wie nur je bei ihren eigenen Spielen in les Boisonnets mitgemacht hat. Sie war beim Spiel mit ihren Mitschülerinnen nicht sonderlich erfolgreich gewesen, doch hatte man sie damals auch geneckt und ausgelacht; hier aber, in den Klostermauern des Karmel, war es anders; aller Püffe und Ungerechtigkeiten ungeachtet empfand man sich wie eine Familie, und allem lag die gemeinsame Ausrichtung auf dasselbe große Ziel zugrunde. Dieses konnte man niemals aus dem Auge verlieren, nicht einmal inmitten der kleinen, von den weisen Oberinnen anbefohlenen Ungehörigkeiten. Genausowenig unterliegt es freilich dem Zweifel, daß sie, nach diesem gehorsamen Sichgehenlassen, dankbar in das Schweigen und die Einsamkeit ihrer Zelle zurückkehrte, wo sie sich dann ungestört dem Zuge ihrer Gedanken und der frommen Betrachtung überlassen mochte, die so unaufhörlich ihren Geist gefangenhielten. Manche dieser Stunden waren fürchterlich genug, denn wahrlich bestand das Leben dieser »kleinen Heiligen« nicht lediglich aus Geringfügigkeiten, ob sie nun lästig oder erfreulich waren. Wie alle Wesen ihrer Art, so war auch sie mit den peinvollen seelischen Krisen vertraut, die mit der schönen Wendung »die dunkle Nacht der Seele« angedeutet sind. Es erscheint uns merkwürdig und wahrhaft geheimnisvoll, daß die Menschen, die der Ruf nach Umkehr aller weltlichen Begriffe auf das deutlichste vernommen haben, die sich von der Allgegenwärtigkeit und den Geboten Gottes zuinnerst überzeugt fühlen und die sich mit solcher Leidenschaft an den Strahlen der göttlichen Liebe, wie sie von ihnen verstanden wird, erwärmt haben: daß die gleichen Menschen jenen Perioden des Zweifels, der Leere und der Hoffnungslosigkeit ausgesetzt sind, in denen sie die ganze Kraft und Bedeutung ihrer Lehre eingebüßt zu haben scheinen. Da sich die christlichen Mystiker, sobald sie von der Liebe der Seele sprechen, gern der Bildersprache und nicht zuletzt auch der Ausdrucksweise der menschlichen Liebe bedienen, ist es vielleicht erlaubt, das Gleichnis umzukehren und einen Augenblick darüber nachzudenken, wie unwahrscheinlich doch eine ähnliche Erfahrung in Herzensangelegenheiten sein würde. Eifersucht, Zank und Verdächtigungen sind menschliche Schwächen, die man außer acht lassen darf, dieweil das Gottverlangen des Menschen keinerlei Entsprechung dafür aufweist; kann man sich nun aber überhaupt nur vorstellen, daß eine glückliche Liebe, eine erfüllte und erwiderte Liebe, eine Liebe, die ihre ideale Ergänzung gefunden hat, dieselben Augenblicke letzter innerer Leere durchzustehen hätte, in denen der Gedanke an das geliebte Wesen und seine Nähe nicht sofort ein Aufrütteln, ein Erregtsein, ein Entzücken, ein Echo und ein Erglühen hervorbringen würde? Es ist wahrlich nicht vorstellbar. Ein Gefühl der Unwürdigkeit ist vielleicht denkbar, niemals jedoch ein völliges Absterben jedes Nervs und nie das Unvermögen, einen Funken in dem scheinbar ausgelöschten Feuer anzufachen. Möglicherweise ist dies die Lösung des Rätsels, daß Gott sich auch dem inbrünstigsten Sucher nicht immer offenbart, nicht in dem Sinne offenbart, daß die Hand ergriffen, die Gestalt umarmt und die Stimme mit ihrem tröstenden Klang vernommen werden kann. Die Theologen sind der Ansicht, daß diese periodischen Dürren des Geistes eine von Gott gesandte Prüfung darstellen, an der es sich erweisen soll, daß, wem Gott sich verhüllt, alsbald der inneren Verlassenheit und Leere anheimfällt; daß aber der Geist an sich und in sich nichts vermag. Teresa, die selbst die Würde eines Doktors der Theologie innehatte, hatte ihrerseits erklärt, daß Gott uns zeitweilig Seine Gnade entziehe und daß es keines weiteren Beweises bedürfe, um uns bündig klarzumachen, wer wir in Wahrheit sind. In der Tat scheint eine heilsame geistige Züchtigung von Gottes Hand das einzige Mittel zu sein, um dem Andächtigen den Widerspruch zwischen der Güte des liebenden Gottes und der Verstocktheit des zürnenden Gottes zu erklären. Für irdische Schicksalsschläge und die ihnen innewohnende Moral von der Unverläßlichkeit falscher Wertbegriffe kann man Verständnis aufbringen; hingegen ist dieser schmerzliche Verlust für die willfährige Seele, die nur das eine Verlangen nach innigster Nähe mit ihrem Schöpfer kennt, eines der großen Geheimnisse. Wie ist es möglich, daß Er, der die Seelen an Sich heranzuziehen wünscht, gerade diejenigen zu strafen beliebt, die keinen größeren Wunsch kennen, als ständig im Lichte Seiner Gegenwart zu weilen, und die ihr Letztes opfern, um Ihm dienen zu dürfen? Warum diese furchtbare Einbuße, die den Heiligen Franz de Sales zu dem Ausruf trieb: »Und wenn Er mich auch töten sollte, so will ich auf ihn bauen«? Wer Gott liebt, muß viel auf Treu und Glauben hinnehmen; die Gewißheit und das Feuer müssen aus der Tiefe der eigenen Seele kommen; und manchmal erlahmt die Seele; die Anstrengung ist zu groß; sie lechzt nach einem Atemschöpfen; doch welche Qualen erheben sich während dieses Atemschöpfens, welche Ängste, daß der Schatz vielleicht auf immerdar verloren ist, und welches Schuldbewußtsein, welch Gefühl des Treubruchs, welche Klagen über den Verlust und welche Finsternis, nachdem das Licht des Lebens jäh erloschen ist!

Teresa sagte, im Geiste herrsche dann eine Leere, als habe er nie an Gott gedacht und würde er es auch nie vermögen, so daß man, wenn die Menschen von Ihm sprächen, glauben könne, es sei von irgendeiner gleichgültigen Person die Rede, von der man vor langer Zeit einmal gehört habe. An alledem aber ist vielleicht am merkwürdigsten die Zähigkeit, mit der die gefühllos gewordene Seele, trotz der tödlichen Erstarrung des Geistes, trotz der abgrundtiefen Leere, trotz der Unfähigkeit, anders als mit den Lippen zu beten, ja, in manchen Fällen sogar trotz des hartnäckigen Widerwillens gegen das Gebet, auch jetzt noch an den festen Entschluß gebannt bleibt, nicht von etwas zu lassen, was sie, paradox genug, nicht mehr begreift.

Ein Echo dieser gar nicht auszudenkenden Seelennöte dringt von Zeit zu Zeit aus den unzusammenhängenden und beinahe schwatzhaften Seiten der »Histoire d'une âme« hervor. Die Geschwätzigkeit hält inne und wird durch einen Schmerzensschrei abgelöst, so grell und heftig wie der Schrei eines zur Nachtzeit in die Falle gegangenen Tieres. Es ist das Echo von »Mein Gott, mein Gott, warum hast Du mich verlassen?«. »Um es völlig verstehen zu können, muß man dies Martyrium durchgemacht haben . . . Es herrschte Nacht, tiefe Nacht, völlige Verlassenheit, der wahrhaftige Tod . . . Bitterkeit füllte meine Seele bis zum Rande . . . Ich ging durch den wütendsten Sturm meines ganzen Lebens . . .« Die praktischen Schwierigkeiten, die ihrem Eintritt ins Karmel im Weg gestanden hatten, waren nichts im Vergleich mit diesen »furchtbaren Gewissensbedenken«, mit diesen Zweifelsqualen, daß sie, ungeachtet aller ihrer Kämpfe, dennoch in ihrer Berufung geirrt haben könnte. Es scheine, so sagte sie, daß selbst die Natur ihren Sorgen recht gäbe; die Sonne habe sich hinter den Wolken versteckt, und es gieße in Strömen; sie hätte stets bei solchem Anlaß die gleichen Beobachtungen gemacht. Sie vermochte die marternde Sorge des Heiligen Joseph und der Heiligen Jungfrau nachzuempfinden, als sie auf der Suche nach dem vermißten Kinde durch die Straßen

Jerusalems irrten. Sie wußte, daß sich Jesus, friedlich schlafend, irgendwo befände – wie aber würde man Ihn in solcher Dunkelheit erkennen können! Wenn nur ein Gewitter losbrechen und die Wolken mit einem Blitzstrahl auseinandertreiben würde! Diese Gewißheit, daß da irgendwo, gerade um die Ecke, aber unerreichbar, tief verhüllt und unzugänglich, aller Trost und alle Labung läge: dies Gefühl sei schlimmer als der Tod, dieweil es gleichzeitig den teuflischen Zweifel an der Richtigkeit der eigenen Gewißheit wecke.

Keine Summe wiederkehrender persönlicher Erfahrung und keine Berichte von verwandten Erlebnissen anderer Menschen vermögen der Seele in solchen Anfällen der Verzweiflung Linderung zu verschaffen.

XI

Gehorsam war natürlich das vornehmste und unentrinnbare Gebot, in kleinen wie in großen Dingen. Teresa hatte sich manchmal damit ergötzt, die Willfährigkeit ihrer Nonnen mit scherzhaft gemeinten Weisungen zu erproben, damit sie dergestalt erkenne, bis zu welchem Punkte sie auf ihre Autorität würde pochen können, ohne sie in Frage gestellt zu sehen. So hatte man ihr eines Tages im Refektorium eine winzige und innen verfaulte Gurke als einen Gang ihrer Mahlzeit gereicht. Sie tat, als ob sie nichts bemerkte, rief eine Schwester herbei und trug ihr auf, die Gurke im Garten anzupflanzen. »Sie fragte mich, ob sie am Ende oder an der Seite in die Erde gesteckt werden sollte. Ich sagte, an der Seite. Darauf ging sie fort und pflanzte sie ein, ohne dabei zu bedenken, daß sie auf diese Weise notgedrungen eingehen müsse.« Das war nun harmlos genug, doch folgerte Teresa daraus, daß es bei einer solchen Auffasssung von Disziplin nicht immer klug wäre, sich scherzhaft zu äußern. Sie hatte bei ihren eigenen Priorinnen bemerkt, wie sie auf diese Weise in peinliche

Situationen geraten waren. Die Priorin von Toledo hatte sich beim Anblick eines Wasserbeckens im Garten laut gefragt, was wohl geschehen würde, wenn sie einer gewissen Schwester den Auftrag geben würde, sich hineinzustürzen; die Schwester hatte das mitgehört, war sofort in das Wasser gestiegen und hatte sich derart durchnäßt, daß sie fortgeschickt werden mußte, um ihre Kleider zu wechseln. Die gleiche Priorin hatte eine Nonne ausgescholten und ihr gesagt, sie täte besser daran, ihren Kopf in den Brunnen zu halten und dabei an ihre Sünden zu denken; so groß aber war die Willfährigkeit der Missetäterin, daß man eilig hinter ihr dreinlaufen mußte, weil sie sonst wahrhaftig in den Brunnen gesprungen und ertrunken wäre. Priorinnen müßten, wie Teresa sagte, die größte Vorsicht bei der Behandlung von Seelen walten lassen, deren Gehorsam sie bereits erprobt hätten, weil sie sonst nur allzuleicht in die Lage jener Priorin geraten könnten, die einer ihrer Schwestern, als sie ihr einen sehr großen Wurm gezeigt hätte, gesagt habe: »Geh und iß ihn!« Nur das staunende Entsetzen der Köchin beim Anblick einer Nonne, die einen Wurm gebraten hätte, habe dann die Fertigstellung der Speise verhindert.

Therese würde genausowenig wie irgendeine andere fromm ergebene Nonne auch nur im Traume je daran gedacht haben, sich den Wünschen ihrer Oberinnen zu widersetzen, aber dennoch kam ihr ein sehnsüchtiges Verlangen über den Weg: Es war ihr zu Ohren gekommen, daß für das Kloster von Hanoi in Indochina zwei Karmeliterinnen gesucht würden. Hatte nicht Noah eine Taube von seiner Arche ausgesandt, und sollte es ihr, Therese, nicht ebenfalls bestimmt sein, auszufliegen und den Ölzweig an jene ungläubigen Gestade zu tragen? Es ging ihr durch den Sinn, daß ihr von der Liebe ihrer natürlichen und geistlichen Schwestern umhegtes Dasein in Lisieux zu sanft verliefe, wogegen sie, wenn sie in ein Kloster überwechsle, wo sie niemand kenne, vielleicht die Gnade erführe, die Schmerzen des Exils erdulden zu dürfen. Indessen war es mittlerweile schon ersichtlich geworden, daß eine andere und längere Reise ihrer wartet, und wahrlich nicht ins Exil, sondern in den Hafen, den sie unentwegt ersehnt hatte.

An einem Karfreitag war ihr das erste Anzeichen der Freude, die ihrer harrte, gekommen. Es begab sich nämlich, nachdem sie sich während der ganzen Fastenzeit einer ausgezeichneten Gesundheit erfreut und trotz der sorgfältigsten Beobachtung aller Vorschriften keine nachteilige Wirkung verspürt hatte: es begab sich also, daß sie, sehr zu ihrem Kummer, nicht die ganze Nacht des Gründonnerstags hindurch an der Gruft hatte Wache halten dürfen. Als sie dann um Mitternacht in ihre Zelle zurückgekehrt war, da hatte sie kaum die Lampe ausgelöscht und ihren Kopf auf das Kissen gebettet, als sie auch schon merkte, wie sich ein Strom in ihren Mund ergoß, weshalb sie dachte, daß sie sterben müsse, so daß sie ganz von Seligkeit erfüllt ward. Ein natürlicher Anflug von Neugier ließ sie den Wunsch hegen, noch einmal das Licht anzuzünden, aber sie blieb dann doch ihren Grundsätzen treu, unterdrückte die Regung und legte sich ruhig bis zum Morgen schlafen. Als dann die Kastagnetten ertönten, wachte sie auf in der Überzeugung, etwas Erfreuliches feststellen zu können: Sie ging mit ihrem Taschentuch an das Fenster, um zu sehen, daß es mit Blut durchtränkt sei.

Sie hielt den Vorfall vor ihren Schwestern und Oberinnen so geheim, daß ihr ohne weiteres gestattet wurde, alle Pflichten wahrzunehmen, die der traurigste aller kirchlichen Feiertage auferlegt. Die Priorin muß entweder besonders unachtsam oder besonders gefühllos gewesen sein, gemessen nämlich an dem Verhalten der kleinen Novize, die Therese beim Säubern der Fenster gesehen und sie, ihr bleiches Gesicht und ihre offenkundige Erschöpfung bemerkend, angefleht hatte, sofort um Urlaub von der Arbeit einzukommen. Therese untersagte ihr natürlich, auch nur ein Wort fallenzulassen, und fügte hinzu, sie sei wohl imstande, mit ein bißchen Müdigkeit an dem Tage, an dem Jesus so viel geduldet hätte, fertig zu werden. Sogar ihre eigenen Schwestern erfuhren erst nach Ablauf eines Jahres von ihrem Zustand.

Sie war von Geburt an anfällig gewesen und hatte, als Baby und als Kind, verschiedene Male hart die Grenze des Todes gestreift. Überdies hätte auch die Geschichte ihrer Familie, vom medizinischen Standpunkt aus, wohl schwerlich trauriger verlaufen sein können. Sie hatte zwei Brüder und zwei Schwestern, eine unter ihnen sicherlich durch Schwindsucht, verloren; eine Tante war an Schwindsucht eingegangen; ihre Mutter war an Krebs gestorben, und ihr Vater fristete sein Dasein gelähmt und geistig umnachtet. Es war kein erfreuliches Gesamtbild. Merkwürdig genug, und anders als Teresa von Avila drei Jahrhunderte und etliche Jahrzehnte früher, war Therese der Influenza-Epidemie, die damals ganz Frankreich heimsuchte, entronnen; sie hatte ihren Weg in das Karmelkloster im Jahre 1891 gefunden, als sämtliche Nonnen außer zweien erkrankt waren und eine Anzahl verstarben. Dennoch hatte sie, noch als sie sich im Besitz ihrer normalen Kräfte fühlte, ihre Todesahnung einer betagten Nonne anvertraut, auf deren Verschwiegenheit sie sich verlassen durfte. »Ich werde bald sterben«, so hatte sie gesagt; »ich will nicht behaupten, daß es schon in wenigen Monaten geschehen wird, bestimmt aber in spätestens zwei oder drei Jahren.« Ihre Voraussage sollte sich als richtig erweisen. Innerhalb von zwei Jahren und fünf Monaten war sie verschieden.

Therese hatte von jeher körperlichen Mut besessen; an Gewittern hatte sie als Kind ihren Spaß gehabt, und im Kloster hatte sie sich niemals, auch durch Schwindelanfälle und rasende Kopfschmerzen nicht, von ihren Pflichten abhalten lassen. Sie hatte sie genauso geheimgehalten wie ihre Verdauungsstörungen, die durch das Fasten und die magere Diät des Klosters keineswegs gebessert wurden. Jetzt aber konnte von Verheimlichung nicht mehr die Rede sein: Sie litt an einer Lungentuberkulose, die von heftigen, sich wiederholenden

Blutungen und einem ständigen trockenen Husten begleitet war. Man konnte beobachten, wie sie mühsam die Treppe zu ihrer Zelle hinaufstieg, auf jeder Stufe anhalten und Atem schöpfen mußte – vor gar nicht so vielen Jahren hatte sie auf jeder Stufe angehalten, um »Mama! Mama!« zu rufen – und bei der Ankunft in der Zelle so erschöpft war, daß sie manchmal eine Stunde zum Entkleiden benötigte. Nachdem man ihren Zustand endlich erkannt hatte, behandelte man sie auf verschiedene Weise mit Einreibungen, Blutegeln und einem schmerzhaften Ätzungsprozeß, bei dem sie mit heißen Eisenstücken bearbeitet wurde; doch hielt der Arzt nicht allzuviel von seinen Künsten, indem er lediglich bemerkte, auch wenn er dieses Menschenkind nicht heilen könne, so sei es doch klar, daß sie niemals für die Welt geboren sei. Die weniger achtsamen Mitglieder der Gemeinschaft teilten, wie es schien, nicht alle die Ansicht des Arztes von der Heiligkeit Thereses, denn diese hörte eines Tages, wie eine Nonne in der Küche schwatzte und sagte: »Schwester Thérèse de l'Enfant Jésus wird nun bald sterben, und ich frage mich nur, was unsere Mutter über sie nach ihrem Tode wird berichten können. Sie wird damit ziemliche Schwierigkeiten haben, denn mag auch die kleine Schwester liebenswürdig genug gewesen sein, so hat sie doch niemals etwas geleistet, was der Rede wert gewesen wäre.« Natürlich bezog sich diese Bemerkung auf den Brauch der Karmeliterinnen, demzufolge die Priorin an alle Ordensklöster einen Lebensabriß über jede verstorbene Nonne zu schicken hat. Man würde gar zu gern wissen, wie viele Jahre jene Nonne die Heilige Therese überlebt hat; es ist durchaus möglich, daß sie heute noch am Leben ist.

Um Ostern 1897 wurde es klar, daß das Ende nur noch wenige Monate entfernt sein konnte, für Therese aber rückte es viel zu langsam näher. Bezeichnenderweise verglich sie ihre Lage mit der eines Kindes, dem man ein Stück Kuchen versprochen hat, das man ihm immer wieder wegnimmt, wenn es danach greift. Und ebenso bezeichnend war es, daß sie in ihrer Zelle allein gelassen zu werden bat, statt in das bequemere Krankenzimmer gebracht zu werden, wo ihr Husten, wie sie meinte, andere stören könnte. Einsam in ihrer Zelle eingeschlossen, ließ sie keinen Laut vernehmen. Sie schleppte sich auch wohl in den Garten, um die Frühlingssonne und dann die wärmere Sonne des Mai und Juni zu genießen, aber im Juli war sie dann genötigt, ihre armselige Zelle zum letzten Male zu verlassen und sich mit der Übersiedlung in das Krankenzimmer abzufinden. Man fragte sie noch immer, ob sie den Tod fürchte: wirklich, eine müßige Frage. »Ich bin so fröhlich wie ein Buchfink«, schrieb sie in einem Abschiedsbrief an ihren Onkel und ihre Tante, »außer daß ich Fieber habe, glücklicherweise jedoch nur des Abends, wenn alle Buchfinken, mit den Köpfen unter ihren Flügeln, schlafen gegangen sind!« Die Tür ihres trüben Gefängnisses öffne sich, so sagte sie; eine grausame Prüfung wollte es aber, daß die Dunkelheit der Seele, deren sie sich, wie alle ihrer Art, sooft zu erwehren gehabt hatte, sich zuzeiten noch einmal ausbreitete, so daß sie sich auf ihrem Lager hin und her wälzte, zu fragen versucht war, ob Gott sie wirklich liebe, jedermann anflehte, für sie zu beten, und die Schwester beschwor, ihr Gesicht mit Weihwasser zu benetzen, weil der Teufel in der Nähe sei, sie quäle, mit eisernem Griff niederzwinge und am Beten verhindere. »Oh!« so schrie sie auf, »wie sehr man doch ums Sterben bitten sollte! Wenn es die Menschen nur wüßten!« Manchmal schienen sie diese geistigen Qualen fast zum Wahnsinn zu treiben; dann wieder gewann sie all ihre Zuversicht und Heiterkeit zurück, so daß auch die grausamsten körperlichen Schmerzen sie nicht hätten erschüttern können.

»Du hast jetzt große Schmerzen, nicht wahr?«

»Ja, aber ich habe mich doch so danach gesehnt.«

Sie sprach von ihrem Leben nach dem Tode. »Ich werde Rosen niederregnen lassen«, so meinte sie. »Ich fühle, daß meine Mission jetzt anzuheben beginnt, die Mission, auch anderen dieselbe Liebe zu Gott einzuflößen, die ich für Ihn hege, und den Seelen die Botschaft meines ›Kleinen Weges‹ zu verkünden. Ich wünsche ihnen die unscheinbaren Mittel zu weisen, die bei mir selbst so über alle Maßen erfolgreich gewesen sind. Ich will meinen Himmel dafür hergeben, daß ich auf Erden Gutes tue.« Aber während sie solches verkündete, und trotz der Ablenkung, die ihr durch ihre qualvollen Todeskämpfe verursacht wurden, bediente sie sich nach wie vor jener kleinen Methoden zur Selbstbezwingung. Eines Abends, als sie von heftigem Fieber geschüttelt wurde und sich vor allem nach einem kühlen Trunk sehnte, brachte ihr die Schwester eine mit heißem Wasser gefüllte Flasche und eine Jodtinktur zum Einreiben der Brust. Es war mitten im Sommer, und die arme Therese, die sonst so bitterlich gefroren hatte, richtete an Jesus eine vorwurfsvolle Klage: »Siehe«, so sagte sie zu Ihm, »ich vergehe vor Hitze, und man bringt mir Feuer und noch mehr Hitze statt eines halben Glases Wasser! Doch bin ich froh über diesen Mangel, weil ich Dir mehr und mehr ähnlich werden und Seelen erretten will.«

Sie war jetzt so krank, daß man ihr einmal schon die Letzte Ölung erteilt hatte in der Meinung, daß ihre Erlösung unmittelbar bevorstünde; sie konnte sich ohne Hilfe nicht mehr bewegen; der Klang von Stimmen tat ihr weh; sie vermochte kaum ein Wort über die Lippen zu bringen, ohne davon erschöpft zu sein. Und dennoch quälte sie sich fort. Die furchtbare Krankheit machte es ihr – und dies war für sie die schlimmste aller Entbehrungen – unmöglich, die Sakramente zu empfangen. Zuzeiten vermochte sie nur noch zu Gott aufzustöhnen, Erbarmen mit ihr zu haben. Gelegentlich sprach sie ein wenig, indem sie die Schwester ermahnte, jedesmal mit »Um so besser!« zu erwidern, wenn sie sich über Schmerzen beklage. Der Pflegerin, die an sie die Frage richtete, ob sie sich ins Sterben ergeben habe, antwortete sie, Ergebenheit sei nur für die Lebenden erforderlich. Als ihre Schwester Celine, jetzt selbst eine Nonne, am Vorabend des Sterbetages an ihrem Lager saß, da verklärte sich ihr Antlitz mild, als sie eine Taube durch das offene Fenster hereinfliegen und niederkauern sah.

Es war dies die letzte irdische Freude, die ihr widerfahren ist, denn am Morgen weinte sie herzzerreißend, indem sie sagte, sie könne diese Luft nicht mehr atmen, und zu wissen begehrte, wann sie endlich die himmlische Luft werde atmen dürfen. Plötzlich richtete sie, die sich wochenlang nicht hatte bewegen können, sich kerzengerade in ihrem Bette auf und rief: »Der Krug ist bis zum Rande gefüllt! Nein, ich hätte es niemals für möglich gehalten, daß man so viel zu erdulden vermag ... Ich kann es mir nur mit meinem heißen Verlangen, Seelen zu erretten, erklären ... Oh, wie wahr ist doch alles, was ich über meine Sehnsucht, zu leiden, geschrieben habe! Ich bedauere nicht, mich ganz der Liebe hingegeben zu haben.«

Am Abend fragte sie, ob es nicht schon der letzte Todeskampf sei, und als man dies bejahte, jedoch hinzufügte, daß er sich noch mehrere Stunden hinziehen könne, da flüsterte sie, es sei nicht ihr Wunsch, weniger zu leiden. Man hatte sich in der Zeit geirrt; mit einem Blick auf das Kruzifix stieß sie ihre letzten Worte hervor: »Ich liebe Ihn. Mein Gott, ich liebe Dich.«

Es dauerte nicht lange, bis sich geheimnisvolle Wohlgerüche von Blumen im Kloster bemerkbar machten, und zwar an Stellen, wo keinerlei Blumen waren.

XII

So hatte sich diese kleine Nonne in völliger Verborgenheit, und wenigen nur bekannt, von dieser Erde gelöst, nachdem ihr verschwiegenes und demütiges Dasein durch einen Tod beendet worden war, der, wie es sich so ergeben hatte, ein Martyrium von denkbar undramatischer Ausprägung gewesen war. Hunderte, Tausende von Nonnen hatten ein genauso gutes, keusches und frommes Dasein geführt; es gab wohl nichts, was Schwester Thérèse de l'Enfant Jésus aus dieser langen Prozession herausgehoben haben würde. Nach der im Karmel herrschenden Sitte wurde ihr Leichnam hinter dem Chorgitter aufgebahrt, und alle, denen der Sinn danach stand, mochten noch einmal kommen und einen Blick auf das unverhüllte Antlitz werfen; die Aufbahrung hatte eine große Menschenmenge herbeigelockt, eine Anzahl zweifellos aus einer gewissen morbiden Neugier heraus, doch andere um der ehrfurchtsvoller gearteten Zuneigung willen, die sie zu Therese, wie sie ihnen als kleines Kind bekannt gewesen war, und zu den Angehörigen ihrer Familie hegten. Es begab sich ein ziemlich merkwürdiger Vorfall, als eine Nonne, aus Reue darüber, daß sie einmal unfreundlich zu Therese gesprochen hatte, an der Bahre niederkniete und, indem sie ihre Stirn dagegen preßte, gewahr wurde, daß sie von der Gehirnanämie, an der sie lange gelitten hatte, genesen sei. Ansonsten nahm die Beerdigung den gewohnten, geziemend einfachen Verlauf, und über dem Grabe wurde ein Holzkreuz errichtet mit der Inschrift: »Ich will meinen Himmel dafür hergeben, daß ich auf Erden Gutes tue.«

Ein Leben, das in merkwürdiger Vollständigkeit mit ihrem Dasein und ihren Gewohnheiten übereinstimmt, bietet sich in der kurzen Geschichte der Beatriz Oñez dar, einer Karmeliternonne, die 1570 in Valladolid ihr Gelübde abgelegt hatte; die Vollständigkeit ist so erschöpfend, daß, wenn man die zeitliche Folge außer acht läßt, jede Einzelheit, die von ihr berichtet wird, genausogut auf Therese Anwendung finden könnte. Sie soll nie ein Wort geäußert haben, an dem sich irgend etwas hätte aussetzen lassen – nie, und selbst dann nicht, wenn die Priorin ihr Vorhaltungen wegen etwas, für das sie keine Verantwortung trug, gemacht hatte, nach Ausflüchten oder Entschuldigungen gesucht haben. Niemals hat sie über etwas geklagt und nie, durch Worte oder Blicke, die Gefühle anderer verletzt; sie ist auch nie in ihrem Gehorsam wankend geworden, sondern hat stets, bereitwillig, pünktlich und freudigen Herzens, getan, was ihr aufgetragen wurde. Unsere geringfügigen Leistungen, so pflegte sie zu sagen, sind über alle Maßen kostbar, wenn sie der Liebe zu Gott entspringen. Ihre Leiden, die sehr niederdrückend waren, und ihr furchtbares Elend ertrug sie willig und froh, indem sie in ihre Schwestern drang, zu Gott zu beten, daß Er ihr, um sie glücklich zu machen, viel zu dulden senden möge; wenn dann jedoch das Leid über sie gekommen war, so hielt sie es, soweit sie konnte, geheim, auf daß die Anwesenden nicht merken möchten, wieviel sie durchzumachen hätte. Sogar im Tode war sie Therese ähnlich, denn sie schien nach etwas zu blicken, was sie mit Freude erfüllte, und als man ihren Leichnam in die Gruft gesenkt hatte, da war es, als dränge ein starker, süßer Duft daraus hervor. Und dennoch! Welche Ehrungen sind, trotz aller Verwandtschaft, je auf Erden Beatriz Oñez zuteil geworden, wo ihr Leben sich doch in keiner Weise von dem nicht minder unauffälligen Dasein der Karmeliterin von Lisieux unterschieden hat? Begrabene Lebensschicksale! Ihr irdisches Dasein erfüllte sich mit der letzten Schaufel Erde, während ihre Mitschwestern sich abwandten, um ihre täglichen Opfer und Andachtsübungen wiederaufzunehmen.

Alles war damit, dem äußeren Anschein nach, vorbei, doch sollte das merkwürdigste Kapitel der Lebensgeschichte Therese Martins erst nach ihrem Tode aufgeschlagen werden. Ihr Dasein war so abgesondert und ereignislos verlaufen, daß ihr Namen außerhalb des kleinen Bereiches von Lisieux wohl sicher unbekannt geblieben wäre, und mit dem allmählichen Aussterben der wenigen Menschen, die von ihr wußten, würde ihr Grab auf immer in dem Meere der Vergessenheit versunken sein, sofern es nicht das ungelesene Manuskript der »Histoire d'une âme« gegeben haben würde. Thereses letzte Monate auf Erden hatten einen tiefen Eindruck auf die Priorin, Mutter Marie de Gonzague, gemacht; sie plagte sich jetzt mit Selbstvorwürfen wegen des etwas barschen Tones, den sie Therese gegenüber in der Vergangenheit angeschlagen hatte, und während sie tränenerfüllten Blickes ein Bild des Kindes Therese auf dem Schoße seiner Mutter anschaute, sann sie darüber nach, wie weit sie hier etwas gutmachen könnte. Es fällt schwer, dem Verdacht zu widerstehen, daß Mutter Marie de Gonzague sich zeitweilig Thereses wegen erzürnt hatte; der Tod löscht aber vieles aus. Man wird sich an den Brauch erinnern, den anderen Klöstern den Tod einer Karmeliterin durch eine Art von Nachruf anzuzeigen; so kam denn der Priorin der Gedanke, die »Histoire« in Druck legen und verschicken und dergestalt Therese für sich selber sprechen zu lassen.

In der ganzen Geschichte der Kirche hatte sich dergleichen nie zuvor begeben. Das Buch wurde zunächst in den Klöstern gelesen und dann an Freunde ausgeliehen; der Kreis weitete sich schnell, und bald schon wurde das Karmelkloster in Lisieux aus allen Teilen Frankreichs mit Bestellung von Exemplaren des Buches überschwemmt. Aber nicht nur Bestellungen liefen ein, es kamen auch Scharen von jungen Frauen, alle begierig, in das Kloster von Lisieux aufgenommen zu werden und in die Fußstapfen von Thérèse de l'Enfant Jésus zu treten. Aus den französischen Provinzen strömte man herbei, aus Irland, Italien, Portugal, der Türkei und sogar aus Argentinien. Da das überfüllte Lisieux die Menge unmöglich zu fassen vermochte, so mußten sie, so gut es eben ging, auf andere Klöster, wo immer der Orden eine Stiftung besaß, verteilt werden. Nie zuvor war der Wert des geschriebenen Wortes deutlicher als jetzt, wo die Strahlen seines Scheinwerfers in die verborgenen Schlupfwinkel des obskuren Daseins Thereses hineinleuchteten, veranschaulicht worden.

Und nicht nur leicht beeindruckbare oder bußfertige junge Frauen wurden durch Schwester Therese und die Lösung ihres »Kleinen Weges« angelockt; dasselbe galt für Priester und Missionare aus aller Welt, von denen manche als Zweifler aufgebrochen waren und offen erklärten, daß sie sich von der weichlichen Sentimentalität Thereses beleidigt, wenn nicht gar angewidert fühlten. Die jungen, kritisch eingestellten Seminaristen von Bayeux, die jetzt einen großen Teil ihrer Zeit auf Streitgespräche über die Vorzüge und Fehler des Buches und seiner Verfasserin verwandten, waren besonders tadelsüchtig in ihrem Urteil, doch befand sich unter ihnen ein gewisser Abbé Anne, ein leidender junger Mann, dessen Ärzte galoppierende Schwindsucht bei ihm festgestellt hatten und ihm bestenfalls noch einige Tage zu leben gaben. Unverzüglich suchte man, mit einer »neuvaine«, Thereses Mittlerdienste (und das schon zeigt, wie hoch ihr Ruf gediehen war), doch anscheinend ohne Erfolg: Nach einigen Tagen der Vermittlung schien das Ende während der Nacht kommen zu sollen. Auf diese Wahrscheinlichkeit vorbereitet, drückte der junge Mann, der trotz seiner Frömmigkeit nicht sterben wollte, eine Reliquie der Nonne an sein Herz und rief in leidenschaftlich stummem Gebete ihre Hilfe an, indem er sagte, er zweifele nicht daran, daß sie im Himmel weile; er selber sei nun freilich auf der Erde, wo noch viel geleistet werden müsse, und deshalb müsse sie ihn, mit einem Worte, heilen.

Unmittelbar im Anschluß daran vollzog sich im Befinden des Patienten eine außergewöhnliche Besserung; die Ärzte wurden eiligst herbeigerufen und mußten zu ihrem Erstaunen feststellen, daß seine Gesundheit vollkommen wiederhergestellt sei. Damit der Leser keine Übertreibung argwöhnt, ist es vielleicht noch besser, wenn der Befund in den Worten des amtlichen Chronisten von Lisieux, enthalten in einem von der Académie Française preisgekrönten Werke, wiedergegeben wird: »Die entstellten und verwüsteten Lungen waren durch neue Lungen ersetzt, die ihre normalen Funktionen ausübten und den ganzen Organismus neu zu beleben begannen. Eine leichte Abzehrung dauert an, doch wird sie bei regelmäßiger angepaßter Diät verschwinden.« Aber nicht nur, daß sich Abbé Anne von den verheerenden Folgen dieser im allgemeinen tödlichen Krankheit, die in der Jugend bekanntermaßen besonders bösartig auftritt, völlig wieder erholte: sein körperlicher Zustand hat darüber hinaus, in seinem späteren Leben, eine bemerkenswerte Robustheit entwickelt. Das Wunder war, infolge der Anwesenheit und des Zeugnisses der Ärzte, so gut belegt, daß es dann als einer der beiden erforderten Probefälle anerkannt wurde.

Ohne versuchen zu wollen, derartige Phänomene zu erklären oder zu leugnen, sollten wir eine ganz knappe Liste von willkürlich zusammengestellten Beispielen aus den sieben Bänden des vom Karmelkloster in Lisieux herausgegebenen »Rosenregen« (Pluie de roses) folgen lassen. Thereses Versprechen, daß sie, sobald sie in den Himmel gelangt sein würde, Rosen niederregnen lassen würde, erfüllte sich nämlich tausendfältig und auf die verschiedenartigste Weise. Da war der Bischof des Oberen Kongo, der sie dazu bewogen hatte, einen Missionar von der Schlafkrankheit zu heilen, und der so ganz nebenher, obwohl er für sich selbst keine Gunst erbeten hatte, auch seinerseits von einem chronischen und lähmenden Rheumatismus genas. In Süditalien lebte die Priorin eines Karmelklosters, die eine dringende Schuld abzutragen hatte und die benötigten Banknoten auf wunderbare Weise in der leeren Schublade ihres Schreibtisches liegend vorfand. Es gab auch den ehrwürdigen Alexander Grant in Edinburgh, der sich nicht damit zufriedengeben wollte, daß er nach der Lektüre der »Histoire d'une âme« den katholischen Glauben angenommen hatte, sondern den Staub seiner schottischen Heimat von seinen Füßen schüttelte und sich nach dem Geburtshaus Thereses in Alençon aufmachte, um dort den wachsenden Strom der Pilger zu empfangen. Es muß auch des Fabrikanten in Liverpool gedacht werden, eines hartnäckigen Mannes, der nach der Lektüre der »Histoire« in all seinen Werkstätten Statuen der Therese aufstellen ließ, einem jeden seiner Arbeiter ein Exemplar des Buches überreichte und ihnen, was ihnen wohl am meisten eingeleuchtet haben wird, bei vollem Lohn einen wöchentlichen Feiertag einräumte. Maurice de Waleffe, ein skeptischer Journalist, bekannte in »Le Journal«, daß die Welt vor der keuschesten Seele seit dem Heiligen Franz von Assisi auf die Knie gesunken sei. Wenn es nun vielleicht auch etwas weit ging, zu behaupten, daß die Welt auf den Knien läge, so war es doch unbestreitbar, daß der Kult in allen Ländern und Kontinenten erstaunlich anschwoll. Es überrascht uns kaum, sie unter den Französisch-Kanadiern verehrt zu sehen; ein wenig unerwartet ist es freilich, dem gleichen Grade von Begeisterung in den Industriestädten der Vereinigten Staaten zu begegnen. Dort wurde es bei den Krankenschwestern und sogar bei den Ärzten der protestantischen Krankenhäuser gebräuchlich, den Patienten die Anrufung der Hilfe Thereses anzuraten. Der Postsack von Lisieux war vollgestopft mit Briefen aus Australien, Ceylon, Indien, Südamerika, Spanien, Italien, Deutschland, Österreich und England, in denen um Bilder Thereses und Reliquienstückchen gebeten wurde, während ständig neue Berichte von wunderbaren Heilungen aus den fernen französischen Kolonien und den Missionen in Afrika und im Fernen Osten einliefen.

Es wurde zusehends klar, daß dem geräuschvollen Verlangen der breiten Masse bald in irgendeiner Form würde genügt werden müssen, und einer der ersten Schritte in dieser Richtung wurde von einer jungen Frau unternommen, die sich an der Pforte des Lisieuxklosters vorgestellt und, da sie eine der ersten gewesen war, auch Aufnahme gefunden hatte. Sie war Bretonin und neigte, im Gegensatz zu all den Vorurteilen ihres kühnen, wenn auch frommen Volksstamms, sehr zu einem geselligen und eleganten Leben, so daß sie eine ausgesprochene, mitleidige Verachtung für Nonnen und ihr Tun und Lassen hegte. Plötzlich aber wurde sie durch die »Histoire« erleuchtet; sie verzichtete auf ihre fröhlichen Vergnügungen, proklamierte sich als »Beute der Schwester Therese« und trat mit neunzehn Jahren als Postulantin in das Kloster ein. Sie muß mit ihrem weltlichen Zynismus ziemlich frühreif gewesen sein; vielleicht auch hatte sie ein unglückliches Erlebnis durchgemacht; sie schrieb nämlich:

> J'allais avoir vingt ans; je connaissais le monde.
> Hélas! combien mon cœur était désenchanté!
> Au lieu d'un doux nectar pur et frais comme l'onde,
> C'est un brûlant poison qu'il m'avait présenté.

Offenkundig war aber ihre geistliche Eignung für das fromme Leben überragend, denn ungeachtet ihrer jungen Jahre wuchs sie schnell zur Würde einer Priorin heran, so daß sie sich endlich in der Stellung befand, in der sie die Erfüllung ihres Herzenswunsches, nämlich die apostolische Anerkennung der Tugendhaftigkeit Thereses, zu betreiben imstande war. Das Unglück wollte es, wie der amtliche Chronist es ausdrückt, daß sie mit der Nachahmung ihrer himmlischen Freundin so weit ging, daß sie sich eine Lungenschwindsucht zuzog und nach sieben Jahren begraben wurde, nicht ohne sich zuvor jedoch der Mitwirkung des neuerwählten Bischofs von Bayeux, des Monsignore Lemonnier, versichert zu haben. Die Räder der gewaltigen, altehrwürdigen und komplizierten Maschine waren nun in Bewegung gekommen.

Nach einigen Verzögerungen, und während die Masse von Beweisstücken unaufhörlich durch das Portal des bischöflichen Palastes rollte, empfing der Bischof endlich eine Antwort aus Rom, die ihn ermächtigte, die amtliche Untersuchung des Tatbestandes zu eröffnen.

XIII

Es mag an dieser Stelle von Interesse sein, das Verfahren zu beleuchten, das der Verleihung der Ehre des öffentlichen Kultes (cultus) voranzugehen hat, und einen Blick auf den geschichtlichen Hintergrund der Eigenschaften zu werfen, die den großen Apparat von Rom zugunsten der kleinen Nonne von Lisieux in Bewegung setzten. Diese Ehre wird erst nach gewissenhaftester Prüfung verliehen, deren Vorschriften sich fortgesetzt verschärft haben, und zwar besonders in den Frühzeiten der Kirche, als es noch keines formgerechten Rituals zur Heiligsprechung bedurfte und der »cultus« zumal bei den Märtyrern mehr oder weniger auf Grund der Volksmeinung zugestanden wurde. Der erste Fall einer förmlichen Heiligsprechung hat tatsächlich erst etwa tausend Jahre nach Christi Geburt stattgefunden, als Johann XV. sie 993 an Ulrich von Augsburg vornahm; doch mußten noch weitere zwei Jahrhunderte verstreichen, bis Alexander III. verfügte, daß selbst die Bischöfe dies Recht nicht ohne Zustimmung des Heiligen Stuhls ausüben dürften. In jenen Zeiten des zwölften und dreizehnten Jahrhunderts war es möglich, daß die Heiligsprechung sehr schnell nach dem Tode der betreffenden Person erfolgte, so daß der Heilige Thomas à Beckett, der Heilige Franz von Assisi und der Heilige Antonius von Padua ihren Heiligentitel schon drei, zwei bzw. ein Jahr nach ihrem Ableben erhielten. Teresa von Avila war, etwa vier Jahrhunderte später, vierzig Jahre nach ihrem Tode in die erlauchte Gemeinschaft aufgenommen worden. Die römische Kirche tut nichts ohne Behutsamkeit, und deshalb wurde das Rechtsverfahren, um der Möglichkeit von Mißbräuchen vorzubeugen, allmählich noch straffer gestaltet, bis dann Urban VIII. im siebzehnten Jahrhundert, in zwei getrennten Dekreten, die Vorschriften zur genauen Unterscheidung zwischen dem Stande des Seligseins und dem des Heiligseins niederlegte. Um skizzenhaft zu sprechen, so konnte ein lokaler Bischof die Seligsprechung und damit die Ehrung oder den »cultus« für den lokalen Bereich verfügen, wogegen die Heiligsprechung nur nach Anerkennung durch den Heiligen Stuhl auf den gesamten Machtbereich der Kirche ausgedehnt werden konnte. Auch mußten mindestens fünfzig Jahre seit dem Tode verstrichen sein, bevor ein Fall der Heiligsprechung eröffnet werden durfte.

In der Hierarchie der Heiligkeit gibt es drei Stadien: die Verehrung, die Seligsprechung und die Heiligsprechung. Das erste Stadium darf übersprungen werden, doch muß zunächst die Seligsprechung erfolgt sein, bevor die Heiligsprechung stattfinden kann. Schon für das zweite Stadium werden hinlänglich hohe Anforderungen gestellt: ein weitverbreiteter Geruch der Heiligkeit, ein heroischer Zug der Tugendhaftigkeit und eine feststellbare Wundertätigkeit. Die Vorrechte der Seliggesprochenen sind indessen verhältnismäßig begrenzt. Es darf ihnen keine Kirche geweiht werden; sie können auch nicht die Schutzpatrone von Völkern, Diözesen oder religiösen Gemeinschaften werden, und endlich dürfen ihre Reliquien nur in Kirchen ausgestellt werden, wo ihnen zu Ehren Messen gelesen werden dürfen. Die Heiliggesprochenen haben jedoch ein Anrecht auf weit höhere Ehren. Benedikt XIV., der als Papst von 1740 bis 1758 regierte und als Autorität in diesen Fragen gilt, verfügte unter anderem, daß man nicht *für* die Heiligen, sondern *zu* ihnen beten solle; daß ihre Bildnisse mit dem Heiligenschein oder anderen Attributen der Heiligkeit zu schmücken seien; und daß ihre Reliquien öffentlich geehrt werden müßten. Es besteht kein Zwang für die Angehörigen der katholischen Kirche, an die Wunder, die das Recht der Heiligkeit begründen, zu glauben, doch ist es ihre *Pflicht*, zu glauben, daß jede rechtens heiliggesprochene Person sich jetzt im Himmel befindet, deshalb nämlich, weil die Kirche nicht irren kann und Erörterung oder abweichende Meinungen nicht zuläßt. Im Falle der nur Seliggesprochenen läßt man etwas mehr Freiheit walten, insoweit als die gehorsamen Söhne und Töchter der Kirche für sich selbst entscheiden dürfen, ob der Seliggesprochene den Himmel erreicht hat, wiewohl sie davor gewarnt werden, die Frage »vorschnell zu verneinen«. Mindestens zwei Wunder müssen seit der Erhebung in die Reihen der Seligen geschehen sein, damit das Verfahren der Heiligsprechung eröffnet werden kann. Die Riten der Seligsprechung finden in der großen Halle über dem Vorraum von Sankt Peter statt, indem das päpstliche Breve durch den amtierenden Bischof verlesen wird; die Heiligsprechung dagegen erfolgt, unter riesigem Aufwand von Zeremoniell, in der Basilika selbst und wird durch den Pontifex Maxismus persönlich geleitet.

Der Vorsichtsmaßregeln gibt es viele, und zwar besonders in allen die Wunder betreffenden Fragen. Der medizinische Gesichtspunkt erfährt die weitestgehende Berücksichtigung. Was das Heilen angeht, so werden Ärzte, Chirurgen und Spezialisten als Zeugen aufgerufen, die unter Eid zu bekunden haben, daß die angebliche Heilung unter natürlichen Bedingungen nicht stattgefunden haben könnte. Lehnen sie diese eidliche Aussage ab, so führt das zur Verwerfung des Wunders, und über dieses wird dann von der Ritenkongregation nicht weiter verhandelt. Automatisch werden alle Fälle der Autosuggestion, der Hysterie und Epilepsie verworfen; auch Heilungen in Fällen, bei denen chirurgische Eingriffe stattgefunden haben, erfahren keine Berücksichtigung, weil man die Auffassung vertritt, daß der Eingriff und nicht die Fürsprache des Kandidaten für die Heiligsprechung entscheidend gewesen sein könnte. Ähnlich dürfen in den geistlichen Fragen zwar Ketzer und sogar Ungläubige als Zeugen zugelassen werden, wogegen der Beichtvater ausgeschlossen bleibt, obwohl die Möglichkeit besteht, daß sein Beichtkind ihn vom Beichtgeheimnis entbunden hat. Stenographische Protokolle sind nicht erlaubt, und alle Zeugenaussagen müssen vom Notar in gewöhnlicher Schrift verzeichnet werden. Da die Kosten solcher Verfahren naturgemäß sehr hoch sind, dürfen verschiedene Fälle aus Sparsamkeitsgründen gleichzeitig verhandelt werden. Sogar das Schlußzeremoniell der Heiligsprechung kann verschiedene Fälle auf einmal umfassen, wie es tatsächlich bei Teresa von Avila, dem Heiligen Philipp Neri, dem Heiligen Franz Xavier, dem Heiligen Isidor und dem Heiligen Ignatius von Loyola geschehen ist, die alle fünf am gleichen Tage kanonisiert wurden.

Die tatsächliche Untersuchung des Anspruchs erfolgt in genauester Übereinstimmung mit dem Verfahren vor einem gewöhnlichen Gerichtshof. Das Verfahren entspricht der Abhaltung eines Prozesses vor einem Geschworenengericht, dem Tribunal der Ritenkongregation, einem ständigen, von Hilfsbeamten unterstützten Ausschuß von Kardinälen, der, mit dem Papst als oberster und letztentscheidender Instanz im Hintergrunde, unter dem Vorsitz eines Kardinals tagt. Die Beweismittel zugunsten des Anspruchs, die zunächst einmal vor der Einreichung durch das lokale Bischofsgericht, mit großer Umsicht zusammengestellt werden, werden dem römischen Gerichtshof durch einen Postulator vorgelegt, den man im weltlichen Rechtsleben als Anwalt oder Rechtsbeistand des Klägers bezeichnen würde. Es gibt auch einen, technisch Promotor Fidei genannten, Rechtsbeistand für die Verteidigung, den man volkstümlich als Advokaten des Teufels – advocatus diaboli – kennt: ein Begriff, den viele im Munde führen, ohne sich über seinen wirklichen Ursprung im klaren zu sein. Seine Aufgabe ist es, in der Klageschrift nach Lücken auszuspähen. Umgekehrt gilt der Postulator als Advokat Gottes, advocatus Dei, obwohl sich diese Bezeichnung nie der gleichen Volkstümlichkeit erfreut hat, möglicherweise deshalb nicht, weil die menschliche Natur – so muß man wenigstens glauben – von jeher einen größeren Genuß aus den boshaften als aus den erbaulichen Aspekten eines Themas gezogen hat.

Unter den Priestern, die an der Untersuchung des Falles Therese beteiligt waren, befand sich auch ein Vizepostulator namens Monsignore de Teil, dem sie anläßlich einer Vorlesung in ihrem Kloster begegnet war. Es war ihm nichts davon bekannt, daß Therese damals ausgerufen hatte: »Ist er nicht von einer rührenden Begeisterungsfähigkeit? Wie glücklich wäre man darüber, ihn auf einige Wunder hinweisen zu können!«

Jetzt hatte sie ihm vielerlei Wunder an die Hand gegeben. Der Fall des Abbé Anne wurde ebenso geprüft wie der der Schwester Louise de Saint Germain, die infolge von inneren Geschwülsten in ihrem Kloster am Fuße der Pyrenäen im Sterben lag und schon die Sterbesakramente empfangen hatte, als die Vermittlung Thereses nicht nur eine Vision ihrer selbst und, einige Tage später, die völlige Wiederherstellung der Gesundheit, sondern auch die Ausstreuung von Rosenblättern in allen Farben rings um das Bett der Patientin bewirkte. Niemand wußte, wieso sie dahin gekommen wären: Sie hatten sich während der Nacht eingefunden. Zu allem Überfluß war Therese auch, am Vorabend ihrer Exhumierung, der Priorin des italienischen Karmeliterklosters erschienen, deren Schulden, wie wir uns erinnern, gerade im richtigen Augenblick beglichen worden waren; Therese hatte sie davon in Kenntnis gesetzt, daß man nichts als Knochen im Grabe finden würde. Die Priorin hatte nicht ahnen können, daß eine Exhumierung unmittelbar bevorstünde, und hörte erst später, daß die verklärte Besucherin die Wahrheit gesagt hätte.

Hier muß nun des äußerst merkwürdigen Falles einer anderen Theresa gedacht werden, nicht nur wegen des Interesses, das er selber einflößt, sondern auch wegen des Zusammenhanges, den er mit Therese von Lisieux aufweist. Es handelt sich um die weithin bekannte Theresa Neumann, ein Bauernmädchen aus Konnersreuth in Bayern. Allem Anschein nach war Theresa oder Resl Neumann ein ganz normales und ziemlich einfältiges Kind, eines von den zehn Kindern einer gesunden Familie; dabei war sie überdies so kräftig, daß sie bei der Arbeit auf dem Hofe anderthalb Zentner schwere Mehlsäcke vom Keller in das dritte Stockwerk schleppen konnte. Hier gab es keine Abnormitäten. In ihrem neunzehnten Lebensjahre geriet sie infolge einer Kette von unglücklichen Umständen, die ihre gänzliche Erblindung zur Folge hatten, in einen Zustand der völligen Hilflosigkeit; es dauerte nicht lange, bis sie an derart heftigen Krämpfen und Zuckungen zu leiden begann, daß ihr bei einem dieser Anfälle die Zähne ihres Oberkiefers herausbrachen. Sie, die sonst so Kräftige, war jetzt ans Bett gefesselt und konnte ohne fremde Hilfe nicht einmal aufrecht stehen. Die Ärzte verwunderten sich darüber, daß sie überhaupt noch ihr Leben fristete. Nachdem sie keinerlei Hoffnung mehr hegten, etwas für sie tun zu können, war es an Schwester Therese, vermittelnd einzugreifen. Resl hatte Schwester Therese inniglich verehrt, und diese Verehrung sollte durch nicht weniger als sieben wunderbare Heilungen belohnt werden. Die erste vollzog sich fraglos unter besonders dramatischen Umständen, obwohl auch die anderen sechs – darunter die Streckung ihres gekrümmten Beines, die Wiedererlangung ihres Gehvermögens, das Weichen sämtlicher Symptome einer plötzlich aufgetretenen, akuten Blinddarmentzündung sowie die Heilung einer Lungenbronchitis, während man für die Sterbende bereits zu beten begonnen hatte – erstaunlich genug waren. Was die erste Heilung angeht, so war die Resl gerade damit beschäftigt gewesen, ein »Novena« anläßlich der Seligsprechung Thereses vorzubereiten; sie war dann am Morgen aufgewacht und wie gewöhnlich außerstande gewesen, irgend etwas zu sehen. Plötzlich aber, so sagt sie, hatte sie das Gefühl, als berühre jemand ihre Kissen, und indem sie die Augen aufhob, erkannte sie zu ihrer Überraschung ihre eigenen Hände sowie das an der Wand aufgehängte Bild der Therese von Lisieux. Als ihre Schwester in das Zimmer trat, erkannte sie diese, die sie ja seit vier Jahren nicht mit Augen hatte schauen können, lediglich an ihrer Stimme. Das Erscheinen einer anderen Schwester veranlaßte Resl jedoch zu dem Ausruf: »Kann man es glauben, daß du derart gewachsen bist?«[1]

Therese hatte bei einer ihrer Erscheinungen angekündigt, daß ihr Rosenregen sich in einen Wolkenbruch verwandeln würde, und nach Beginn des Krieges von 1914 wuchs ihre Legende im Verhältnis zur Erfüllung ihres Versprechens. Große Teile der französischen Armee erwählten sie zu ihrer Schirmherrin. »Es ist richtig«, so schrieb ein Soldat, »daß wir Jeanne d'Arc haben, doch liegt uns die kleine Schwester näher am Herzen.« Ganze Regimenter stellten sich unter ihren Schutz. Geschützbatterien wurden nach ihr benannt. Soldaten, die ins Gefecht gingen, trugen ein Medaillon mit ihrem Bilde auf der Brust. Die Kampfflieger, einschließlich des berühmten Bourjade, tauften ihre Maschinen auf Schwester Therese oder schmückten sie mit ihrem Porträt. Inzwischen aber schleppte sich das Untersuchungsverfahren, unberührt vom Kriege, schwerfällig durch sieben Jahre (von 1910 bis 1917) weiter, bis es seine erste Entscheidung fällte, und die lange Dauer wird uns vielleicht weniger überraschen, wenn wir erfahren, daß der vorläufige Bericht nach einhundertneun Sitzungen von jeweils vielstündiger Dauer auf fünftausend Seiten angewachsen war. Während des apostolischen Verfahrens in Rom fanden weitere einundneunzig Sitzungen statt, deren Ergebnis in einem Dossier von zweitausendfünfhundert Seiten niedergelegt wurde.

XIV

Die immer gründliche Kirche hatte sich keinesfalls beeilt, doch endlich bemerkte Kardinal Vico, der Präfekt der Ritenkongregation, man würde, sofern man nicht wünschte, daß man sich von den Völkern den Rang ablaufen lasse, gut

1 Siehe Anhang.

daran tun, die Verherrlichung der kleinen Heiligen ein wenig zu beschleunigen. Er äußerte, daß Schwester Therese in den Frühzeiten der Kirche, als die Seligsprechung noch durch Zuruf des Volkes erfolgte, längst schon Selige geworden wäre. Es ist eine Tatsache, daß Bittschriften aus allen Teilen der Welt in den Vatikan strömten; Brasilien hatte eine Prozessionsreliquie aus Gold und kostbaren Edelsteinen geschickt, und etwa achtzigtausend Pilger suchten jährlich das Grab Thereses in Lisieux auf: eine Zahl, die bald auf dreihunderttausend anwachsen würde. Es würde ermüden, die feierliche Heiligsprechung, die am 17. Mai 1925 stattfand, in ihren Einzelheiten zu schildern oder auch nur die vielfältigen, authentisch belegten Wunder zu verzeichnen, die der Ritenkongregation zur Prüfung unterbreitet wurden. Es genügt schon, unter den vielen Wundern, die sich unmittelbar nach der Seligsprechung zutrugen, zweier Fälle zu gedenken: einmal des belgischen Mädchens, das sterbenskrank an das Grab getragen wurde, wo es sofort von seiner Lungen- und Darmschwindsucht genas; der zweite Fall betraf eine Nonne in Parma, die durch Fürsprache von einer Gelenkentzündung und von spinaler Tuberkulose geheilt wurde.

Obwohl die Basilika von Sankt Peter nur fünfzigtausend Menschen zu fassen vermochte, waren mehr als zweihunderttausend Sitzbestellungen eingegangen. Vierunddreißig Kardinäle, mehr als zweihundert Bischöfe und Erzbischöfe sowie ein ungeheures Aufgebot von Priestern, Prälaten, Mitgliedern religiöser Orden und apostolischen Notaren schritten hinter dem Banner der neuen Heiligen unter zahllosen Girlanden theresianischer Rosen durch den strahlend erleuchteten Chor, und ihnen folgte dann der Papst, der zu seinem Thron im Angesicht des Stuhles Petri getragen wurde. Der Jubel der Menge legte sich erst, als Schweigen geboten wurde, damit der Heilige Petrus durch die Lippen des Papstes Pius sprechen könne. Merkwürdiges, furchtgebietendes Ritual dieser Kirche, mit all ihren Herrschaftsrängen, ihrer Überlieferungsschwere, ihrer Macht und ihrem Glanz und ihrer Organisation, so eigenständig im System der weltlichen Reiche dieser Erde, so unveränderlich, so geheimnisvoll in ihrem Einfluß auf Millionen Herzen, so selbstverständlich in ihrer Majestät bei derartigen Selbstbetätigungen ihrer Lebensfülle in ihrem römischen Bollwerk! Wie die Basilika sich über den Ufern des heidnischen Tiber erhoben hatte, wie der Genius Michelangelos und Berninis sich auf Gebot des Vatikans der Verherrlichung Gottes geweiht hatte, so war die eigenartige, prachtstrotzende Institution dieser gleichermaßen sichtbaren und unsichtbaren römischen Kirche aus den bescheidenen ländlichen Anfängen der Zimmermannswerkstatt und der Fischerboote in Galiläa emporgewachsen. Die Gemeinschaft der zwölf gebräunten und barfüßigen Männer hatte sich in die wogende, von scharlachroter und purpurner Seide geschwellte Menge der feierlich ernsten Kirchenfürsten mit ihrer unermeßlichen Autorität und all dem hemmungslosen Aufgebot ihres Pompes verwandelt.

Als alles vorüber, das Tedeum gesungen und drei weiße Rosen ohne ersichtliche Ursache von einem Pfeiler auf die rechte Hand des Papstes herniedergeschwebt waren; als die Kardinäle nach dem Herkommen ihr Opfer von Tauben in güldenen Käfigen sowie von Wasser und Wein in Gold- und Silberkrügen dargereicht hatten; als die Messe zelebriert worden war und sämtliche Würdenträger sich zurückgezogen hatten, da stand der große Tempel für den Einbruch der Massen, die sich draußen auf der Piazza drängten, offen. Während des ganzen Tages hatten die Lichter gebrannt, doch als der Abend kam, ein warmer, lieblicher römischer Maiabend, da wurden das Volk von Rom und die halbe Million fremder Pilger, die in die Ewige Stadt geströmt waren, durch ein noch glänzenderes Schauspiel entzückt. Seit dem Jahre 1870, als einem anderen Kinde Frankreichs aus der Hand Pius' des Neunten die gleiche Ehrung zuteil wurde, war ein solches Schaustück nicht geboten worden. Tausende und aber Tausende von Kerzen tauchten die Umrisse der Kuppel, der Fassade und der Säulen Berninis in strahlenden Glanz, und wie das bescheiden leuchtende Schild des »Kleinen Weges« Thereses jetzt sein helles Licht in die Düsternis einer aufgestörten Welt sandte, so spiegelte sich die Basilika, als sei sie in Feuersgluten getaucht, in den Wellen des Tiber.

Ein wenig, nachdem sich der festliche Trubel in Rom gelegt hatte, schlängelte sich eine sehr viel bescheidenere und vielleicht auch ergreifendere Prozession in den Garten von Les Buissonnets und führte Reliquien mit sich, die von dort entstammten.

ANHANG

Der heilige Joseph von Cupertino

Der merkwürdige Fall dieses italienischen Heiligen (1603 bis 1663) gilt als klassisches Beispiel bezeugter Levitation. Er war von einfältigstem Gemüt; seine geistige Leistungsfähigkeit beschränkte sich darauf, daß er unter Schwierigkeiten lesen und unter noch größeren Schwierigkeiten schreiben konnte; als Junge war er im Dorfe als der Glotzäugige bekannt (Bocca aperta); er war so geistesabwesend, daß er das Essen vergaß; bei den verschiedenen Handwerkern, zu denen er in die Lehre geschickt wurde, geriet er, teils wegen seiner Unbeholfenheit und teils wegen seiner Vergeßlichkeit, dauernd in Nöte. So schien ihm denn nichts mehr offenzustehen als ein frommer Lebenswandel, dem er sich zunächst in der niedrigen Stellung eines Laienbruders weihte, und selbst in dieser Eigenschaft konnte man ihm weder das Anzünden des Herdfeuers, ohne daß er es vergessen hätte, noch einen Satz Teller, ohne daß er ihn hätte fallen lassen, anvertrauen. Später wurde er aus reinem Glück, und wegen der Nachlässigkeit der Examinatoren, zum Priester geweiht. In dieser Eigenschaft aber mußte er, infolge anderer Gründe, an der Erfüllung seiner Pflichten verhindert werden. Man durfte ihn weder die Messe lesen noch bei Prozessionen mitgehen, noch an den gemeinsamen Mahlzeiten teilnehmen lassen, weil er jeden Augenblick imstande war, sich in die Luft zu erheben und lange Zeit im Schwebezustand zu verharren. Man versuchte es damit, ihn zu schlagen, anzusengen und mit Nadeln zu stechen, aber nichts dergleichen nützte: Sobald er sein Bewußtsein verloren hatte, vermochte ihn nichts zur Vernunft zu bringen, es sei denn manchmal ein Befehl seines Oberen.

Es gibt zahlreiche und erstaunliche Berichte von seinen Flügen. Einige sind durch die mündliche Weitergabe zweifellos ausgeschmückt worden, doch bleiben noch genügend Aussagen von Augenzeugen übrig, um die Bedürfnisse der Neugierigen zu befriedigen. Einer von den weniger glaubwürdigen Berichten beschreibt, wie er ein zwölf Meter hohes Kreuz, das zehn Männer nicht hätten heben können, »wie einen Strohhalm« in seinen Arm nahm und dergestalt emporflog, um es an der dafür vorgesehenen Stelle anzubringen. Häufig flog er auch Heiligenfiguren an, umarmte sie, entfernte sie von ihrem Platz und schwebte mit ihnen umher; gelegentlich ergriff er einen Ordensbruder und trug ihn durch die Luft; als er im Garten einmal eines Lammes ansichtig wurde und dabei an das Lamm Gottes dachte, geriet er derart in Ekstase, daß er das kleine Geschöpf packte und sich mit ihm hochtragen ließ. Das Lamm wurde dadurch wohl kaum eingeschüchtert, denn es wurde diesem ebenso einfältigen wie erstaunlichen Heiligen nachgesagt, daß alle Tiere ein instinktives Zutrauen zu ihm hätten und daß die Schafe zumal herbeikämen, um seinen Gebeten zu lauschen.

Was seine sonstigen Eigentümlichkeiten angeht, so hatte er die Gewohnheit, während des Fluges schrille, vogelähnliche Laute auszustoßen.

Die Heilige Agnes von Montepulciano (1268–1317) begnügte sich während der Ekstase nicht mit dem Emporschweben, sondern es wurde auch wiederholt beobachtet, daß dann ihr Mantel mit Manna bedeckt war, »so als ob sie draußen in einem heftigen Schneesturm gewesen wäre«.

Der Ehrw. Herbert Thurston, S. J., ein besonders sorgfältiger und skeptischer Forscher, beschrieb der Verfasserin persönlich den Fall eines ihm bekannten Priesters, der seine Schuhsohlen mit Blei beschweren mußte, damit er sich während des Lesens der Messe auf dem Erdboden zu halten vermochte. Pater Thurston fuhr dann freilich fort, es dünke ihn rätselhaft, wieso ein kleines Extragewicht bei einer übernatürlichen Kraft, die den Körper eines Mannes mühelos emporheben könne, so viel ausmachen solle.

Das gebrannte und verletzte Herz

Etwas Ähnliches wird von Maria Villani (gest. 1670) berichtet; bei dieser Nonne tritt jedoch noch der überraschende Umstand hinzu, daß sie selbst einen Grundriß der Wunde gezeichnet hat, die ihrem Herzen durch einen brennenden Speer zugefügt wurde. Die Wunde war zu ihren Lebzeiten äußerlich sichtbar, so daß sie von drei Patern des Dominikanerordens untersucht werden konnte, die dann ein förmliches Protokoll über ihren Befund unterzeichneten. Neun Stunden nach Feststellung des Todes wurde der Leichnam geöffnet; glänzend schoß das Blut heraus, und das Herz entwickelte eine solche Hitze, daß der Chirurg verschiedentlich seine Hand zurückziehen mußte, bevor er es endlich fassen und herausnehmen konnte. Es wies, wie man feststellte, eine Wunde auf, die genau mit der Zeichnung der Toten übereinstimmte; überdies »sind die Wundränder hart und versengt wie bei der Verwendung ätzender Mittel« gewesen.

Theresa Neumann

Dies genügt, um die vermittelnde Einwirkung Thereses darzutun, die von mancherlei Erscheinungen und Reden begleitet war. Unsere kurzen Hinweise auf Theresa Neumann würden indessen ohne einen abrundenden Überblick über ihr späteres Leben unvollständig sein. Nachdem sie mehr oder weniger genesen war, will sagen: wieder gehen und sehen konnte, begann sie heftige Visionen der Leidensgeschichte

Christi zu haben. Physische Merkmale an ihrem Körper gingen mit diesen Visionen Hand in Hand: Das Blut strömte ihr aus der Seite und aus den Augen; Einschnitte wie von einer Dornenkrone erschienen auf ihrem Kopfe; eine rote, wenn auch nicht blutende, sondern blutunterlaufene Quetschung, die von dem kantigen Gewicht einer schweren Last herrühren konnte, kam auf der rechten Schulter zum Vorschein; Geißelstriemen bedeckten Hände und Füße. An diesen aber füllten pflockähnliche, verhärtete Fleischfetzen, statt der Nägel, die Löcher. Als man die Wunden an den Händen photographierte, da waren sie auf den Bildern von einem hellen Licht umgeben. Diese Manifestationen treten, was nun auch ihre Ursache sein mag, unter physischen Schmerzen auf, von denen zahllose Augenzeugen und medizinische Sachverständige erklären, daß sie unmöglich so furchtbar und mit solcher Überzeugungskraft simuliert sein können. Ebenso wird behauptet, daß ihr Herz nach dem Höhepunkt ihrer Karfreitagsvision, wenn sie Christus matt und müde über dem Kreuz hat niedersinken sehen und sie selbst, mit halb sich öffnendem Munde und mit regungslosen, erschlafften Gliedern, ebenfalls niedergesunken ist, durch volle fünf Minuten gänzlich zu schlagen aufgehört hat.

Das ist aber keineswegs das Ende der verblüffenden Geschichte von Theresa Neumann. Anscheinend ist es eine durch sorgfältigste Überwachung bezeigte Tatsache, daß sie, wie gern sie es auch getan hätte, viele Jahre nicht gegessen und nicht getrunken hat. Ungeachtet dieser totalen Abstinenz und einer fast ebenso totalen Schlaflosigkeit, verliert sie nur an den Freitagen, an denen sich ihre Visionen regelmäßig ereignen (mit einem besonders hohen Grad von Agonie und Heftigkeit am Karfreitag), Gewicht, und zwar von fünf bis acht Pfund, die am nächsten Tage wieder eingeholt werden. Der Skeptiker mag versucht sein, ihren Fall als einen Fall von ungewöhnlich ausgeprägter Autosuggestion abzutun. Doch unabhängig von der theologischen und wissenschaftlichen

Sorgfalt, die den Tatsachen gewidmet wird, erscheinen einige merkwürdige Umstände geeignet, dieser Theorie den Boden zu entziehen. Wo nämlich die Autosuggestion bei einem sehr schlichten und phantasielosen Menschen auftritt, da sollte man beispielsweise annehmen, daß die Visionen sich auf der Linie von etwas schon Bekanntem, schon Erlerntem bewegen. Theresa Neumann unterscheidet aber, ganz im Gegenteil, in vielen Punkten hartnäckig von der orthodoxen Lesart. So erklärt sie etwa, daß das vom Herrn getragene Kreuz nicht die herkömmliche Gestalt gehabt, sondern aus vier zusammengebundenen Holzbalken bestanden hätte und daß die beiden längeren Balken bei der Ankunft auf dem Kalvarienberge Ende an Ende aneinandergefügt worden wären, wogegen man die beiden kürzeren Balken spitzwinkelig zusammengefügt hätte, so daß das Ganze das Aussehen des Buchstaben Y angenommen haben würde. Sie besteht auch darauf, daß die Füße des Herrn sich nur etwa einen Meter über der Erde befunden hätten. Desgleichen entspricht ihre Vorstellung von den Weisen aus dem Morgenlande in keiner Weise den Bildern oder Erzählungen, die sie etwa gesehen oder gehört haben könnte, denn das Christkind ist nach ihrer Beschreibung bei der Ankunft der Könige in Bethlehem kein in Windeln gewickeltes Baby, sondern schon achtzehn Monate alt und, da es gerade das Gehen lernte, imstande gewesen, sie am Ende ihres Besuches höflich an die Tür zu geleiten.

Es muß auch vermerkt werden, daß sie Aramäisch als die Sprache der Hirten erkannte; zwischen dem gebildeten Aramäisch von Männern wie Pilatus und der volkstümlichen Sprechweise der Apostel zu unterscheiden wußte; den pyrenäischen Dialekt benutzte, als sie die Erscheinung Unserer Lieben Frau von Lourdes beschrieb; und Portugiesisch als die Sprache wiedererkannte, die sie den Heiligen Antonius hatte sprechen hören, der ja zwar »von Padua« genannt wird, aber zufällig in Lissabon geboren ist.

Es muß noch, im Zusammenhang mit Theresa Neumann, einer letzten Tatsache gedacht werden: Ihr Geburtsort war nicht weit von demjenigen Adolf Hitlers entfernt, für den es in den Bereichen der Intuition keinen Nebenbuhler geben durfte, weshalb er sich im Jahre 1934 dazu entschloß, sie selbst, die Tausende von Pilgern, die zu ihr strömten, und ihre Weissagungen zu unterdrücken. In Rechtfertigung dieser Aktion des Führers heißt es, daß einige ihrer Prophetien für ihn selbst und seine Laufbahn höchst entmutigend gewesen wären.

Es ist notwendig, darauf hinzuweisen, daß die Kirche sich in keiner Weise zum göttlichen Ursprung ihrer Erlebnisse und Offenbarungen bekannt hat.

Im Zusammenhang mit dem Thema Theresa Neumann ist die Erwähnung der Fälle der Florentiner Heiligen Catharina dei Ricci (1552–1590) und der Seligen Stefana Quinzani (1457–1530) nicht ohne Belang. Die Heilige Catharina, eine Nonne in dem Dominikanerkloster San Vincenzio in Prato, verursachte ihren Mitschwestern durch die Ekstasen, von denen sie zwölf Jahre lang befallen wurde, vielerlei Ungelegenheiten, weil dadurch große Mengen von lästigen Besuchern in das Kloster gelockt wurden. Die Besonderheit dieser Ekstasen bestand darin, daß sie die einzelnen Stationen der Passion des Herrn nun nicht nur mit ihrem geistigen Auge erblickte, sondern sie auch in eigener Person darstellte. Sie verlor ihr Bewußtsein mit der größten Regelmäßigkeit am Donnerstagmittag, um es erst am Freitag um vier Uhr nachmittags wiederzuerlangen, und folgte mit ihren Gesten, Station um Station, den Erscheinungen, die von den »Augen der Seele« geschaut wurden. So pflegte sie, bei der Festnahme in Gethsemane, ihre Arme auszustrecken, wie um sie fesseln zu lassen; bei der Szene, wo der Herr zum Zwecke der Geißelung an die Säule gebunden werden sollte, pflegte sie sich steif emporzurecken; später beugte sie dann ihr Haupt, um sich die Dornenkrone aufsetzen zu lassen. Obwohl sie bei alledem außer Sinnen war, so richtete sie dennoch Ermahnungen an die Schwestern, die »eine bei einem Weibe nicht alltägliche Kenntnis und Leichtigkeit des Denkens wie der Beredsamkeit« verrieten.

Wie Theresa Neumann wurde auch sie stigmatisiert.

Die Selige Stefana Quinzani aus Brescia stellte gleichfalls jeden Freitag die Stationen der Leidensgeschichte dar. Einundzwanzig Personen haben ein Protokoll darüber unterzeichnet. Ähnlich wie die Heilige Catharina pflegte sie das Verhalten des Herrn bei der Geißelung, beim Aufsetzen der Dornenkrone und bei der Kreuzigung wiederzugeben. Die Wundmale traten an Händen und Füßen in Erscheinung; sie geriet dabei in völlige Erstarrung, so daß sich die Anwesenden, obwohl sie ihre ganze Kraft dazu aufboten, nicht imstande sahen, sie aus ihrer Lage zu bringen oder auch nur eines ihrer Gelenke zu biegen. Wenn sie bei der Kreuzigungsszene die Arme ausstreckte, so glaubte man wahrzunehmen, daß ihr linker Arm beträchtlich über seine natürliche Länge hinaus gestreckt war, so daß er darin dem Arm der Heiligen Katharina von Genf ähnelte, der unter gleichen Umständen fünf Zoll länger geworden sein soll.

Es mag dem Leser überlassen bleiben, wie er sich mit diesen und verwandten Manifestationen auseinanderzusetzen gedenkt.

Oh! que j'aime . . .
(siehe Seite 176)

Wie gern ich doch der segensreichen
Tage meiner Kindheit gedenke!
Die Blume meiner Unschuld schützend,
Umgab mich unser Herr beständig
  Mit Liebe.

Ich liebte die Gerstenfelder, die Ebene;
Ich liebte den fernen Hügel;
In meiner Seligkeit atmete ich kaum,
Indes ich mit meinen Schwestern pflückte
  Die Blumen.

Ich liebte das weiße Gänseblümchen,
Die Spaziergänge am Sonntag,
Den lustig in den Zweigen trillernden Vogel
Und das liebliche, strahlende Blau
  Der Himmel.

Erinnerung, du gewährst mir Frieden . . .
Du rufst mir vielerlei zurück . . .
Das Abendessen, den Rosenduft
Und das fröhliche Les Buissonnets
  Im Sommer.

Dies sind nur einige wenige Stanzen des zweiundfünfzig Stanzen umfassenden Gedichtes.

Prière de la France à Jeanne d'Arc

(siehe Seite 219)

O Jeanne, gedenke deines Vaterlandes
Und deiner Täler, blumenübersät.
Gedenke auch der lachenden Wiese,
Die du verließest, um meine Tränen zu trocknen.
Gedenke, Jeanne, wie Frankreich du gerettet.
Dem Himmelsengel gleich, so heiltest du mein Leiden.
Horche in der Nacht
Aufs weinende Frankreich:
Gedenke!

Gedenke deiner glänzenden Siege,
Der herrlichen Tage von Reims und Orleans;
Gedenke, wie mit Ruhm bedeckt,
Im Namen Gottes, du das Reich der Franken.
Jetzt leide ich und seufze, fern von dir.
Komm, rette mich noch einmal, Jeanne, du süße Märtyrerin!
Oh, löse meine Fesseln,
Gedenke meiner Schmerzen,
Oh, gedenke!

Ich komme zu dir, die Arme von Ketten beschwert,
Die Stirn verschleiert, die Augen in Tränen gebadet;
Ich bin nicht groß mehr unter den Königinnen,
Und meine Kinder bereiten mir Kummer.
Nichts mehr ist ihnen Gott! Sie sind ihrer Mutter entfremdet!
Oh, Jeanne, erbarm dich mein in meiner Bitterkeit!
Kehr wieder, beherzte Tochter,
Befreiender Engel,
Ich bau auf dich.

NACHWORT

Ist ›Adler und Taube‹ ein Buch, das nur gläubige Katholiken angeht? Keineswegs.

Wohl sind mit den beiden Vogelsymbolen im Titel, die Vita Sackville-West einer Gedichtzeile von Richard Crashaw entnommen hat, zwei große Heilige der katholischen Kirche gemeint. Der »Adler«, das ist die spanische Nationalheilige Teresa von Avila, die als die größte Mystikerin des christlichen Bereichs gilt, geboren 1515 als Tochter eines alten spanischen Adelsgeschlechts, Reformerin des Karmeliterordens und Verfasserin umfangreicher Schriften, die ebenso durch die Tiefe ihres religiösen und menschlichen Gehalts wie die Frische und Originalität der Sprache beeindrucken. Die »Taube«, das ist Therese von Lisieux, fast 350 Jahre nach Teresa von Avila, 1873, in der französischen Provinz geboren und dort aufgewachsen in einem behaglichen, ebenso liebevollen wie frommen Elternhaus, wie Teresa Nonne im Karmeliterorden, in den sie bereits mit fünfzehn Jahren eintrat, aber im Gegensatz zu ihr dort niemals besonders in den Vordergrund getreten und schon mit vierundzwanzig Jahren an Schwindsucht gestorben. Sie verdankt die innige Verehrung, die ihr von unzähligen Gläubigen entgegengebracht wurde und wird, zahlreichen Wundern, die sich nach ihrem Tode zugetragen haben, sowie ihrer im Auftrag der Ordensoberin verfaßten und nach ihrem Tode herausgegebenen Autobiographie ›Die Geschichte einer Seele‹, in der Therese nicht nur ihr persönliches Leben erzählt, sondern auch ihren »kleinen Weg« zu Gott entwickelt, auf dem ihr vor allem auch die »schlichten Seelen« folgen können.

Wen jedoch ein vorwiegend religiöses Interesse an den beiden Heiligen bewegt, der wird nicht unbedingt zu Vita Sackville-Wests Buch greifen. Theologisch genauere und vielleicht auch aktuellere Auskunft können ihm einige der vielen Biographien und gelehrten Pandekten geben, in denen die Taten und Schriften beider Frauen von seiten katholischer Theologen und Schriftsteller erörtert werden. Vita Sackville-West war keine Theologin, ja, sie war nicht einmal katholisch. Vielmehr war sie eine englische Aristokratin, die sich keiner Kirche fest verbunden fühlte, glücklich, wenn auch auf ungewöhnliche Weise verheiratet, Mutter zweier Söhne, dennoch nicht nur im engsten Familienkreis als Lesbierin bekannt und skandalumwittert dazu wegen einer recht aufregenden Familiengeschichte. Für einen frommen Verehrer der beiden Heiligen also eher eine zweifelhafte Quelle der Information. Und doch ist es gerade der extreme Gegensatz zwischen Autorin und Gegenstand, aus dem sich der besondere Reiz dieses Buches erzeugt, der sich jedem Leser, sei er nun katholisch oder nicht, erschließen kann, sofern er nur vorurteilslos und neugierig genug ist, sich auf das ungewöhnliche Thema einzulassen: Er entsteht aus der innigen Kommunikation, in die Vita Sackville-West mit diesen beiden, von ihr selbst so verschiedenen und historisch so weit entfernten Frauen tritt.

Was mag Vita Sackville-West bewogen haben, nach der Publikation von vierzehn Romanen, die im Milieu der englischen Oberschicht spielen, sowie nach etlichen anderen literarischen Veröffentlichungen, die von Gedichtbänden bis zu Schloßbeschreibungen reichen, sich so intensiv mit dem Leben dieser beiden Kultfiguren einer Kirche zu befassen, zu der sie nicht einmal gehörte? Und das in einer Zeit, die durchaus dramatischere Themen bereitzuhalten schien: ›Adler und Taube‹ kam 1943 heraus, mitten im Zweiten Weltkrieg, nachdem, schriftlichen Zeugnissen zufolge, Vita die Idee dazu bereits 1937 gekommen war. Freilich ist es nicht ihr einziges Buch und auch nicht das erste, das sich mit religiösen Gegenständen beschäftigt. Vorausgegangen war schon eine umfangreiche, ebenso eigenständig wie sorgfältig recherchierte Biographie der Jungfrau von Orleans, erschienen 1936. ›Times Literary Supplement‹ lobte: »Geduld, Intuition und umfangreiche Lektüre haben sie mit ihrem Stoff ganz vertraut gemacht . . . Nicht nur sind die Ereignisse mit bewundernswerter Klarheit erzählt; es entsteht auch ein Porträt, das ebenso eindrucksvoll wie befriedigend ist. Die Spekulationen sind vorsichtig und intelligent. Die Vorsicht wird hier zur Tugend, und man ist Miss Sackville-West ehrlich dankbar, daß sie nicht den Anspruch erhebt, die erleuchtete Deuterin des großen Geheimnisses zu sein.«

Sechs Jahre liegen also zwischen der ersten Erwähnung der Idee zu ›Adler und Taube‹ und der Veröffentlichung. Der Plan war entstanden während einer Autoreise, die Vita Sackville-West mit ihrer Schwägerin Gwyn St. Aubyn, einer Schwester ihres Mannes, durch Südfrankreich unternahm. Gwyn St. Aubyn war zum Katholizismus konvertiert und, wie es scheint, eine besondere Verehrerin der Heiligen Therese von Lisieux geworden. Das Verhältnis der Schwägerinnen war offenbar über längere Zeit sehr eng, auch wenn es später zu Enttäuschungen kam. Sie unternahmen mehrere lange Auslandsreisen zusammen, mal alleine, mal in Begleitung von Vitas Mann Harold Nicolson. 1934 hatte Vita ihr den Roman ›The Dark Island‹ gewidmet, dessen Heldin Shirin mindestens in einigen Zügen Gwyn ähnelt und der den Familiensitz von Gwyns Mann, St. Michael's Mount in Cornwall, zum Schauplatz hat. In den ersten Kriegsjahren schließlich lebte Gwyn ganz in der Nähe von Sissinghurst, dem Tudorschloß in Kent, das Vita und Harold in den dreißiger Jahren in ziemlich desolatem Zustand gekauft und mit sehr viel Liebe wieder wohnlich gemacht hatten. Die Vermutung, die Michael Steven in seiner »kritischen Biographie« Vita Sackville-Wests äußert, hat also einiges für sich: daß es Gwyn St. Aubyn war, die Vitas Interesse an den beiden T(h)eresen geweckt hat, und daß es zuerst die Heilige Therese von Lisieux war, mit der sie sich beschäftigte. Er zitiert dazu aus einem Artikel, in dem Vita sich 1950 über ihr Gedicht ›The Novice and the Lover‹ äußerte. Sie schreibt dort, sie habe das Gedicht 1942 oder 1943 verfaßt, »als ich mit einem Essay über Therese von Lisieux beschäftigt war, der ›Novizin‹, an die ich dabei dachte«, und sie habe das Gedicht zunächst in einem Brief »an eine kürzlich konvertierte Katholikin und eine Verehrerin der Heiligen Therese« gesandt.

Zwischen 1937 und 1943 hat Vita Sackville-West zwar zwei Gedichtbände, den Roman ›Grand Canyon‹ und die Biographie ihrer geheimnisumwitterten spanischen Großmutter ›Pepita‹ veröffentlicht; doch hat es nicht den Anschein, als habe sie das Thema von ›Adler und Taube‹ darüber je losgelassen. Obwohl im Vergleich zu ihren anderen Biographien ein schmaler, in seiner Darstellung sehr komprimierter Band, verrät er doch außerordentlich intensive Studien: Vita hat offensichtlich alle wesentlichen schriftlichen Äußerungen der beiden Heiligen gelesen, und zwar, wie die zahlreichen Originalzitate vermuten lassen, durchaus in den Originalsprachen. So berichtet, kommentiert und zitiert sie ausführlich aus der Autobiographie der Heiligen Teresa von Avila, aus ihren Briefen und aus ihren wichtigsten Schriften zur Mystik, ›Das Schloß der Seele‹ und ›Der Weg der Vollendung‹. Die Autobiographie der Heiligen Therese von Lisieux, ›Die Geschichte einer Seele‹, bildet Grundlage und Hauptquelle des zweiten Teils von Vita Sackville-Wests ›Studie in Gegensätzen‹. Darüber hinaus aber hat sie eine ganz beträchtliche Menge ergänzender Literatur verarbeitet, angefangen von den Schriften des Heiligen Johannes vom Kreuz, des Weggefährten der Teresa von Avila, über zahlreiche Berichte und Äußerungen von Zeitgenossen bis zu allgemeinhistorischen, sozial- und kirchengeschichtlichen sowie theologischen Darstellungen. In einer Vorbemerkung zur englischen Ausgabe ihres Buches klagt sie zwar, daß es »unter Kriegsbedingungen sehr schwierig« gewesen sei, an die »notwendige Literatur, besonders die fremdsprachliche«, heranzukommen. Doch scheinen ihre Helfer, bei denen sie sich an dieser Stelle bedankt, insbesondere von der Bibliothek der Stanbrook Abbey, gute Arbeit geleistet zu haben. Die anschauliche Schilderung des Spaniens Philipps II., die sowohl die düstere Geschichte der Inquisition und die Ebene der hohen Politik im Auge hat wie das Leben in den abgelegenen kastilischen Dörfern, Städtchen und Klöstern, die genaue Darstellung der Ordensgeschichte des Karmel und der Bericht über Teresas Klostergründungen legen davon ebenso Zeugnis ab wie die Erörterungen mystischer Erlebnisse und die Auseinandersetzung mit dem Vorwurf der Hysterie, die Schilderung der Klosterregeln und des Verfahrens der Heiligsprechung und schließlich die zahlreich einbezogenen Berichte von Augenzeugen und Zeitgenossen über das Wirken der beiden T(h)eresen im Leben und nach ihrem Tode. Die Mühsal, der sich die Autorin unterzog, macht sich einmal, fast scheint es unfreiwillig, in einem Stoßseufzer Luft, wenn sie schreibt: ». . . der Leser, der es sich zum Ziel gesetzt hat, sich durch das Dickicht der dokumentarischen Tatsachen hindurchzuwinden . . .« Ein Glück nur für den Leser, daß sie ansonsten im ganzen Buch bemüht ist, die Spuren ihrer Anstrengung eher zu verwischen und den Eindruck der Buchgelehrsamkeit zu vermeiden. Das erworbene Wissen wird nicht in Form langatmiger Abhandlungen der theologischen Probleme paradiert, sondern, wo immer möglich, in lebendige Erzählung umgeschmolzen. Und doch sollte man über der leichten Handhabung den intensiven Arbeitsaufwand nicht übersehen: kein Mensch hätte ihn getrieben ohne ein sehr ernstes Interesse am Gegenstand.

Als Vita Sackville-West den Plan zu ›Adler und Taube‹ faßte, war sie 45 Jahre alt, 51, als sie ihr Buch vollendete. Sie war also nicht mehr jung, befand sich in der sogenannten Lebensmitte, in jenen Jahren also, die wir uns heute angewöhnt haben, salopp-ironisch und damit den Ernst abwehrend »Midlife-crisis« zu nennen. Zeit des Nachdenkens also, des

Bilanzziehens und, wenn es gutgeht, der Neuorientierung. Vita war zwar noch nicht ganz so alt wie Teresa von Avila, als diese den zweiten Teil ihrer Mission, die Neugründung von siebzehn Reformklöstern, mit 57 Jahren in Angriff nahm, aber doch schon nahe genug, um sich einfühlen zu können in die ungeheure Anstrengung dieses Unternehmens, aber auch in die Befriedigung über ein dergestalt erfülltes Leben. Vielleicht darum gehören die Passagen des Buches, die Teresas mühselige Fahrten im verhängten Planwagen über die staubigen spanischen Hochebenen, die Nächte ohne Essen in schmutzigen Landgasthöfen, die Kämpfe mit der kirchlichen Hierarchie und der Trägheit der durchschnittlichen Nonnen schildern, zu den einprägsamsten des Buches, während die Wiedergabe ihrer Visionen, zweifellos intellektueller Mittelpunkt des Essays, vergleichsweise blaß bleiben. Ein tätiges Leben im Dienste einer Idee gegen das Alter, den Tod zu setzen: das hat Vita Sackville-West offenbar fasziniert an dieser, wie sie bewundernd schreibt, »Seherin, die eine der begabtesten Frauen war, die je auf Erden gelebt haben«. Es gehört nicht viel Einfühlungsvermögen dazu, zu bemerken, daß, wenn auch Therese von Lisieux der Ausgangs- und Kristallisationspunkt der Darstellung war, sich Interesse und Verehrung Vitas im Laufe der Arbeit immer stärker Teresa von Avila zuneigten. Sie mag immer mehr Parallelen auch zwischen Teresa und sich selbst entdeckt haben: Beide Frauen stammten aus hocharistokratischen Familien, beide waren schriftstellerisch begabt, beide hatten in ihrer Jugend eine lesbische Leidenschaft erlebt, beide waren ihrem Naturell nach lebenszugewandt, vital und hatten Sinn für Humor. Was diese Eigenschaften bei Vita angeht, so könnten sie nicht schöner beschrieben werden, als Virginia Woolf es in ihrem Tagebuch tut: »Da ist einmal ihre Reife und Vollbusigkeit; mit vollen Segeln auf der Hochflut, wo ich mühsam rückwärts an der Küste hinabfahre; ich meine ihre Fähigkeit, sich in jeder Gesellschaft zum Sprecher zu machen, ihr Land zu repräsentieren, Silber, Dienstboten, Chow-Hunde zu überwachen; ihre Mutterschaft (sie ist allerdings ein wenig kalt und kurz angebunden mit den Buben); kurzum, sie ist eine wirkliche Frau (was ich nie gewesen bin). Dann ist da eine gewisse sinnliche Üppigkeit an ihr; die Trauben sind reif.« Doch als Vita ›Adler und Taube‹ schrieb, lebte sie schon seit etlichen Jahren fast klösterlich zurückgezogen auf Sissinghurst, auch darin wieder der Kurve von Teresas Lebensweg nahekommend. Sie nahm kaum noch am gesellschaftlichen Leben ihrer Kreise in London teil und kapselte sich in ihrem Turmzimmer ab. Dort arbeitete und schrieb sie, und, wie ihr Sohn Nigel Nicolson berichtet, niemand durfte sie stören, nicht einmal ihre Söhne. Zu den Mahlzeiten oder bei dringenden Anlässen ließ sie sich von der Treppe aus rufen oder telefonisch benachrichtigen.

Eine Parallele zwischen den politischen Weltsituationen, in denen Autorin und Heldin lebten, hat Vita selbst gezogen: Sie stellt eine »auffallende Ähnlichkeit« zwischen Hitlerdeutschland und Spanien zur Zeit der Inquisition fest. Wenn hier wie dort Menschen aus blindem Fanatismus oder Eigennutz bespitzelt, verfolgt, eingekerkert, gefoltert und getötet wurden, und sei es auch mit dem Unterschied, daß es im Spanien des Cinquecento religiöser und im Deutschland der vierziger Jahre politischer und nationalistischer Eifer war, der sie umbrachte, so ist doch sicherlich die allgemeine Atmosphäre von Bedrohung und Furcht vergleichbar. Die Juden, darauf weist Vita Sackville-West noch besonders hin, waren allemal unter den Opfern. Womit sie sich übrigens als besser informiert zeigt, als mancher hohe deutsche Würdenträger aus Militär und Zivilverwaltung nach 1945 von sich behauptete. Auch wenn Vita Sackville-West also den Krieg, den sie miterlebte, nicht unmittelbar thematisiert und die Beschäftigung mit zwei längst gestorbenen Heiligen auf den ersten Blick wie Eskapismus aussehen könnte, erweist sich doch bei näherem Hinsehen, daß sie auf den düsteren Weltzustand durchaus sensibel reagierte und er sich, wenn auch auf indirekte Weise, in der Atmosphäre ihres Buches widerspiegelt.

Am Anfang ihrer Beschäftigung mit Therese von Lisieux und später mit Teresa von Avila stand gewiß eine religiöse Frage. Ihr Sohn spricht von einer religiösen Krise, in der sie sich zu jener Zeit befunden habe. Die Weltkrise und ihr Lebensalter sind dafür hinreichende Erklärung, selbst wenn ihr persönliches Leben äußerlich so privilegiert und friedlich fortlief wie bisher. Dabei zeigt sie sich nicht sosehr von den Fragen des menschlichen Elends, der Schuld und möglichen Erlösung beunruhigt und bewegt, auch nicht sosehr vom Gedanken an ein Leben nach dem Tode, als vielmehr fasziniert von der Möglichkeit der Existenz des Übernatürlichen und seiner Wahrnehmung, mit einem Wort von den mystischen Aspekten der Religion. Sie schreibt über ihre religiöse Position: »Ich bin nicht, was man ›religiös‹ im orthodoxen Sinne nennt, und ich bin auch nicht aktives Mitglied irgendeiner organisierten Kirche. Angesichts des letzten Rätsels jedoch glaube ich und glaube ich zutiefst an eine geheimnisvolle, zentrale, schöpferische Kraft, die die natürliche Schwäche und Unzulänglichkeit der menschlichen Natur unbedingt in einem Namen symbolisieren muß in einer Mischung aus Furcht und Trostbedürfnis. Dieser Name mag Gott sein oder God oder Dieu oder Jahve oder Allah oder X oder sogar ›der reine Mathematiker‹, und es besteht kein Grund, diese Kraft notwendig mit unseren eigenen menschlichen Vorstellungen von Gut und Böse zu identifizieren. Daraus folgt logischerweise, daß ich, da ich diesen Glauben habe, mit anderen Sterblichen den alten Aberglauben teile, den keine wissenschaftliche Erklärung zerstören kann, den aber bisher auch keine wissenschaftliche Erklärung aufzuhellen vermochte: den Glauben an das, was wir praktischerweise das Übernatürliche nennen. Ich glaube so tief daran, daß ich mich auf einen Streit über die Begriffe das Übernatürliche oder das Außernatürliche einlasse. Für mich gibt es nur eine einzige umfassende, gewaltige Einheit, von der wir nur den winzigsten Bruchteil wahrnehmen.«

Dennoch bleibt Vitas Einstellung zu den mystischen Erlebnissen ihrer Heldinnen zwiespältig. Wohl ist sie, das spürt man, ehrlich bemüht, sich ganz auf sie einzulassen, sie als Wahrheit zu nehmen. Besonders Teresa von Avila wird fast leidenschaftlich gegen den Vorwurf der Hysterie verteidigt: »Niemals, niemals – und es kann dies gar nicht nachdrücklich genug betont werden – hat ein mystisch veranlagter Mensch derartigen Krankheitsanfällen (engl. »such seizures«, auch mit »Besessenheiten« übersetzbar) mißtrauischer gegenübergestanden als diese gesunde, kräftige, intelligente, frohgelaunte Spanierin, und niemals hat er weniger Gelegenheiten verstreichen lassen, um andere Leute davor zu warnen.«

Immer wieder hebt Vita im Laufe ihrer Darstellung Stellen aus Teresas Schriften hervor, wo diese ihre Visionen strengster Selbstprüfung unterzieht oder berichtet, wie sehr sie sich besonders anfangs anstrengte, nichts davon nach außen dringen zu lassen. So wird erzählt, wie Teresa sich krampfhaft an das Chorgitter der Klosterkirche klammerte, um nicht in die Lüfte gehoben zu werden, oder wie es sie reute, ihrem Beichtvater ihre Vision vom Himmel als einer wunderbar leuchtenden Kristallkugel anvertraut zu haben. Bei der Schilderung der Visionen selbst hält Vita sich mit Kommentaren zurück, gibt vielmehr eine nachvollziehende Zusammenfassung von Teresas eigener Darstellung, durchsetzt mit Zitaten. Besonders beeindruckt zeigt sie sich von der Schönheit der Bilder und der Originalität der Sprache, deren Metaphern oft der Alltagserfahrung entnommen sind. Ein Zugang zu diesem Erlebnisbereich eröffnet sich Vita Sackville-West über den für sie naheliegenden Vergleich zum Künstlertum: ». . . zwischen dem schöpferischen Künstler und dem Mystiker besteht eine innigere Verwandtschaft als zwischen jeder anderen Gattung von Mensch.« Beide erscheinen ihr als zwei Formen der gleichen Begnadung: »Somit liegt die Antwort auf die Frage nach dem Wesen der Mystik und des Mystikers wahrscheinlich in einem Temperament beschlossen, das genauso unerklärbar wie das Temperament des schöpferischen Künstlers ist; oder – eine Lesart, die gläubige Gemüter bevorzugen werden – in einer direkten Einwirkung Gottes, der die Seele zur Offenbarung der Wahrheit inspiriert.«

Doch nicht allein der distanzierende Einschub, schon die Tatsache, daß sie einen solchen Vergleich überhaupt für notwendig erachtet, zeigt, daß Vita, und sei ihre religiöse Suche auch in noch so ehrlichem Drang begonnen, doch letztlich außerhalb des Erfahrungsbereichs mystischer Einheit mit Gott bleibt. An einigen Stellen verschärft sich ihr Fremdheitsgefühl sogar bis zu so äußerst rational-skeptischen Fragen wie: »Ist es möglich, sich einen stigmatisierten Menschen vorzustellen, dem die Kreuzigungsgeschichte ein Buch mit sieben Siegeln wäre? Ist es möglich, daß die Mutter Gottes jemandem erschienen wäre, der keinerlei Kenntnis von dem Hergang der Geburt Christi besessen hätte?« Hier ist sie wahrlich nahe daran, die selbst aufgeworfene Frage nach der »möglichen Subjektivität übernatürlicher Offenbarung« rundweg positiv zu beantworten. Doch dann macht sie wieder ehrliche Anstrengungen, Unerklärbares als solches stehenzulassen und fast mit Demut zu schildern. Das gilt auch von vielen körperlichen Merkwürdigkeiten, die sich bei manchen Heiligen im Leben wie nach ihrem Tode zeigen – so ein unerklärlicher Wohlgeruch, eine stark erhöhte Temperatur, Verzögerung oder gar Ausbleiben des Verwesungsvorgangs. Freilich berichtet Vita Sackville-West mit solcher Genauigkeit und Ausführlichkeit, daß dahinter das Staunen der Nichtkatholikin spürbar wird und damit auch wieder die Distanz. Das gilt ganz besonders von dem, was mit Teresa von Avilas Leichnam geschieht: Mit einer Mischung aus Faszination und Grauen schildert sie in fast goyahaften Szenen, wie er von den frommen Gläubigen durch die Jahrhunderte hindurch in seine duftenden, wundertätigen Teile zerstückelt wird.

Mit Therese von Lisieux hat Vita Sackville-West, was deren mystische Dimension angeht, einerseits weniger Schwierigkeiten, andererseits auch weniger Geduld. Weniger Schwierigkeiten, weil die »kleine Therese« eigentlich nur eine wirkliche Vision erlebte: Als sie noch ein Kind war, noch nicht zehn Jahre alt, erschien ihr während einer fiebrigen Krankheit die Jungfrau Maria. Weniger Geduld hat Vita Sackville-West mit ihr, weil Vita, intellektuell und in reifem Alter, der emphatische, von Gefühl überströmende und oft mit zärtlichen Verkleinerungsformeln gespickte Stil der jungen Therese im tiefsten zuwider war und nicht zuletzt vielleicht deshalb, weil sie selbst in ihrer Jugend zur Überschwenglichkeit geneigt hatte, wie etwa ein Blick in ihren frühen Roman ›Challenge‹ zeigen kann. Wenn Therese schreibt: »Oh, wie süß war der erste Kuß, den meine Seele von Jesus empfing! Jawohl, es war ein Kuß der Liebe! Ich fühlte, daß ich geliebt wurde, und auch ich sagte deshalb: ›Ich liebe dich, ich gebe mich dir auf immer hin.‹ Jesus begehrte nichts von mir. Er forderte keinerlei Opfer. Er und Seine kleine Therese hatten einander lange schon geschaut und einander verstanden . . .«, dann deutet Vita das zwar tapfer als »das Phänomen der absoluten Versenkung des Selbst in die Wesenheit eines anderen«. Sie versucht auch zu entschuldigen, weil der Vergleich mit der irdischen Liebe, da leicht eingängig, auch bei vielen anderen Mystikern vorkomme, sogar gelegentlich bei der völlig unsentimentalen Teresa von Avila, kann aber doch nicht umhin zu schelten: ». . . ein Wortschatz, der . . . schrill und vielleicht sogar abstoßend wirken mag.« Die Bedeutung der Heiligen Therese von Lisieux lag für Vita Sackville-West sicher nicht sosehr in deren mystischen Liebeserlebnissen mit Jesus als vielmehr in der eigentümlichen Mischung ihrer Persönlichkeit, in der Mischung aus Demut, Hingabe und außerordentlicher Leidensfähigkeit mit einem starken Zielwillen, der sich von ihren frühesten Jahren an darauf richtete, auf ihre »kleine« Weise eine Heilige zu werden.

Daß Vita Sackville-Wests Berührung mit der Mystik letztlich nicht sehr tief griff, zeigt sich an ihrem nächsten Roman ›The Easter Party‹ (1953). Schon der Titel weist auf den beabsichtigten christlichen Symbolbezug hin. Wo Vita aber nicht mehr unter der geistigen Leitung der Gedanken und Sprache der ehrlich bewunderten Teresa von Avila steht, rutscht die Darstellung des Übernatürlichen unfreiwillig ab in die Karikatur: Ohne ersichtlichen Grund werden der Schäferhund des Helden (Naturkind!) und eine schöne Lebedame (trotzdem: als Frau auch sie Naturkind!) von einem ängstlich-ahnungsvollen Zittern überfallen, während der Held (Mann: also rationales Wesen!) nichts spürt. Das Stehenbleiben einer Uhr bestätigt die Wahrnehmungen von Frau und Hund, und nach dem Abflauen ihrer Empfindungen stinkt es so durchdringend nach Ziegenbock, daß es selbst der Held merkt. Dies gilt bei sehr wohlwollenden Kritikern noch als Nachklang einer pantheistischen Phase, in die Vita nach der Beschäftigung mit der christlichen Mystik geraten sein soll und als deren wichtigste literarische Frucht das lange Poem ›The Garden‹ angeführt wird, 1944, fast unmittelbar nach dem Erscheinen von ›Adler und Taube‹ geschrieben.

Doch drängt sich dem Leser von ›Adler und Taube‹ der Eindruck auf, daß schon im Laufe der Arbeit an diesem Buch der religiöse Impetus, so stark er auch anfangs gewesen sein mag, zurückgedrängt und überlagert worden ist von etwas anderem: von der persönlichen Anteilnahme am Leben zweier ungewöhnlicher Frauen. ›Adler und Taube‹ ist, wie viele von Vita Sackville-Wests Büchern, auch ein bißchen ein feministisches Buch. Schon daß sie ihrem religiösen Problem in der Form der intensiven Auseinandersetzung mit zwei Menschenschicksalen nachspürt, erscheint ein sehr weiblicher Weg. Denkbar wären ja auch andere literarische Formen, zum Beispiel ein philosophischer Diskurs, eine erfundene

Handlung mit symbolischer Figurenkonstellation, Gespräche zwischen Romanfiguren mit verschiedenen Positionen usw. Man denke zum Vergleich etwa an die sehr andere Art, in der James Joyce sich im ›Jugendbildnis des Künstlers‹ und im ›Ulysses‹ mit Fragen des katholischen Glaubens auseinandersetzt. Auch scheint es kein Zufall, daß Vita sich zwei weibliche Heilige gewählt hat, obwohl sie doch offensichtlich auch, und mit großer Hochachtung vor seiner literarischen Qualität, den Heiligen Johannes vom Kreuz genau studiert hatte.

Vitas Vorliebe für Teresa von Avila zeigt sich nicht nur darin, daß sie sich mit deren Geschichten und Lehren besonders ernsthaft auseinandersetzt. Sie wird auch nie müde, Teresas menschliche Eigenschaften zu loben und zu preisen: ihre Tatkraft, ihren Humor, ihren Liebreiz als junges Mädchen, den common sense, den sie bei aller mystischer Verzückung bewahrt. Die Stationen ihres Lebens werden anschaulich und mit viel Einfühlung trotz der großen historischen Distanz beschrieben von den Kindheits- und Jugendtagen im düsteren Palast in Avila, als Teresa ein dralles, hübsches, unternehmungslustiges und sogar eitles Mädchen war, bis zum verantwortungsüberladenen, stets von der Inquisition und Neidern bedrohten Leben der mutigen Priorin und Klostergründerin in ihren mittleren und greisen Jahren. Besonders gern ergreift Vita Sackville-West jede Gelegenheit, um mit liebevollem Augenzwinkern Beispiele von Teresas Temperament und Lebensfreude zu erzählen: wie sie noch als alte Frau manchmal mit ihren Nonnen zum Tamburin tanzte, wie die Kinder an ihr hingen, wie sie die höchsten kirchlichen Würdenträger brieflich ausschalt und sogar Gott selbst im Gebet unverblümt Vorhaltungen machte und dergleichen mehr.

Den Lebensweg der »kleinen Therese« dagegen zeichnet Vita mit spürbar mehr Distanz nach. Diese ist eigentlich nur da ganz aufgehoben, wo Vita Momente des Leidens in Thereses Leben schildert, den Tod der Mutter etwa, den Weihnachtsabend, als Therese vierzehn Jahre alt war und hörte, wie ihr Vater mürrisch erklärte, sie sei wohl eigentlich schon zu alt für ihre Geschenke, später dann ihre Entbehrungen im Kloster und das Elend ihrer letzten Krankheit. An solchen Stellen gelingt es Vitas psychologischem Einfühlungsvermögen, das Kinderleid und die Leiden der jungen Frau, fast abgelöst vom konkreten Fall, auch für den Leser nachvollziehbar zu machen und das mit den sparsamen Mitteln fast nüchterner Erzählung. Im übrigen aber bricht immer wieder ihre Ungeduld durch, die wir schon angesichts von Thereses mystischen Erlebnissen und dem Stil ihrer Wiedergabe kennenlernten. Das Innige, zweifellos manchmal Süßliche mancher Vorlieben, Gefühle und Handlungen des kleinen Bürgermädchens reibt sich einfach mit dem aristokratischen Geschmacksempfinden der fünfzigjährigen Vita Sackville-West. Trotzdem kann Vita es nicht lassen, besonders ausführlich in einigen Beispielen zu schwelgen, die belegen sollen, wie Therese »den Punkt überschritt, an dem sie von der gefährlichen Messerspitze ihrer Naivität ins Lächerliche hinabkippte«. So erzählt sie halb schaudernd, halb fasziniert von der Anzeige, in der Therese den Nonnen ihre Hochzeit mit Jesus ankündigte, und beschreibt das gemeinsame Wappen, das sie für ihn und sich entworfen und mit großer Sorgfalt gemalt hat. Warum das? Warum strich sie nicht statt dessen einfach die »kleine Therese« kurzerhand aus ihrem Buch, wenn diese ihr bei näherer Beschäftigung in vielen Zügen fast unerträglich kitschig – und das Wort fällt – vorkam?

Ich glaube, die Antwort ist, daß bei T(h)eresen, ungeachtet ihrer so unterschiedlichen Persönlichkeiten, Vita als wichtige Vertreterinnen eines exemplarischen Frauenweges erschienen. Der Untertitel von ›Adler und Taube‹ heißt zwar ›eine Studie in Gegensätzen‹, doch fallen die Gemeinsamkeiten noch mehr ins Gewicht: Beide T(h)eresen waren Nonnen und verzichteten auf Ehe und Kinder, beide leisteten Ungewöhnliches, erreichten eine große Breitenwirkung und wurden schließlich heiliggesprochen.

Daß beide diesen Weg selbst wählten und sogar gegen den heftigen Widerstand ihrer Familien und, in Therese von Lisieux' Fall, auch der kirchlichen Instanzen beschritten, das betont Vita Sackville-West mit Nachdruck. Teresa verspürte zwar als junges Mädchen keine Neigung zum Nonnendasein; doch erkennt sie es nach langen inneren Kämpfen als ihre Bestimmung und läuft bei Nacht und Nebel von zu Hause fort. Therese von Lisieux muß noch erheblich mehr Hürden überwinden: Bereits mit neun Jahren äußert sie ihren Wunsch, ins Kloster einzutreten, wird vertröstet auf ihr sechzehntes Lebensjahr, beginnt aber schon mit vierzehn, ihren Vater, den Ordensoberen, den Bischof von Bayeux und schließlich sogar den Papst selbst zu bestürmen, sie vorzeitig aufzunehmen. Sie tut etwas ganz Unerhörtes, und das, obwohl sie so ein stilles, bescheidenes Mädchen ist: Sie durchbricht das absolute Schweigegebot bei einer Papstaudienz und bittet Leo XIII. persönlich, ihr die Erlaubnis zum Klostereintritt zu erteilen. Mit fünfzehn wird sie ihr dann schließlich gewährt. Warum hebt Vita diese Geschichte einer mit Hartnäckigkeit verfolgten selbständigen Entscheidung so besonders hervor?

Das Klosterleben war über viele Jahrhunderte im Bereich des christlichen Abendlandes eine der wenigen Alternativen, die Frauen neben der Rolle als Ehefrau und Mutter offenstanden, und es bot, wenn auch nur in einem eng begrenzten Rahmen und gewiß auch nur in zahlenmäßig geringen Fällen – d. h. vor allem für die leitenden Oberinnen und Äbtissinnen – eine der seltenen Möglichkeiten, kreative und organisatorische Fähigkeiten auszuleben. Mit anderen Worten: Das Kloster war ein Ort, an dem für Frauen Selbstverwirklichung auf eine andere Weise möglich war als in der Familie. Im 16. Jahrhundert war er gewiß auch der einzige, und selbst im 19. Jahrhundert, zur Lebenszeit der Therese von Lisieux, begannen sich andere Möglichkeiten erst zaghaft herauszubilden. So scheint es möglich, daß die beiden T(h)eresen Vita Sackville-West nicht nur wegen ihrer mystischen Erleuchtungen gefesselt haben, sondern auch, weil es ihnen gelungen ist, ihr ganz eigenes, ihrer Persönlichkeit entsprechendes und daher sinnerfülltes Leben zu leben, auch wenn es Not und Leid und für Therese von Lisieux sogar den frühen Tod einschloß.

Damit schält sich ein Thema heraus, das Vita Sackville-West auch in vielen ihrer Romane beschäftigt hat, wo es freilich meist in seiner negativen Form auftaucht: Häufig stehen im Mittelpunkt Frauen, und zwar Frauen der Oberschicht, die ein Gefühl der Unerfülltheit quält und die um ihre Selbstverwirklichung ringen. Der achtundachtzigjährigen Dame in ›Erloschenes Feuer‹ (1931), wohl Vitas erfolgreichstem Roman, gelingt freilich eine fast märchenhafte Lösung: Nachdem sie als junges Mädchen auf Ausbildung und Karriere als Malerin verzichtet und ihr ganzes Leben dem Dienst an ihrem Mann gewidmet hat, baut sie sich nach seinem Tod noch ein eigenes Leben nach ihrem Geschmack auf. Die Liebe zu einem Mann dagegen – das geht auch schon aus der Geschichte dieser alten Dame hervor –, diese klassische Lösung der Romane des 19. Jahrhunderts, ist Vita Sackville-West schon sehr fragwürdig geworden, ein zeitbedingter Zweifel, der in ihrem Falle vielleicht noch besonders durch die homosexuellen Neigungen verschärft worden sein mag. In ›Eine Frau von vierzig Jahren‹ (1932) stirbt die Heldin Evelyn, eine verwöhnte, schöne und reiche Witwe, an Lungenentzündung, sprich gebrochenem Herzen, nachdem sie auf die Liebe, die allein ihrem müßigen Dasein Sinn und Inhalt geben zu können schien, verzichtet hat, um ihrem fünfzehn Jahre jüngeren Freund nicht im Wege zu stehen. In dem späten Roman ›The Easter Party‹ (1953) tritt die Liebe zwar wieder in die alte Funktion als Lebenssinn ein, jedoch nur in einer der Intention nach vielleicht transzendierten, in Wahrheit aber pervertierten Form: Die Heldin Rose findet ihre Erfüllung darin, ihrem Mann zuliebe, den Sexualität anekelt, ihre körperlichen

Sehnsüchte abzutöten und ganz zur Fürsorge für ihn zu sublimieren. Ein Nachhall der Beschäftigung mit den beiden heiligen T(h)eresen? Tod ist dann auch wieder der Ersatz für die Liebeserfüllung in Vitas letztem Roman ›No Signposts in the Sea‹ (1961). Viola in ›The Edwardians‹ (1930) dagegen, in diesem Falle freilich nur die Schwester des Helden, ist eine der wenigen weiblichen Figuren, denen die Selbstverwirklichung offenbar gelingen soll. Sie verzichtet auf das sie anödende luxuriöse und müßige Leben der reichen Aristokratentochter auf dem Schloß ihrer Ahnen und nimmt sich zum Entsetzen ihrer Mutter eine eigene Wohnung in London. Als Beschäftigung zeichnet sich jedoch auch für sie wieder nur die Ehe ab, wenn auch hier mit einem Mann, der als positive Symbolfigur eines freieren Lebens konstruiert ist, ob diese Absicht nun überzeugend gelungen sein mag oder nicht.

Es ist wohl nicht abwegig, zu vermuten, daß wir es hier mit einem zentralen Problem der Autorin zu tun haben, künstlerisch wie persönlich. Und aus den Lösungen, die sie durchspielt, spricht sehr deutlich ihre objektive gesellschaftliche Position. Vita Sackville-West war bekanntlich sehr bewußt Aristokratin, wobei es uns hier nicht interessieren muß, ob dazu auch der unbewußte Wunsch beigetragen hat, den Anflug eines Schattens, der durch die spanische Tänzerin, die ihre Großmutter war, auf all diese Noblesse fiel, zu kompensieren. Jedenfalls war ihr ganzes Wesen im Positiven wie im Negativen stark geprägt vom hocharistokratischen Milieu, in dem sie ihr ganzes Leben verbrachte: kultiviert, gebildet, sensibel war sie, aber auch klassenbewußt im negativen Sinn, arrogant und ohne wahres Einfühlungsvermögen in soziale und politische Probleme. Es ist also kaum erstaunlich, daß sie auch Fragen nach der Identität der Frau, die sie sehr persönlich bewegten, nur innerhalb der Koordinaten dieses gewohnten Lebensrahmens zu denken vermochte. Sie war beunruhigt, wie viele andere

Frauen ihrer Zeit auch, von dem Drang, die überkommenen Rollenstrukturen, die begannen, ihre wirtschaftliche Notwendigkeit einzubüßen, zu durchbrechen. Und doch fielen ihr nur Lösungen ein, die im Rahmen der von ihrer Klassenzugehörigkeit gesteckten Grenzen lagen, da sie keinen Impuls verspürte, diese ebenfalls zu sprengen. So wirken ihre Lösungen, je nachdem, wie wohlwollend der Leser eingestellt ist, rührend unzulänglich bis lächerlich: eine eigene Wohnung (›The Edwardians‹), unbedingte Liebesleidenschaft (›Challenge‹), Opfer der eigenen Liebessehnsucht für einen anderen (›Eine Frau von vierzig Jahren‹), ›The Easter Party‹ und allerhöchstens Kunst (die Enkelin der alten Dame in ›Erloschenes Feuer‹ wird Musikerin und holt stellvertretend damit den Jugendtraum der Großmutter nach). Arbeit, in welcher Form auch immer, ob bezahlt oder aus Engagement für eine politische oder soziale Sache, fällt nicht in den Gesichtskreis der Tochter des Lord Sackville.

Doch wollen wir nicht zu streng mit Vita sein. Abgesehen davon, daß es bis heute keine Patentlösung für ein sinnvoll erfülltes Frauenleben gibt und je geben kann – wie das natürlich auch für das andere Geschlecht gilt –, fing das Selbstbewußtsein der Frauen auch in den bürgerlich-intellektuellen Kreisen damals erst an, sich als ein eigenes zu empfinden und zu entwickeln. Allerdings gab es Ausnahmefiguren, bei denen es sich schon sehr viel deutlicher und ernsthafter artikulierte, so nicht zuletzt bei Vitas enger und von ihr sehr bewunderten Freundin Virginia Woolf, namentlich in deren Büchern ›Ein Zimmer für sich allein‹ (1929), ›Die Jahre‹ (1937) und ›Three Guineas‹ (1938).

Dieser ganze Hintergrund erhärtet unsere Vermutung, daß auch ›Adler und Taube‹ eine weitere Auseinandersetzung mit dem Thema ist. Und es gehört, wie auch ›St Joan of Arc‹, schon durch die bloße, an der Realität orientierten Wahl des verehrungswürdigen Gegenstandes sogar zu Vita

Sackville-Wests glaubwürdigsten Darstellungen weiblicher Selbstverwirklichung. Hier liegt die Aktualität des Buches.

In den literarischen Mitteln erweist Vita sich jedoch in ihrem Gesamtwerk der relativen Progressivität dieser Problemstellung nicht immer gewachsen. Das mag schon aus den Skizzen der Romaninhalte ersichtlich geworden sein. Sie wirken konstruiert, und auch die Charakterzeichnung ist oft stereotyp und scheint mehr der Illustration bestimmter Rollen als der Darstellung glaubhafter Menschen zu dienen. Ermüdet wird der Leser überdies durch lange Szenen, in denen ihm Salongeplauder vorgeführt wird, und sei's auch in der guten Absicht, dessen Seichtigkeit zu beweisen. Vita Sackville-West standen das sensible, feingliedrige Instrumentarium zur Erforschung psychischer Vorgänge und die federleichte Phantasie, die den Rang der Werke ihrer Freundin Virginia Woolf ausmachen, einfach nicht zu Gebote. Einen Ausgleich mag der Leser finden in einer zum Teil spannenden Handlungsführung, in liebevoll genauen Landschafts-, Garten- und Architekturbeschreibungen – die ihn besonders dann entzücken werden, wenn auch er einen romantischen Sinn für fünfhundert Jahre alte Parks und noch ältere Schlösser hat – und durch Stellen, an denen Vita ihrem im ganzen leider eher gezügelten Hang zu Humor und Satire nachgibt.

›Adler und Taube‹ allerdings ist, wie die Biographien überhaupt, wohltuend frei von den Fehlern der Romane, schon deshalb vermutlich, weil sich von der Sache her kaum Gelegenheiten dazu boten. Dafür kommen die Tugenden ihrer erzählenden Prosa zu Geltung, die sich, wie ihr Biograph Stevens mit Recht feststellt, gegen Ende ihres Lebens immer mehr verfeinerten: eine ruhige, klare, dennoch flexible, unprätentiöse, dabei anschauliche und stets für bedeutsame Details aufmerksame Sprache, durchzogen von wärmendem Humor. Diese Sprache trägt ganz wesentlich dazu bei, daß sich der Leser den beiden Heiligen, diesen sonst so fernen Kultfiguren, hier so überraschend menschlich nahe fühlt. Leider hat der Übersetzer Adolf Halfeld, wohl aus einer übertriebenen Verehrungshaltung gegenüber dem Gegenstand, nicht immer der Versuchung widerstanden, den Originaltext zu schönen durch einen leicht altertümelnden Stil, der dem Original oft nicht ganz entspricht und die Stellen, an denen Vita etwas belustigend findet und ironisch oder gar sarkastisch wird, unnötig abstechen läßt. Wer ein bißchen Englisch kann, für den mag gelegentlich ein Blick in den Originaltext interessant sein.

Das Gesamtwerk der Vita Sackville-West ist recht umfangreich und umfaßt neben den Romanen und Biographien Lyrik (für die beiden langen Gedichte ›The Land‹ [1926] und ›The Garden‹ [1946] erhielt sie bedeutende Literaturpreise), Reiseberichte, Architekturbeschreibungen und gärtnerische Anleitungen. Vita hat zwar die Grenzen der Konventionen ihrer Klasse nur vorübergehend und auf sehr private Weise in Form der glühenden lesbischen Leidenschaft zu Violet Trefusis, die beider Ehen zu sprengen drohte, in ihrer Jugend überstiegen und fortan niemals mehr ernstlich erwogen, die äußerlich so angenehmen Bedingungen ihres Lebens auf den Schlössern Knole und Sissinghurst, dazwischen im Landhaus Long Barn, aufzugeben. Doch hat sie innerhalb dieses geschützten Lebensrahmens eine rege intellektuelle und künstlerische Tätigkeit entfaltet und ist auf vielen Gebieten kreativ geworden: in der Literatur ebenso wie in der Innenarchitektur und der Landschafts- und Gartengestaltung. Und mit dieser Arbeit hat sie zweifellos nicht nur Menschen ihrer Schicht erreicht. Das beweisen für ihre Schriftstellerei die hohen Auflagenzahlen ihrer Werke, besonders der Romane. Und der Garten von Sissinghurst gehört heute zu den berühmtesten Anlagen in dem an schönen Parks nicht eben armen England. Er wird vom National Trust gepflegt und steht der Öffentlichkeit zur Betrachtung offen.

Wer sich für die Geschichte von Vita Sackville-Wests Leben und ungewöhnlicher Ehe sowie für die illustren und skandalösen Unregelmäßigkeiten in der farbigen Geschichte ihrer alten Familie interessiert, sei auf das Nachwort von Renate Schostack zur jüngst erschienenen Taschenbuch-Neuauflage der deutschen Ausgabe von ›Erloschenes Feuer‹ verwiesen und auf das von ihrem Sohn Nigel Nicolson herausgegebene ›Portrait einer Ehe‹.

Ingrid von Rosenberg

MARGRIT SCHRIBER
Rauchrichter
Mit einem Nachwort
von Walter Helmut Fritz
Ullstein Buch 30369

MARIANNE HARDECK
Das verbrannte Gewissen
Meine Ahnfrau starb als Hexe
Roman
Mit einem Nachwort von
Christine Setzwein
Ullstein Buch 30370

ELIZABETH VON ARNIM
Die englische Reise
›The Caravaners‹
Roman
Ullstein Buch 30371

ELIZABETH VON ARNIM
Die Farm im Jasmin
›The Jasmine Farm‹
Roman
Ullstein Buch 30372

ELIZABETH VON ARNIM
Die Glücksammlerin
›Introduction to Sally‹
Roman
Ullstein Buch 30374

ELIZABETH VON ARNIM
Das Geheimnis der Schwestern
›Expiation‹
Roman
Ullstein Buch 30375

ELIZABETH VON ARNIM
Priscilla und das Haus in Devon
›The Princess Priscilla's Fortnight‹
Roman
Ullstein Buch 30376

ELIZABETH VON ARNIM
Anna Estcourt
›The Benefactress‹
Mit einem Nachwort von
Annemarie Stoltenberg
Ullstein Buch 30377

VITA SACKVILLE-WEST
Erloschenes Feuer
Roman
Mit einen Nachwort von
Renate Schostack
Ullstein Buch 30378

MAJA BEUTLER
Die Wortfalle
Roman
Mit einem Nachwort von
Gudrun Bouchard
Ullstein Buch 30380

ELIZABETH VON ARNIM
Die preußische Ehe
›The Pastor's Wife‹
Roman
Mit einem Nachwort von
Annemarie Stoltenberg
Ullstein Buch 30381

VITA SACKVILLE-WEST
Die Ostergesellschaft
Roman
Mit einem Nachwort von
Ingrid von Rosenberg
Ullstein Buch 30382

ELIZABETH VON ARNIM
Urlaub von der Ehe
›The Enchanted April‹
Roman
Mit einem Nachwort von
Annemarie Stoltenberg
Ullstein Buch 30396

JOURNAL FÜR DIE FRAU
(Hrsg.)
Südlich liegt die Sanftmut
Neue Gedichte von Leserinnen
Ullstein Buch 30397

MAJA BEUTLER
Die Stunde, da wir fliegen lernen
Roman
Mit einem Nachwort von
Gudrun Bouchard
Ullstein Buch 30398

POLINA SUSLOWA
Dostojewskis Ewige Freundin
Mein intimes Tagebuch
Mit einem Nachwort von
Verena von der Heyden-Rynsch
Ullstein Buch 30399

ASTA NIELSEN
Ein Tag im Paradies
Herausgegeben und
mit einem Nachwort von
Allan O. Hagedorff
Ullstein Buch 30400

MARINA SAUER
Clara Rilke-Westhoff
Die Bildhauerin
Biographie
Ullstein Buch 30401

VERENA WYSS
Die Untersuchungsrichterin
Roman
Mit einem Nachwort von
Eva Weissweiler
Ullstein Buch 30402